HEYNE BÜCHER

SCIENCE FICTION

Herausgegeben
von Wolfgang Jeschke

Weitere Auswahlbände aus
THE MAGAZINE OF FANTASY AND SCIENCE FICTION
erschienen als Heyne-Bücher:

Saturn im Morgenlicht (06/3011/214)
Das letzte Element (06/3013/224)
Heimkehr zu den Sternen (06/3015/236)
Signale von Pluto (06/3017/248)
Die Esper greifen ein (06/3019/260)
Die Überlebenden (06/3021/272)
Musik aus dem All (06/3023/286)
Irrtum der Maschinen (06/3025/299)
Die Kristallwelt (06/3027)
Wanderer durch Zeit und Raum (06/3031)
Roboter auf dem Kriegspfad (06/3053)
Die letzte Stadt der Erde (06/3048)
Expedition nach Chronos (06/3056)
Im Dschungel der Urzeit (06/3064)
Die Maulwürfe von Manhattan (06/3073)
Die Menschenfarm (06/3081)
Grenzgänger zwischen den Welten (06/3089)
Die Kolonie auf dem 3. Planeten (06/3097)
Welt der Illusionen (06/3110)
Mord in der Raumstation (06/3122)
Flucht in die Vergangenheit (06/3131)
Im Angesicht der Sonne (06/3145)
Am Tag vor der Ewigkeit (06/3151)
Der letzte Krieg (06/3165)
Planet der Selbstmörder (06/3186)
Am Ende aller Träume (06/3204)
Das Schiff der Schatten (06/3219)
Stürme auf Siros (06/3237)
Der verkaufte Planet (06/3255)
Planet der Frauen (06/3272)
Als der Wind starb (06/3288)
Welt der Zukunft (06/3305)
Sieg der Kälte (06/3320)
Flug nach Murdstone (06/3337)
Ein Tag in Suburbia (06/3353)
Ein Pegasus für Mrs. Bullit (06/3369)
Traumpatrouille (06/3385)
Der vierte Zeitsinn (06/3402)
Reisebüro Galaxis (06/3418)
Stadt der Riesen (06/3435)
Der Aufstand der Kryonauten (06/3454)
Insel der Krebse (06/3470)
Das Geschenk des Fakirs (06/3486)
Wegweiser ins Nirgendwo (06/3502)
Ein Affe namens Shakespeare (06/3519)
Tod eines Samurai (06/3537)
Frankensteins Wiegenlied (06/3553)
Cagliostros Spiegel (06/3569)
Jupiters Amboß (06/3587)
Die Cinderella-Maschine (06/3605)
Katapult zu den Sternen (06/3623)
Altar Ego (06/3642)
Die Trägheit des Auges (06/3659)
Lektrik Jack (06/3681)
Sterbliche Götter (06/3718)
Jeffty ist fünf (06/3739)
Eine irre Show (06/3811)
Das Zeitsyndikat (06/3845)
Fenster (06/3966)
Gefährliche Spiele (06/3899)
Terrarium (06/3931)
Das fröhliche Volk von Methan (06/3946)
Cyrion in Bronze (06/3965)
Im fünften Jahr der Reise (06/4005)
Dinosaurier auf dem Broadway (06/4027)
Mythen der nahen Zukunft (06/4062)
Nacht in den Ruinen (06/4099)
Willkommen in Coventry (06/4127)
Kryogenese (06/4169)
Der Drachenheld (06/4208)
Der Zeitseher (06/4265)
Der Schatten des Sternenlichts (06/4315)
Sphärenklänge (06/4389)
Die Wildnis einer großen Stadt (06/4438)
Reisegefährten (06/4485)
Volksrepublik Disneyland (06/4525)

sowie der große Sonderband:
30 Jahre Magazine of Fantasy and Science Fiction, hrsg. von Edward L. Ferman (06/3763)

RÜCKKEHR VON DER REGENBOGENBRÜCKE

Eine Auswahl der besten Erzählungen

aus

THE MAGAZINE
OF FANTASY AND SCIENCE FICTION

79. Folge

Zusammengestellt von
Ronald M. Hahn

Deutsche Erstveröffentlichung

WILHELM HEYNE VERLAG
MÜNCHEN

HEYNE SCIENCE FICTION & FANTASY
Band 06/4574

Deutsche Übersetzungen von Michael J. Berridge
Ronald M. Hahn, Michael Iwoleit und Michael Windgassen

Das Umschlagbild schuf Dieter Rottermund

Redaktion: Werner Bauer

Printed in Germany 1989
Umschlaggestaltung: Atelier Ingrid Schütz, München
Satz: Schaber, Wels
Druck und Bindung: Elsnerdruck, Berlin

ISBN 3-453-03163-6

Inhalt

Marion Zimmer Bradley

Der Verfolger

Gleich dem, der auf verlass'nem Pfad
Aus Angst flieht und entsetzt
Ein einzig Mal nach hinten schaut
Und sich kein zweites Mal getraut,
Weil er nun weiß, was ihn da hetzt,
Hebt an zu grauenhafter Tat ...

In jener Nacht hörte Lythande Schritte auf dem Weg hinter sich. Vielleicht war es auch nur das Echo vom leichten Tritt der eigenen Füße. Schritt ... Stillstand ... Schritt; und dann nach kurzem Zögern: Schritt ... Stillstand ... Schritt, Schritt ... Stillstand ... Schritt.

Zuerst glaubte sie wirklich nur an ein Echo, aber als sie stehenblieb, um zu lauschen, waren drei Schritte und mehr in der Stille auszumachen.

Schritt ... Stillstand ... Schritt.

Ein Echo war's nicht. Jemand oder etwas folgte ihr. In der Welt der zwei Sonnen, in der das Phantastische wahrscheinlich war, spielte bei Begegnungen dieser Art meist Unheil mit. In ihrem Leben, das schon über drei gewöhnliche Lebenszeiten andauerte, hatte Lythande viel bösen Zauber erfahren. Sie war der Umstände halber eine gewerbliche Magierin, eine Adeptin des Blauen Sterns, und Sängerin aus freien Stücken. Schon früh hatte sie die Erfahrung gemacht, daß gutem Zauber nur sehr selten zu begegnen war. Das lange Leben verdankte sie der Leitung sicherer Instinkte; und instinktiv wußte sie, daß mit den Schritten im Rücken Gefahr drohte.

Um welche Gefahr es sich handeln mochte, war nicht klar. Sie hatte eine Stadt zurückgelassen, in der möglicherweise einige Bürger verärgert über sie waren. Vielleicht folgte ihr einer von ihnen in feindseliger Absicht – die, wie so oft im alten Land von Gandrin, dem tief wurzelnden Mißtrauen gegenüber allen Magiern und dem Zauber schlechthin entsprang. Vielleicht war dieser Bewohner entschlossen, das Gesetz in die eigene Hand zu nehmen und die unwillkommene Kupplerin der Zauberei aus dem Weg zu räumen. So etwas kam nicht selten vor, und Lythande hatte schon oft mit Meuchlern zu tun gehabt, die durch den Mord an Zauberern den Zauber zu brechen versuchten. Ein Messer im Rücken konnte selbst der mächtigste Adept der Magie nicht überleben. Doch einer solchen Gefahr war mit denkbar einfachen Mitteln entgegenzutreten.

Lythande verließ den Weg und zog eins ihrer beiden Messer – das schlichte mit dem weißen Knauf, dessen Zweck es war, jene Gefahren der Reise abzuwehren, die Wegelagerer, Mörder und Diebe heraufbeschworen. Sie hüllte sich ein in die Falten der weiten, grauen Robe, die sie mit den nächtlichen Schatten verschmelzen ließen, und wartete darauf, daß der Verfolger sie einholte.

Aber so einfach war es nicht. Die Schritte des mysteriösen Fremden brachen ab. Lythande, die längst Ärgeres vermutete, steckte das Messer zurück in die Scheide und verharrte bewegungslos, alle Sinne geschärft.

Sie spürte ein schwaches elektrisches Knistern im Blauen Stern zwischen den Brauen und einen leicht schmerzhaften Druck im Kopf. Sie verstand die Zeichen: *der Geruch der Magie,* übersetzte sie. Mit dem, was da auf sie lauerte, war nicht so einfach umzugehen wie mit einem Messer schwingenden Meuchler.

Sie griff nach dem schwarzen Messer in der linken Scheide und schlich lautlos an den Wegrand zurück. Das Messer galt der Abwehr übernatürlicher Gefahren, allen finsteren Gegnern bis zum Werwolf. Nur mit diesem Messer war sie imstande, auch das eigene Leben zu beenden.

In unregelmäßigen Schritten kam ein Schatten auf sie zu. Lythande hob das Messer. Es fuhr hinab, und das Glitzern der Zauberklinge verlor sich im Schatten. Ein unheimlicher Schrei wurde laut, doch er schien nicht vom drohenden Schatten dort auf dem Weg zu stammen, sondern aus der unendlichen Ferne eines gespenstischen Reiches. Das Blut stockte, der Blaue Stern zwischen den Brauen blitzte auf in schmerzhafter Intensität. Dann verhallte der Schrei, und Lythande spürte plötzlich wieder den schwarzen Schaft des Messers in der Hand. Aber im schwachen Mondschimmer erkannte sie, daß die Klinge fehlte. Nur ein paar Tropfen geschmolzenen Metalls fielen zu Boden.

Verschwunden war die Klinge, der ungezählte Schauerwesen zum Opfer gefallen waren. Der unheimliche Schrei, den der Verfolger ausgestoßen hatte, schien auf eine Verletzung hinzudeuten. Doch einem so mächtigen Wesen, das eine Zauberklinge unschädlich machte, ließ sich dadurch wohl kaum die Kraft nehmen. Und was das Messer nicht vermochte, konnte keine der Formeln, die Lythande kannte, bewirken. Vielleicht hatte sie das Unwesen in die Flucht getrieben, aber ob sie auch von ihm befreit war, blieb fraglich. Wahrscheinlich würde es ihr weiter folgen und ihr zu anderer Zeit, an anderem Ort auflauern.

Für den Augenblick waren Lythandes Mittel, sich zur Wehr zu setzen, erschöpft. Mit zornigem Blick musterte sie den Rest der Waffe, die sie noch nie im Stich gelassen hatte. Für Ersatz mußte schnellstens gesorgt werden, bevor sie sich wieder nachts auf die Straßen von Gandrin wagen konnte.

Trotz ihrer in langen Reisen erworbenen Unerschrokkenheit gegenüber allen *gewöhnlichen* Gefahren der Nacht, hielt sie es jetzt für ratsam, sich in Sicherheit zu begeben, denn einer gewerblichen Magierin wie Lythande begegneten allzuoft Gefahren durchaus ungewöhnlicher Art.

Sie ging weiter durch die Dunkelheit und lauschte mit angespannten Sinnen auf Geräusche des Verfolgers. Aus großer Entfernung waren noch schwache Laute zu hören. Ihr Angriff schien ihn in die Flucht geschlagen zu haben – ob für immer oder nur vorläufig, war Lythande in diesem Augenblick einerlei.

Wichtiger war ihr, Unterkunft für die Nacht zu finden. Sie kannte die Straßen dieser Gegend seit vielen Jahren und wußte, daß in der Nähe ein Gasthof lag. Noch nie hatte sie dort Rast gemacht. Es gingen Gerüchte um, nach denen dort abgestiegene Reisende nie wieder oder in schrecklich veränderter Gestalt gesehen worden waren. Aber Gerüchten schenkte Lythande keine Beachtung. Daß sie so lange Schaden von sich hatte fernhalten können, verdankte sie der strengen Einhaltung der ersten Regel des Überlebens, und die verlangte, alles zu ignorieren, was nicht die eigenen Angelegenheiten betraf. In einzelnen Fällen hatten Neugier oder Mitleid auch sie dazu angestiftet, sich um das Schicksal anderer zu kümmern. Doch immer, wenn es dazu gekommen war, hatte sie bald allen Grund zur Reue gehabt.

Vielleicht war es ihr unergründliches Schicksal, das sie nun veranlaßte, den Gerüchten nachzugehen. Ihre Augen folgten der schwarzen Spur des Wegs, und in weiterer Entfernung entdeckte sie einen schwachen Lichtschimmer. Ob er vom verruchten Gasthof, vom Lagerfeuer eines Jägers oder vom Unterschlupf eines Werdrachen stammte, machte ihr kein Kopfzerbrechen; sie war entschlossen, einen Platz für die Nacht zu finden. Das Geld des letzten Kunden, dem sie als Magierin zu Diensten gewesen war – sie hatte gegen gute Bezahlung dessen Stammschloß vom Spuk befreit – reichte aus, selbst in der teuersten Herberge abzusteigen. Außerdem bot sich stets die Möglichkeit, die Logierkosten mit einer Gegenleistung auszugleichen – ob in der Eigenschaft als Magierin oder Sängerin, von denen in dieser Gegend nur wenige aufzukreuzen pflegten.

Ein paar Minuten zügigen Marschierens ließen das schwache Licht zu einer hell strahlenden Laterne werden, die über einem bemalten Schild baumelte. Darauf abgebildet war in Wort und Bild der Name des Gasthofs: »Hexe und Schwein«. Lythande mußte lachen über das komische Schild. Umso merkwürdiger mutete es ihr an, daß aus dem Innern des Hauses weder Musik noch fröhliche Stimmen zu hören waren. Es lag so still da wie der gespenstische Weg. Unweigerlich dachte sie wieder an jene unseligen Gerüchte.

Es gab eine sehr alte Geschichte über eine Hexe, die versucht hatte, Reisende in Schweine oder sonstige Gestalten zu verwandeln. Lythande wußte nicht mehr, wo ihr die Geschichte zugetragen worden war. Nun, wenn sie, die Adeptin des Blauen Sterns, einer Provinzhexe nicht Paroli bieten konnte, verdiente sie keine bessere Behandlung; dann mochte auch sie der Schweineherde einverleibt oder den zahlenden Gästen als Braten vorgesetzt werden. Lythande schulterte die Laute, versteckte den schwarzen Griff des verstümmelten Messers in einer weiten Tasche ihrer Zauberrobe und trat beherzt durch das halb geöffnete Tor.

Drinnen war es hell, doch nur insofern, als die Beleuchtung einen Kontrast zur mondlosen Dunkelheit des Waldes bildete. Das einzige Licht kam von der Feuerstelle, wo aus glühenden Scheiten kleine blaue Flammen züngelten. Lythande konnte im Halbdunkel ein halbes Dutzend Männer und Frauen ausmachen sowie eine Schar verwahrloster Kinder mit spitz zulaufenden Gesichtern und plattgedrückten Nasen, was ihnen ein schweinehaftes Aussehen verlieh. Eine große, korpulente Frau beherrschte die schummrige Szene. Sie trug ein Kleid aus Flicken und Flecken, das formlos von den Schultern herabhing.

Aha, dachte Lythande, *das muß die Wirtin, die Hexe sein.*

Und die schäbigen Kinder sind kleinen Ferkeln durchaus ähnlich. Der Anblick vergnügte sie.

Mit verschnupfter, unfreundlicher Stimme, fragte die schwergewichtige Hexe: »Wer seid Ihr, Sir? Was treibt Ihr Euch auf den Landstraßen herum, wo zur Zeit nur Geister und Gespenster herumspuken?«

Lythande war drauf und dran zu antworten, daß böser Zauber sie hierher getrieben habe und daß ein Monstrum in der Nähe sei. Aber statt dessen sagte sie mit bedächtiger Stimme: »Ich bin weder Geist noch Gespenst, sondern ein durchs Land fahrender Sänger, der wie Ihr die Gefahren der Straße fürchtet und Speise und Obdach für die Nacht sucht.«

»Zu Diensten, Sir«, sagte die Hexe entgegenkommend und sehr viel freundlicher. »Kommt ans Feuer und wärmt Euch.«

Lythande trat in den Raum, umringt von den kleinen Gestalten – ja, von nahem wurden ihre ferkelhaften Züge noch deutlicher, und ihr Quieken und Schnaufen verstärkte den Eindruck, der ihr Ekel bereitete. Daß die Wirtin sie mit »Sir« angeredet hatte, war ihr recht. Lythande war die einzige Frau, der es bisher gelungen war, in den Orden des Blauen Sterns und dessen Geheimnis vorzudringen. Sie hatte schon die Weihen des Adepten empfangen – der Blaue Stern leuchtete bereits zwischen den Brauen –, als sie ihres wahren Geschlechts überführt wurde. Aber sie war geschützt und blieb vor den schlimmsten Folgen der Entdeckung bewahrt. Zur Strafe hatte der Meister lediglich verkündet:

Sei hinfort, was du zu sein vorgetäuscht hast, denn sobald ein Mann dich als Frau erkennt, ist deine Zauberkraft verloren, dein Leben verwirkt.

Seit nunmehr drei Lebenszeitaltern zog Lythande als Berufszauberin durchs Land, zur ewigen Einsamkeit verurteilt. Sich einem Mann zu nähern, war ausgeschlossen. Aber auch eine Frau konnte sie nicht ohne weiteres ins Vertrauen ziehen, denn eine solche Person würde unter den Druck der zahlreichen Feinde des Ordens geraten, was keinem Menschen zuzumuten war. Einmal hatte Lythande eine Vertraute gehabt, die nach kurzer Zeit gefangengenommen und zu Tode gefoltert worden war, ohne das Geheimnis der Zauberin preiszugeben. Seitdem hatte Lythande darauf verzichtet, eine andere Frau dieser Gefahr auszusetzen.

Was als eine listige Maskerade begonnen hatte, war jetzt ihr Leben. Nicht eine einzige Bewegung oder Geste widersprach dem Anschein, den sie sich gab, nämlich ein Mann zu sein, ein großer, glatt barbierter Mann mit üppigem blonden Haar, dem funkelnden Blauen Stern zwischen den zu Winkeln ausrasierten Augenbrauen, mit Zauberrobe, engen, hochschaftigen Stiefeln, Reithosen und einem Lederwams, so eng geschnürt, daß ihre Gestalt um so muskulöser und breitschultriger wirkte.

Die Wirtin reichte Lythande als Willkommenstrunk einen gefüllten Becher. Der heiße, dampfende Wein duftete nach Gewürzen. Lythande führte den Becher an die Lippen und tat, als würde sie trinken. Eine der vielen Regeln, die zum Schutz eines Adepten des Blauen Stern dienten, verlangte von ihr, nie in der Gegenwart eines anderen zu essen oder zu trinken. Der Wein duftete köstlich, so auch die Speise, deren Düfte sich im Raum ausbreiteten. Wie schon so oft verwünschte Lythande ihren Eid auf jenes Gebot, das ihr immer wieder schwere Zeiten bescherte, in denen sie Hunger und Durst zu erleiden hatte. Aber sie war daran gewöhnt, Verzicht zu üben; und weil sie den Ruf des Wirtshauses kannte wie auch die alte Geschichte von der Hexe und den Schweinen, erneuerte sie den Vorsatz, weder Speisen noch Getränke anzurühren. Schuld an der wundersamen Verwandlung der Reisenden war stets ihre Gier gewesen – so jedenfalls hieß es in jener Geschichte, an die sich Lythande erinnerte.

Das gierige Grunzen der ferkelhaften Kinder diente ihr als Ermahnung. Bei den schmatzenden Geräuschen, die sie von sich gaben, vergingen ihr Hunger und Durst. Wenn Lythande in ein Wirtshaus einkehrte, bestellte sie für gewöhnlich die Mahlzeit aufs Zimmer. Aber auch darauf wollte sie sich diesmal nicht einlassen. In den Taschen ihres Gewandes steckte immer ein kleiner Vorrat an Brot und getrockneten Früchten, um bei Gelegenheit heimlich einen Bissen zu sich nehmen zu können.

Sie nahm Platz an einem der wuchtigen Tische nahe der Feuerstelle und tat weiter so, als nippe sie von ihrem Wein. »Was für Neuigkeiten gibt's, Freunde?« fragte sie.

Lythande dachte an ihre jüngste Begegnung und war darauf gefaßt, von den Gästen ähnliche Erlebnisse erzählt zu bekommen. Doch keiner gab eine Antwort. Statt dessen setzte sich ein rauhbeinig aussehender Mann ihr gegenüber, hob den Becher und sagte: »Auf Eure Gesundheit, Sir. Diese Nacht wird ein Sturm aufziehen, wenn mich nicht alles täuscht. Ich kenn mich aus. Seit vierzig Jahren befahr ich die Straßen der Gegend.«

»Aha«, antwortete Lythande anerkennend. »Ich bin fremd hier. Sind die Straßen im allgemeinen sicher?«

»Sicher genug«, knurrte er. »Es sei denn, man macht den Eindruck, Perlen mit sich rumzuschleppen.« Natürlich gab es überall Diebe, die nach Opfern Ausschau hielten. Es kam nicht selten vor, daß Reisende, die dem Anschein nach mittellos waren, aufgeschlitzt wurden, weil die Räuber Juwelen in ihren Gedärmen vermuteten.

»Und wie steht's mit Euch?«

»Ich fahr wie mein alter Vater über Land. Ich bin Hundebarbier.« Seine Stimme klang trotzig. »Wer einen Hund feilbieten will, weiß, daß ich ihn zur Fasson bringen kann.« Im hinteren Teil des Raumes kicherte jemand. Der Hundebarbier richtete sich zur vollen Größe auf und donnerte: »Das ist ein ehrenwerter Beruf.«

Ein Mann, der vor dem Feuer stand, meldete sich zu

Wort: »Einer aus deiner Zunft hat mal meinem Vater einen ausgemergelten Köter angedreht, den er als gesunden Wachhund angepriesen hatte. Das klapprige Vieh bekam nicht mal die Schnauze zum Bellen auf.«

»Ich verkauf keine Hunde«, protestierte der Barbier. »Ich richte sie nur her ...«

»Und natürlich kommt's bei dir nie vor, daß du 'nen Mischling auf reinrassig trimmst oder 'nem räudigen Köter das Fell aufpolierst«, meinte der Spötter ironisch. »In der Gegend weiß doch jeder, der krankes Vieh zu verschleudern hat oder ein gestohlenes Pferd unkenntlich machen will, daß der alte Gimlet, der Hundefälscher, mehr Tricks auf Lager hat als ein Zigeuner ...«

»Heh, heh ... willst du mit deinen Vergleichen anständige Zigeuner beleidigen?« rief ein dunkelhäutiger Mann, der auf einer Kiste beim Feuer saß und fleißig Kohleintopf aus einem Holzteller löffelte. Am Ohr steckte ein goldener Ring, der ihn als Mitglied des geschmähten Volkes auswies. »Wir handeln mit Pferden im ganzen Land, und wer behauptet, unsereins betrügt, sollte sich hüten.«

»Du bist also Gimlet, der Hundebarbier«, tönte ein weiterer Gast, ein schäbiger Mann mit scheelem Blick. »Ich hab nach dir gesucht. Erkennst du mich?«

Der Hundebarbier sah auf mit abwehrender Miene. »Nein, Freundchen, tut mir leid.«

»Letztes Jahr hat meine Hündin dreizehn Junge geworfen«, sagte der Alte mit verkniffenen Brauen. »Ist 'ne gute Hündin. Von klein auf der Stolz meiner Familie. Du hast versprochen, ihr einen Sud zu brauen, damit ihr genug Milch in die Zitzen schießt und alle Jungen satt werden können ...«

»Kleinigkeit für einen wie mich«, prahlte Gimlet. »Ich kann auch 'ner Kuh die Euter füllen und ...«

»Sicher. Würd mich nicht wundern, wenn du auch Gänsefüße mit Eisen beschlägst, so wie du angibst«, sagte der Mann.

»Was beklagst du dich, Freund? Hatten deine Hündchen nicht genug zu trinken?«

»O ja«, antwortete der Ankläger. »Es hat mir auch 'ne Weile Spaß gemacht, die Welpen nuckeln zu sehen. Aber dann ist mir eingefallen, mal nachzuzählen, und ich bin nur bis acht gekommen.«

Gimlet mußte sich das Grinsen verbeißen.

»Ich hab bloß versprochen, dafür zu sorgen, daß die Hündin alle satt kriegt. Ein paar Bälger waren zuviel, und ich hab dir den Ärger erspart, sie selber zu ersäufen«, verteidigte sich Gimlet.

»Versuch nicht, dich da rauszuwinden«, zischte der Mann und ballte die Fäuste. »Es bleibt dabei ... du schuldest mir fünf kräftige Welpen.«

Gimlet sah sich in der Wirtsstube um. »Tja«, meinte er, »vielleicht können wir uns morgen darüber einig werden. Wie konnte ich ahnen, daß du dich wegen ein paar Bälger anstellst, die sowieso nicht überlebt hätten? Aber vielleicht hast du 'ne kinderlose Frau oder 'ne junge Tochter, die die Welpen mit Fläschchen großziehen und in Puppenkleidchen stecken wollten. Viel Aufwand für nichts, wie man so sagt. Für den Fall will ich dich schadlos halten. Hier ... meine Hand drauf.« Er streckte die Hand aus und lächelte vertraulich. Lythande amüsierte sich köstlich über den Streit zwischen Schalk und Tölpel. Ihre ungeteilte Sympathie galt dem Schalk. Der Hundehalter war entwaffnet. Er zögerte einen Moment, nahm schließlich den Handschlag der Versöhnung an und bestellte eine Runde Bier für alle.

Die Wirtin, die sich offenbar schon auf eine handfeste Keilerei gefreut hatte, blickte ein bißchen enttäuscht drein und kam an Lythandes Seite.

»Wollt Ihr vielleicht ein Zimmer für die Nacht, Sir?«

Lythande dachte nach. Das Haus gefiel ihr nicht, und sie war sicher, daß sie darin kein Auge würde zumachen können. Aber hinaus zu müssen auf die dunkle Straße, weg vom warmen Feuer, mochte ihr noch weniger gefallen. Außerdem hatte sie das magische Messer verloren und würde draußen womöglich schutzlos dem schaurigen Monstrum begegnen.

»Ja«, sagte sie. »Ich werde die Nacht hierbleiben.«

Der Preis wurde zur Zufriedenheit beider Seiten vereinbart. Anschließend fragte die Wirtin: »Soll ich Euch ein Weib aufs Zimmer schicken?«

Für Lythande, die als Mann verkleidet reisen mußte, war mit dieser Frage ein unangenehmer Punkt angeschnitten worden. Sie hatte wohl auch bisweilen sinnliche Gelüste, aber nur wenig Interesse an jenen Mädchen, die Reisenden in Wirtshäusern angeboten wurden. Kaum waren ihnen Brüste gewachsen, wußten sie schon das für sie bestimmte Gewerbe aufnehmen, manchmal sogar noch eher. Es galt jedoch als ungewöhnlich, ein Angebot wie das der Wirtin auszuschlagen, und Lythande lief jedesmal Gefahr, die Maske zu verlieren, von der ihre Kraft abhing.

Doch heute stand ihr nicht der Sinn nach langen Ausreden.

»Nein, danke. Ich bin müde von der Reise und möchte schlafen.« Sie griff in die Tasche ihrer Robe und kramte ein paar Münzen hervor. »Gib das dem Mädchen als Entschädigung.«

Die Hexe verbeugte sich. »Wie's Euch beliebt, Sir. Frennet, führ den Herrn ins Südzimmer!«

Eine hübsche junge Frau, groß und schlank gewachsen, mit seidigen, langen Locken, stand von ihrem Platz am Feuer auf und wies den Weg mit wohlgeformtem Arm, der nur zum Teil von feinem Stoff bedeckt wurde. »Hier entlang, Sir«, sagte sie. Lythande stand auf, ging an Gimlet und dem Hundefreund vorbei und wünschte der ganzen Gesellschaft mit warmer, freundlicher Stimme eine gute Nacht.

Die Stufen, alt und abgetreten, führten über mehrere Etagen nach oben. Früher einmal mochte das Treppenhaus recht stattlich gewesen sein – zur Zeit des vierten

Vorbesitzers, dachte Lythande. Jetzt hingen Spinnweben von den Wänden, und auf den oberen Absätzen schienen Fledermäuse zu hausen. Vom Handlauf des Geländers flatterte ein Schatten auf und krächzte mit kehliger Stimme: »Guten Abend, meine Damen. Guten Abend, meine Damen.«

Das Mädchen verscheuchte den Vogel mit erhobener Hand.

»Das war nur die lästige Dohle, ein Liebling von Madam. Kümmert Euch nicht darum«, sagte Frennet beschwichtigend. Lythande war froh, daß die Dunkelheit ihren Schrecken verbarg. Für ein Ordensmitglied war es unter aller Würde, einen dressierten Vogel überhaupt zu beachten, egal, zu welch wunderlichen Leistungen er es auch bringen mochte.

»Kann der Vogel nichts anderes sagen?«

»O doch, Sir. Er kennt eine Menge Wörter, aber man weiß nie, was er von sich geben wird. Wer nicht darauf gefaßt ist, kann sich leicht erschrecken.« Frennet öffnete die Tür zu einem großen, dunklen Raum. Sie trat ein und zündete einen Kerzenleuchter an, der bei einem riesigen Himmelbett stand. Die Dohle hüpfte herbei und rief heiser: »Geht nicht da rein, Madam. Geht nicht da rein, Madam!«

»Ich werd Euch den Vogel vom Hals schaffen, Sir«, sagte Frennet, nahm einen Besen zur Hand und trieb die Dohle durchs Treppenhaus. Dann bemerkte sie, daß Lythande immer noch in der Türöffnung wartete.

»Es ist gut, Sir. Ihr könnt eintreten. Laßt Euch nicht von ihr Angst machen. Sie ist nur eine dumme Dohle.«

Lythande war allerdings weniger durch den Vogel als durch das heftige Prickeln des Blauen Sterns irritiert. *Der Geruch von Zauber,* dachte sie und wünschte, weit weg zu sein. Ohne ihr magisches Messer wollte sie keine Minute länger, geschweige denn eine volle Nacht an einem Ort verweilen, in dem das Böse so aufdringlich war wie hier.

»Ich bin ein wenig abergläubisch«, sagte sie wie selbstverständlich. »Kannst du mir vielleicht ein anderes Zimmer zeigen, in dem ich die Nacht verbringe? Das Wirtshaus schien mir nicht so voll zu sein. Es wird also möglich sein, mein gutes Kind.«

»Tja, ich weiß nicht, was die Madam dazu sagen würde«, meinte Frennet zögernd, und im selben Augenblick schrie der Vogel: »Gutes Kind, schlaues Kind!« Dann lächelte das Mädchen und sagte: »Aber was sie nicht weiß, macht sie nicht heiß. Kommt mit mir.«

Die beiden stiegen noch eine Treppe höher, und Lythande spürte, wie das Prickeln des Blauen Sterns, der *Geruch des Zaubers* verschwand. Die Zimmer der nächst höheren Etage waren heller und kleiner. Frennet öffnete eine Tür.

»Das ist mein eigenes Zimmer, Sir. Wenn's beliebt, überlaß ich Euch gern die Hälfte meines Bettes. Ihr könnt getrost annehmen. Ich hab gehört, daß Ihr kein Weib wollt. Aber für das Trinkgeld will ich mich erkenntlich zeigen, und ...« Sie stockte, schluckte und sagte dann errötend, aber bestimmt: »Ich versteh nicht, warum Ihr als Mann reist, Madam. Aber Ihr werdet Eure Gründe haben, die mich nichts angehen. Und weil Ihr in gutem Glauben gekommen seid, um eine Nacht hier zu verbringen, find ich, daß Ihr ein Recht darauf habt. Nicht mehr, nicht weniger.« Das Mädchen war sichtlich verlegen. »Ich hab nie geschworen zu verschweigen, was im Haus so alles vorgeht, und will nicht schuldig sein an Eurem Tod ...«

»Mein Tod?« sagte Lythande. »Was meinst du damit, Kind?«

»Was ich Euch jetzt sage, kann mir selber das Leben kosten«, antwortete Frennet, »aber Ihr sollt es wissen, Madam ... Sir, vornehmer Fremder. Wer hier schläft, wacht nicht mehr auf als Mensch. Habt Ihr unten die kleinen Kinder gesehen? Sie sind erst zur Hälfte verwandelt. Der Trunk scheint bei Kindern nicht so recht zu wirken. Daß Ihr Euren Wein nicht angerührt habt, ist mir aufgefallen. Wenn sie kommen, um Euch in den Schweinestall zu treiben, und sehen, daß Ihr Mensch geblieben seid, wird man Euch umbringen ... oder nach draußen jagen, wo Ihr dem Verfolger in die Hände fallt.«

Mit Schaudern dachte Lythande an das fremde Wesen, durch das sie ihr magisches Messer verloren hatte.

»Und wer ist das ... der Verfolger?« fragte sie.

»Ich weiß nicht, Madam. Er folgt den Leuten und treibt sie in eine andere Welt. Mehr weiß ich auch nicht. Niemand ist zurückgekehrt, der Auskunft hätte geben können. Aber ich hör die Schreie der Verfolgten.«

Erschrocken sah sich Lythande in dem kleinen, bescheidenen Zimmer um. Dann fragte sie: »Woher wußtest du, daß ich eine Frau bin?«

»Wie soll ich's erklären, Madam? Ich weiß immer Bescheid ... über alles, egal was. Aber ich versprech Euch, der Wirtin nichts zu sagen.«

Lythande seufzte. Vielleicht verfügte das Mädchen über besondere Gaben. Die Maske war für Männer undurchschaubar, aber Lythande wußte und hatte sich seit Jahren damit abgefunden, daß es einige Frauen gab, die – aus welchen Gründen auch immer – der Täuschung nicht verfielen. Und daran ließ sich nichts ändern. Sie hätte das Mädchen umbringen können, aber das wollte Lythande nicht.

»Hüte dich, ein Wort zu sagen! Mein Leben hängt davon ab«, sagte sie. »Im übrigen brauchst du dein Bett nicht mit mir zu teilen. Kannst du mich unbemerkt nach draußen führen?«

»Das kann ich schon, Madam. Aber die Nacht ist verhext, und der Verfolger streift umher. Ich mag Euch nicht schreien hören, wenn er Euch holt.«

Lythande lachte, obwohl ihr nicht danach zumute war. »Wer weiß? Vielleicht hörst du *ihn* schreien, wenn *ich* ihn hole«, sagte sie. »Ich glaube, ich bin ihm schon einmal begegnet.«

»Ja, Madam. Er treibt die Leute hierher und nimmt deren Seelen, wenn sie in Schweine verwandelt sind. Versteht Ihr?«

»Nun, mir wird er nichts anhaben«, bemerkte Lythande zuversichtlich. »Auch dir nicht, wenn ich es einrichten kann. Ich traf den Unhold, bevor ich hier ankam. Er hat mir das Messer gestohlen. Jetzt brauch ich Ersatz.«

»In der Küche sind viele Messer, Madam«, sagte Frennet. »Ich kann Euch eins besorgen.«

Gemeinsam schlichen sie die Stufen hinab. Lythande bewegte sich wie ein Gespenst, mit jener Lautlosigkeit, die schon so manchen glauben gemacht hatte, daß sie von dünner Luft verschluckt werde. Die meisten Gäste waren zu Bett gegangen. Aus den Schlafkammern tönten grunzende Laute. Wahrscheinlich, so dachte Lythande, würde der Schweinestall am Morgen aufgefüllt werden und der Verfolger an Seelen dazugewinnen; die Körper der Verhexten mochten wohl später in Form von Würsten oder Schweinebraten wieder auftauchen. Als die beiden an der Küche vorbeikamen, erhaschte Lythande einen Blick von der Wirtin – der Hexe. Sie wiegte Kräuter. Der scharfe Geruch erinnerte Lythande an das Getränk, das sie zum Glück nicht angerührt hatte.

Warum hatte sich das Böse in diesem Landstrich verschanzt? Dank ihrer weitreichenden magischen Sinne wurde sie der Schritte gewahr, die draußen um das Haus schlichen: Der Verfolger trieb sich umher. Sie spürte das Unheil in der Dunkelheit kreisen mit monströsem Appetit auf Menschenseelen. Aber warum und wie konnte es dazu kommen, daß ein Mensch mit einem solchen Unwesen einen Pakt geschlossen hatte?

Im Tempel des Sterns war immer davon die Rede gewesen, daß weder Gesetz noch Chaos in ihren Tiefen auszuloten seien. Aus den Tiefen des Chaos schien der

Verfolger zu stammen. Lythande, die reisende Adeptin des Blauen Sterns, war eingeschworen auf das Gesetz, das sie gegen das Chaos verteidigen wollte, und sei es, daß die Entscheidung erst am jüngsten Tag fiele.

Dem Mädchen Frennet vertraute sie an: »Es gibt Dinge, denen ich bis zur letzten Schlacht zwischen Gut und Böse am liebsten aus dem Weg gehen würde, und dazu zählt der Verfolger. Aber das Chaos nimmt auf meine Wünsche keine Rücksicht. Wenn ich den Unhold schon jetzt stelle, brauch ich ihm am jüngsten Tag nicht mehr zu begegnen.« Leise trat sie in die Küche. Der Kopf der Hexe fuhr herum.

»Ihr? Ich dachte, Ihr wärt schon im Bett. Ich hab Euch extra das Mädchen hochgeschickt ...«

»Mach dem Mädchen keine Vorhaltungen. Es hat getan, was du verlangt hast«, antwortete Lythande. »Ich bin hierher gekommen ... zunächst, wie mir schien, nur zufällig. Jetzt weiß ich, daß ich den Auftrag habe, deinen Schweinestall aufzuräumen. Ich werde dich deinem üblen Spießgesellen selber zum Fraß vorwerfen.«

Sie schlug ein Zeichen mit der Hand und murmelte eine Formel. Die Hexe sank auf den Boden und lief grunzend auf allen vieren umher. Lythande spürte, wie das teuflische Wesen draußen im Dunkeln näherrückte, und winkte Frennet zu.

»Öffne die Tür!«

Frennet stieß die Tür auf. Lythande trieb die quiekende Hexe über die Schwelle. Ein Schrei war zu hören, unbestimmbar und wie aus der Ferne. Dann kam ein Schwein grunzend aus dem Nebel in den Innenhof gelaufen. Irgendwo da draußen ließ der Verfolger ein befriedigtes Brummen verlauten, das Lythande einen Schauer versetzte. Nun, die Hexe hatte es nicht besser verdient.

»Von ihr ist nichts übriggeblieben, Madam«, sagte das Mädchen.

»Jetzt kann sie als Wurst zum Frühstück gereicht

werden, gewürzt mit den eigenen Kräutern.« Lythande musterte das feiste Schwein.

Kopfschüttelnd gestand Frennet: »Mir ist der Appetit vergangen.«

Die Dohle kam flatternd zur Küche hereingeflogen und krächzte: »Kluges Kind, kluges Kind!«, worauf Lythande meinte: »Wenn's nach mir ginge, hätte der Vogel bald ausgekrächzt. Aber wichtiger ist es wohl, dem Verfolger den Garaus zu machen. Die Hexe hat seinen Hunger bestimmt noch nicht stillen können.«

»Möglich«, antwortete Frennet. »Ihr seid mit der Alten fertiggeworden, aber traut Ihr Euch auch zu, ihn unschädlich zu machen? Ich kann mir vorstellen, daß er auf Euch, auf die Seele einer so großen Zauberin, besonders scharf ist.«

Lythande teilte die Bedenken des Mädchens. Die Hexe war nur ein kleines Übel gewesen, und obwohl Lythande in ihrer Zeit schon mit ärgeren Fällen zu tun gehabt hatte, war ihr doch nie ein so ernster Feind wie der Verfolger in den Weg geraten. Das magische Messer hatte sie bereits an ihn verloren. Ob ihre Kräfte noch reichten?

An der Wand hing eine lange Reihe von Küchenmessern. Frennet wählte das längste und schwerste aus und reichte es der Zauberin. Aber Lythande schüttelte den Kopf und musterte die anderen Klingen mit prüfendem Blick. Alle waren einzig und allein für den Küchengebrauch geschmiedet worden, keins würde dem unheimlichen Gegner gewachsen sein.

Zwischen den Brauen fing der Blaue Stern zu prickeln an. Lythande blieb stehen und suchte nach der Ursache für die magische Warnung. Waren es nur die Geräusche des Verfolgers, die vom dunklen Feld herüberhallten?

Schritt ... Stillstand ... Schritt.

Schritt ... Stillstand ... Schritt.

Nein, die warnende Meldung hatte einen näherliegenden Grund. Vorsichtig drehte Lythande den Kopf und richtete den Blick auf das Schneidbrett, auf dem die Hexe jene Kräuter zerhackt hatte, die ahnungslose Gäste in Schweine verwandelten. Lythande nahm das Messer, das daneben lag, in die Hand, ein gewöhnliches Küchenmesser mit langer, scharfer Klinge, die vom Saft der Kräuter grün gefärbt war. Dann zog Lythande das ruinierte magische Messer aus der Tasche – den kunstvoll geschnitzten, mit magischen Runen verzierten Schaft –, betrachtete seufzend die Waffe, auf die sie immer so stolz gewesen war und warf sie schließlich zu den Küchenabfällen.

Frennet hielt Lythande fest. »Geht nicht nach draußen, Madam! Er wartet nur auf Euch!«

Und über dem Herd flatternd, schrie die Dohle: *»Geht nicht nach draußen, geht nicht nach draußen!«*

Lythande befreite sich sanft aus dem Griff des Mädchens. »Bleib hier«, sagte sie. »Du hast keinen Schutz, und ich kann dir keinen geben.« Dann zog sie die Kapuze der Robe über den Kopf und trat in den vernebelten Innenhof hinaus.

Der Feind war da; sie spürte ihn. Lauernd, teuflisch schmachtend, schlich er umher. Sie wußte: Sein Hunger galt ihr, ihrem Körper, ihrer Seele und Ihrer Zauberkraft. Sie lauschte, das Messer fest in der Hand, auf die im Sinn des Sonnenlaufs kreisenden Schritte. Wenn sie den Kampf bis zum Morgengrauen würde hinauszögern können, käme ihr vielleicht das Licht gegen das Wesen der Dunkelheit zu Hilfe. Aber es war erst kurz nach Mitternacht, und an ein über Stunden dauerndes Ringen mit diesem schrecklichen Gegner mochte sie nicht denken, ob sie ihm an Kraft nun ebenbürtig war oder nicht.

Er mußte sofort geschlagen werden, und zwar, so hoffte sie, mit dem Messer seiner Komplizin. Lythande stand allein im Nebel, und trotz der wärmenden Robe war ihr, als sei der Körper von Eis überzogen. Die Knie bebten. Kalte Schauer liefen ihr über den Rücken, die

Schultern verkrampften sich wie in ahnungsvoller Erwartung eines plötzlichen Angriffs. Frennet stand fröstelnd im schwach erleuchteten Türrahmen und beobachtete sie mit hoffendem Lächeln.

Lythande glaubte, die Empfindungen von Männern nachvollziehen zu können, die um die Sicherheit ihrer Frauen zu kämpfen hatten. Wenn sie, die Zauberin, versagte, würde der Feind über das Mädchen herfallen und wahrscheinlich auch über die Dohle. Sie durften nicht geopfert werden, viel weniger noch ihre Seelen. Das Mädchen war unschuldig; der Vogel ein dummes Tier ... nun, vielleicht nicht dumm, aber harmlos. Aus dem Haus war sein Gekrächze zu hören:

»Oh, meine Seele, er kommt! Er kommt! Geht nicht nach draußen!«

Ja, der Unhold griff an. Der Stern auf der Stirn brannte wie glühende Kohlen. Sein blaues Licht drang von innen nach außen. Warum in aller Welt hatte sie nur den Entschluß gefaßt, Zauberin zu werden? Nun, die Frage kam Jahre zu spät. Die Finger krallten sich um den rauhen hölzernen Griff des Küchenmessers. Sie stieß mit aller Kraft in den Schatten, der sich über den Hof legte und schwarz vor ihr aufragte.

Ob es der eigene Schrei war, der gellend durch Mark und Bein drang, oder ob er aus dem riesigen Schattenwirbel stammte, der über den Hof jagte, wußte Lythande nicht zu sagen. Sie wurde vom Wirbel gepackt, von den Beinen gerissen und in den feuchten Nebel geworfen. Schreckliche Angst lähmte sie. Sollte sich der Verfolger nun in ein mächtiges Schwein des Chaos' verwandeln? Wie würde sie einem solchen Untier begegnen? Aber sie hielt das Messer in der Hand, die dem Bösen eigene Waffe, und stach immer wieder zu, während der Strudel das Chaos grimmig festhielt.

Dann war ein lautes Stöhnen zu hören, der Wirbel verflachte und verschwand. Lythande stand im Hof, von den Armen Frennets heftig umschlungen.

Die Dohle rief: »Es ist weg, es ist weg! Oh, gutes Mädchen, gutes Mädchen!«

Der Hof war frei vom bösen Fluch. Der Nebel kroch über die verwitterten Mauern. Lythande blickte über die Schultern von Frennet und sah eine Gestalt in der Küche stehen. Sie ging hin und erkannte Gimlet, den Hundebarbier, in einen Mantel gehüllt, zum Aufbruch bereit.

»Ich such die Wirtin«, sagte er wütend. »Das Haus ist mir zu laut. Ständig rumort's überall. Heh, Mädchen«, rief er und ging auf Frennet zu, »wo ist deine Herrin? Du warst auf mein Zimmer bestellt.«

Mutig entgegnete sie: »Ich bin jetzt meine eigene Herrin und für Geld nicht mehr zu haben. Wo die Wirtin steckt, weiß ich selber nicht. Ihr könntet am Himmelstor nach ihr fragen, und wenn sie nicht da ist ... nun, Ihr wißt, wo Ihr sie dann suchen müßt.

Gimlet blickte entgeistert drein. Als er endlich verstand, was Frennet gesagt hatte, ging er mit geballten Fäusten auf sie zu. »Ich bin um deinen Preis geprellt worden!«

Lythande griff in die Tasche und gab ihm eine Münze.

»Hier. Behalte den Rest, du Pfennigfuchser. Frennet kommt mit mir.«

Gimlet gaffte auf die Münze, die wohl wertvollste, die er je gesehen hatte, wie man seinen Augen unschwer ablesen konnte.

»Tja, mein Herr, wie Ihr meint. Ich muß jetzt zu meinen Hunden. Ob ich vorher noch ein Frühstück bekommen kann?«

Lythande zeigte auf die Schweinehälften, die von der Küchendecke hingen. »Bedien dich. Fleisch ist genug da.«

Er blickte auf, schluckte und verzog darauf das Gesicht. »Nein, danke«, sagte er und schlurfte nach draußen.

»Komm, wir gehen auch«, sagte Lythande zu Frennet.

»Kann ich wirklich mit Euch kommen?«

»Fürs erste jedenfalls.« Das Mädchen hatte es verdient. »Schnell, hol die Sachen, die du mitnehmen willst.«

»Da ist nichts, was ich behalten wollte«, antwortete das Mädchen. »Aber was ist mit den anderen Gästen?«

»Jetzt wo die Hexe tot ist, werden sie wieder zu Menschen werden, falls sie nicht schon als Braten serviert worden sind. Da ... sieh dich um«, sagte Lythande, und tatsächlich – die Fleischberge an der Decke hatten sich auf schreckliche Weise verwandelt; nach geschlachteten Schweinen sahen sie nicht mehr aus. »Komm, laß uns von hier verschwinden.«

Seite an Seite gingen sie über die Straße in Richtung Osten. Die Dohle flatterte hinterher. »Guten Morgen, meine Damen, guten Morgen!« krächzte sie.

»Bevor die Sonne aufgeht«, sagte Lythande, »dreh ich dem Vogel noch den Hals um.«

»Gute Idee«, antwortete Frennet. »Oder zaubert ihn einfach weg. Darf ich fragen, Madam, warum Ihr in Männerkleidern reist?«

Lythande zuckte mit den Schultern und lächelte. »Warum nicht?«

Originaltitel: »The Walker Behind«

aus: »The Magazine of Fantasy & Science Fiction«, July 1987
Aus dem Amerikanischen übersetzt von Michael Windgassen

Edward F. Shaver

Die Ankunft der Götter

Nehmt's freudig zur Kenntnis:
Wenn die Halbgötter gehn,
Könnt ihr die Götter sehn ...

Ralph Waldo Emerson

In den verkrampften Schatten der Sextantenzelle fluchte der Navigator leise vor sich hin und schüttelte sich bei dem Versuch, das Fadenkreuz auf die veränderliche Winzigkeit von Canopus einzustellen, die Schweißtropfen von der Stirn.

»Inzwischen müßtest du's im Schlaf können, Kern«, ertönte die Stimme der Frau sanft und spöttisch hinter seinem Rücken.

Robertson hielt den Atem an, als das Fadenkreuz auf seinem Ziel stehenblieb, dann drückte er einen Knopf, und die Koordinaten wurden zum Navigationscomputer überspielt. Er löste sich vom Schott und ließ seinen gewichtslosen Körper eine elegante Wendung auf sein Ein-Personen-Publikum zumachen.

Dana Clark schwebte träge vor dem Eingang zur Sextantenzelle; das dünne Nylon ihres Bodysuits schimmerte matt. Ihr langes braunes Haar war von den üblichen Tressen befreit und schwebte nun wie die Mähne eines aufgebrachten Löwen um ihre Schultern.

»Sind wir noch auf Kurs?« fragte sie mit einem Lächeln, das deutlich machte, daß ihr die Frage im Grunde gar nicht wichtig war.

»Ich hoffe es.« Robertson zuckte die Achseln und bemühte sich erfolglos, ein Lächeln zu unterdrücken. »Wir wollen doch nicht die Konfettiparade verpassen, die uns zu Ehren veranstaltet wird, oder?«

»Na, komm schon, Kern.« Dana klopfte mit dem Fuß gegen die Querwand und glitt in die Zelle hinein. Sie legte eine ruhige Hand auf Robertsons Schulter und drehte ihn herum, damit er zum Fenster schaute, als sie sich eng an ihn drückte.

»Schau mal«, ordnete sie an, als ihr Haar sie beide umgab. »Das ist die *Erde* ... Sie ist nicht mal zwei Tage von uns entfernt. Du solltest dich freuen, wie wir anderen auch. Ich glaube, ich habe Commander Shueman während des Essens sogar beim Grinsen erwischt. Warum kannst du nicht auch so sein? Du bedauerst es doch nicht, daß wir die zwei Jahre in dieser Konservenbüchse endlich hinter uns haben?«

»Natürlich nicht«, sagte Robertson schnell; er ärgerte sich mehr über sich selbst als über die Frau.

Er sah sich die von Wolken umgebene Erdkugel an und überließ sich ganz seiner Phantasie. Als sich das Schiff in die letzte glatte Kurve des Hohman-Orbits legte, der sie nach Hause brachte, glaubte er einen Moment lang wirklich, er könne sehen, wie der Planet größer wurde.

Nach Hause.

Er wiederholte es noch einmal für sich allein und wartete auf die euphorische Flut, die er hätte verspüren müssen. Und dann fiel noch eine Erinnerung aus ihrer Höhle, wie eine Traumbestie, die sich auf ihre himmlische Beute stürzt.

Alles Gute zum Geburtstag ...

»Es ist schwer zu erklären«, murmelte er schließlich und warf der Frau einen ausweichenden Blick zu. »Ich weiß nur, daß irgend etwas nicht stimmt ...«

Dana runzelte die Stirn und musterte eine ganze Weile sein Gesicht, ehe sie einen Blick aus dem Sichtfenster warf.

»Daß etwas nicht stimmt?« fragte sie langsam. »Meinst du, mit dem Schiff?«

»Nein.« Robertson schüttelte rasch den Kopf.

»Was also dann, Kern? Was kann falsch daran sein, daß wir nur noch zwei Tage von zu Hause entfernt sind, nachdem wir zwei Jahre im Weltraum verbracht haben?« Sie wandte sich ihm wieder zu, und ihr Stirnrunzeln zerschmolz schnell zu einem heimlichen Lächeln. »Ich glaube, Sie brauchen nur ein bißchen Ablenkung, Herr Navigator.« Ihre Augen funkelten im Erdlicht, als sie an den Velcro-Verschlüssen auf der Vorderseite ihres Bodysuits zog.

»Wissenschaftlicher Offizier Clarke«, protestierte Robertson schwach, »Sie wissen doch, was seinerzeit passiert ist, als der Commander Sie ohne Uniform auf dem Kontrolldeck erwischte.«

»Ja«, antwortete Dana, als sie ihren schlanken Leib aus dem Anzug schälte und ihn langsam wegdriften ließ. »Aber der Commander schläft. Und in zwei Tagen wird er kein Commander mehr sein. Und eine Nummer bei Nullgravitation ist eine Erfahrung, die mich *fast* dazu verführen könnte, zum Mars zurückzukehren ...«

»Kontaktgreifer ausgefahren«, sagte Commander Warren Shueman leise und konzentrierte sich auf das computererzeugte Abbild der Kopplungsschleuse. Hinter ihm wurde das Rasseln der Anschnallgurte laut; die restlichen fünf Besatzungsmitglieder warteten darauf, daß sich die *Argos* mit dem wartenden Shuttle verband.

»*Jetzt*«, sagte Shueman warnend.

Kurz darauf – es war wie eine Antwort – drängte sich das Schiff bebend und knirschend an das Metall des anderen. Shueman drückte einen Knopf auf der Schalttafel, und der feste Schlag der Andockschnäpper beendete die Paarung der beiden Raumfahrzeuge.

»Houston«, sagte Shueman. »Ankoppeln beendet. Sagt der Shuttle-Mannschaft, sie soll schon mal das Bier kaltstellen.«

»Amen«, frohlockte Dwight Duvall, als er den Anschnallgurt löste und sich nach vorn ins Cockpit treiben ließ. »Die haben ziemlich rauhe Umgangsformen hier, Commander. Ich habe den verdammten Lander viel sanfter im *Chryse Planitia* aufgesetzt.« Er lachte laut und klopfte Shueman auf die Schulter.

In der Andruckliege neben Shueman schwebte Andra Thorn entspannt von der Konsole weg. Sie war zum Ersten Offizier dieser Mission ausgebildet worden, und ihre Hauptverantwortung hätte darin bestanden, Shuemans Platz einzunehmen, wäre es während der zweijährigen Raumreise nötig geworden. Sie hatte bei jedem kritischen Manöver neben ihm gestanden und darauf gewartet, daß er seinen ersten Fehler machte. Jetzt, als ihr klar wurde, daß er nicht mal am Ende der Mission danebenhauen würde, mußte sie lächeln.

»Es war eine nette Reise, Commander«, sagte Thorn und nickte still. »Und zwar von Anfang bis Ende.«

»Es war eine *wunderbare* Reise«, wurde sie von der Schiffsärztin Christine Lakehurst korrigiert. Sie schwebte hinter Duvall und hielt noch immer Händchen mit Dana Clarke. »Keiner hätte es besser gemacht, Commander.«

»Ankopplungsmanöver bestätigt, *Argos*«, sagte die ferne Stimme von der Bodenstation. »Sie können jetzt die Schleusenöffnung vornehmen und gemäß den Kopplungsvorschriften sofort ins Shuttle umsteigen. Over.«

»Kommt gar nicht in die Tüte«, sagte Duvall mit einer großspurigen Geste. »Wir haben uns zwei Jahre den Arsch aufgerissen. Jetzt sollen die da draußen mal was tun. Für uns steht *Feiern* auf dem Programm.« Dann riß er Christine Lakehurst aus dem Griff des Wissenschaftlichen Offiziers und ließ sie einen Salto schlagen.

»Houston«, sagte Shueman mit müdem Lächeln, »könnt ihr uns ein bißchen helfen? Wir haben eine lange Reise hinter uns; es könnte sein, daß die Bande eine Meuterei anzettelt. Over.«

Sein Lächeln verblaßte, als die Stimme aus dem

Funkgerät kurz und bündig sagte: »Negativ, *Argos*. Fangen Sie mit Schleusenöffnung an und steigen Sie auf der Stelle um. Over.«

Die ausgelassene Stimmung, die in der Kabine herrschte, flaute ab. Es war, als hätte jemand mit einer Nadel in einen Ballon gepiekt. Die Luft war raus. Ein Chor aufgebracht protestierender Stimmen wurde laut, dem sich bis auf den Navigator alle anschlossen. Robertson lag angeschnallt in seiner Andruckliege und lauschte mit geschlossenen Augen, während die nagende Angst in seinem Magen wieder zum Leben erwachte.

»Verdammt noch mal«, fauchte Shueman nach einem kurzen, erfolglosen Kampf mit seinen Instinkten, »ihr wißt wohl auch nicht, wann es an der Zeit ist, auf die Vorschriften zu pfeifen, was? Ist Jack Wright bei euch? Ich möchte mit ihm reden. Over.«

Jack Wright war der Vorsitzende des Astronautenverbandes; ein Relikt aus den *Apollo*-Zeiten; der letzte Mann in dieser Organisation, der seine Fußabdrücke auf dem Mond hinterlassen hatte. Er hatte zwar seit fünfzehn Jahren keinen Flug mehr gemacht und würde auch nie wieder einen machen, aber sein Name stand aufgrund seiner Reputation noch immer auf der Liste der Aktiven. Und da Wright jeden kannte, der in diesem Verein etwas darstellte, war er auch der Mann, der alles hinkriegte, ohne sich irgendwelchen bürokratischen Übungen zu unterwerfen.

»*Argos*«, antwortete Houston nach einer weiteren Pause. »Jack Wright ist in Kennedy, Florida. Wir müßten eine Sonderverbindung schalten, aber wir wissen nicht mal, ob wir ihn überhaupt erreichen können ...«

»Jack Wright hat seit zwanzig Jahren keine Rückkehr verpaßt«, warf Shueman ungedudig ein. »Also wird er doch nicht gerade jetzt damit anfangen! Wenn er noch lebt, sitzt er in Kennedy an den Kontrollen. Ich möchte, daß ihr ihn an die Strippe holt, Houston. Over.«

Das letzte Wort spuckte Shueman in das Mikrofon, dann lehnte er sich in die Andruckliege zurück. Er spürte die Spannung, die die fünf anderen ergriffen hatte, die sich um ihn scharten, und er dankte insgeheim jedem einzelnen für seine Professionalität. Sie hätten aufgrund der Verzögerung auch lauteren Protest einlegen können – auf der anderen Seite der Ankopplungsschleuse lockte schließlich das Ende der Reise, aber sie blieben friedlich. Sie waren zwar bald keine Mannschaft mehr, doch bis zum Ende der Reise würden sie sich diszipliniert verhalten.

»*Argos*«, sagte eine vertraute Stimme durch das Knistern des Funkgerätes, »hier ist Jack Wright.«

»Jack«, antwortete Shueman schnell, »was soll der Blödsinn mit den verdammten Vorschriften? Wir sind jetzt lange genug nach Vorschrift geflogen; ich glaube, daß wir jetzt eine Pause verdient haben. Over.«

»Verstanden, *Argos*«, erwiderte Wright, aber seine Worte kamen langsam und abgemessen, als drücke sie etwas nieder, das noch kam. »Aber wir haben ein Problem, und das zwingt uns, ein paar Verfahrensänderungen vorzunehmen, Commander. Over.«

Diesmal war es Shueman, der die Stille andauern ließ: Er versuchte, zwischen den Worten zu lesen, die Wright geäußert hatte.

»Was ist das für ein Problem, Jack?« fragte der Commander schließlich und machte einen Buckel, als er die Blicke der Mannschaft auf seinem Rücken spürte.

Robertson öffnete die Augen und beobachtete die anderen, die sich dicht um Shueman und die Hauptkonsole versammelten. Er lauschte dem leeren Zischen des Funkgeräts, ließ die Einzelheiten in seinem Kopf kreisen und versuchte zu erraten, welche von ihnen die Grenze von der Phantasie zur Realität überschreiten würden.

»Das Allerschlimmste«, erwiderte Wright bedauernd. »Bioverseuchung. Tut mir leid, Warren.«

»Mein Gott!« flüsterte Dana und drehte sich zu Robertson um. Ihr Gesicht war eine bleiche Maske des Grauens.

»Unmöglich!« sagte Christine Lakehurst aufgebracht. »Wir haben alle vorgeschriebenen Tests gemacht, Commander. Vom ersten Tag an, als Sie mit Duvall von der Oberfläche zurückkamen. Wir sind *sauber!*«

Shueman sah kurz zu Lakehurst hinauf, dann holte er tief Luft und sagte: »Das war unsere Schiffsärztin, Jack. Haben Sie mitgehört? Over.«

»Ich habe mitgehört, Warren. Es wäre mir auch lieber, wenn es so einfach wäre. Aber so ist es nicht. Auf der anderen Seite der Schleuse finden Sie Bio-Quarantäneanzüge. Ziehen Sie sie an. Sie werden weiterhin feststellen, Warren, daß das Shuttle unbemannt ist. Wir konnten keinerlei Risiko eingehen. Sie müssen das Ding selbst nach Hause fliegen ...«

Das Shuttle fiel durch die letzte Bewölkungsschicht, und plötzlich breitete sich die flache und grüne Landschaft Floridas unter ihnen aus. Shueman wechselte im Pilotensitz die Position; der Quarantäneanzug erschöpfte seinen Körper jetzt schon. Nach zwei Jahren Nullgravitation, nur unterbrochen von einem siebentägigen Aufenthalt auf der Marsoberfläche, hatte er den Eindruck, als wöge das Ding mehrere Tonnen. Seine Arme waren weiße, unflexible Stümpfe, und schon die Anstrengung eines Griffes zum Armaturenbrett ließ sie schmerzen. Der Helm erzeugte einen künstlichen Horizont und zwang ihn, den ganzen Körper zu drehen, um die Worte zu lesen, die über die Computerbildschirme liefen.

Auf den letzten hundert Metern nach unten übernahm Shueman die Kontrolle über den Steuerknüppel und setzte das Fahrwerk ohne den geringsten Bums auf die Rollbahn auf. Eine Minute später hatten sie den Haltepunkt am Ende der Rollbahn erreicht; er ließ seine behandschuhten Hände mit einer letzten, zufriedenen

Bewegung über dem Armaturenbrett kreisen und schaltete die Triebwerke aus.

»Kennedy, hier ist Shuttle Eins. Wir sind unten. Over.« Shueman veränderte seine Position in der Andruckliege und peilte durch das Cockpitfenster. Ein leichter Wind durchwehte den bedeckten Nachmittag, der sie umgab und streichelte das hohe Gras, das bis an den Rand der Rollbahn heranwuchs. Sonst war die Aussicht still und ungebrochen.

»Nicht mal 'ne lausige Blaskapelle«, murmelte Duvall und sprach aus, was Shueman gerade durch den Kopf ging. »Die ersten Menschen auf dem Mars – aber man könnte annehmen, wir wären nur mal zu einem Sonntagsspaziergang um den Block gegangen.«

»Sie haben Angst vor uns«, sagte Dana leise. Ihre Stimme kam dünn durch die Funkanlagen der Quarantäneanzüge. »Sie *fürchten* sich ...«

»Shuttle Eins«, unterbrach das Funkgerät. »Hier ist Kennedy-Bodenstation. Saubere Landung, Commander. Ein Transfer-Fahrzeug geht gerade in Stellung. Sobald das Druckzelt steht, werden Sie aufgefordert, die Shuttle-Schleuse zu öffnen. Bis zum Aufnahmelabor ist es dann nicht mehr weit. Over.«

Shueman runzelte unter dem Helm die Stirn. Seine Erinnerung tastete sich an die namenlose Stimme aus dem Funkgerät heran.

»Anderson?« sagte er langsam. »Ist das Bill Anderson, der da am CAPCOM rumspielt?«

Der Mann am Funkgerät zögerte eine ganze Weile, ehe er sich zu einer Antwort bequemte. »Stimmt, Commander. Es ist lange her, seit wir das letztemal zusammen einen Vogel runtergebracht haben.«

»Ein paar Jahre«, sagte Shueman; er runzelte immer noch die Stirn, denn ihm fiel die Zurückhaltung in Andersons Stimme auf. »Sagen Sie mal, Bill, warum steht keiner hier draußen und winkt uns wenigstens mit 'ner lumpigen Fahne zu? Over.«

»Wenn's an mir läge, Commander ...« Die Stimme verstummte, doch als sie wieder da war, hatte sie wieder die typische Funkdisziplin angenommen. »Ich erfahre gerade, daß alle Fragen bis zur Einsatzbesprechung warten müssen, Commander. Halten Sie sich bitte bereit.«

Halt bitte die Klappe, übersetzte Duvall mit angehaltenem Atem, als er dem Ende der Konversation zuhörte. Er folgte Shuemans Blick aus dem Backbordfenster, wo ein großer weißer Transportwagen langsam über den Rollbahnbelag auf das Shuttle zukroch.

Sie stiegen in das Fahrzeug um, ohne ein menschliches Wesen zu Gesicht zu bekommen. Sie saßen schweigend in hell fluoreszierendem Licht: sechs gestrandete Wale, die zu müde zum Sprechen waren, während der Wagen durch die unsichtbare Landschaft rumpelte.

Das Ende der zehnminütigen Fahrt wurde durch einen Bums und ein metallisches Scheppern bestätigt, und kurz darauf meldete das Zischen von Luft, daß man erneut ein Kontaminationszelt aufblies. Mit dem letzten Zischen öffnete sich die Wagentür, und die Mannschaft der *Argos* blickte direkt in einen offenen, leeren Gang.

»Na, dann gehen wir mal«, grunzte Shueman mit einiger Mühe, als er auf die Beine kam. »Wir haben zwar noch keine Einladung auf Büttenpapier gekriegt, aber jetzt erwarte ich auch keine mehr.«

Er führte sie aus dem Fahrzeug und durch eine Art Tunnel aus poliertem Stahl an den schweren Drucktüren des Aufnahmelabors vorbei. Duvall bildete den Abschluß. Er hatte sich kaum mit den versiegelten Behältern der marsianischen Gesteinsproben, die er schleppte, durch den Eingang gekämpft, als die Torflügel warnend aufkreischten und sich schlossen. Kaum dreißig Sekunden später trafen sie sich und bildeten eine glatte Wand aus glänzendem Stahl, die die verschwommenen

Gestalten von sechs unfreiwilligen Schneemännern reflektierte.

»Willkommen im Aufnahmelabor«, sagte die Stimme Jack Wrights rauh in ihren Helmempfängern. »Vor der Abreise wurde Dr. Lakehurst ausführlich über diese Anlage in Kenntnis gesetzt; sie sollte also in der Lage sein, euch den Weg zu weisen. Ich schlage vor, ihr sucht euch jeder ein Quartier und zieht die Quarantäneanzüge aus. Wir haben eine vorläufige Einsatzbesprechung anberaumt; sie soll in vier Stunden stattfinden.« Es klickte noch einmal, dann war er wieder weg.

Shueman fummelte am Verschluß seines Helmes und ließ einen hörbaren Seufzer erschallen, als er ihn von den Schultern nahm. Die anderen folgten seinem Beispiel sofort. Sie entledigten sich ihrer Anzüge, und Christine Lakehurst sah sich bald darauf von fünf erwartungsvollen Augenpaaren umringt.

»Übernimm du das Kommando, Christine«, sagte Shueman nickend. »Dies hier ist deine Domäne.«

Christine holte tief Luft und ließ ihren Anzug zu Boden fallen. Dann führte sie die anderen durch den einzigen Korridor, der von der Eingangshalle abzweigte.

»Das Aufnahmelabor wurde als Notaufnahmelager konstruiert«, sagte sie, als sie über den gefliesten Boden schlurften. »Es ist eine Art Forschungs- und Auffangbecken – für den Fall, daß wir bei der Rückkehr vom Mars Anzeichen einer biologischen Verseuchung zeigen.«

»Was mich zu einer guten Frage bringt, Frau Doktor«, mischte sich Duvall ein. »Wer von uns ist überhaupt infiziert? Die Leute hier verhalten sich reichlich rätselhaft. Ich habe irgendwie den Eindruck, daß einer von uns mehr weiß, als er zugibt.«

Als Christine sich zu ihm umdrehte, blieb Duvall auf der Stelle stehen. Ihre Augen waren von kleinen Runzeln umgeben, die das harte Licht noch deutlicher hervortreten ließ. Sie sah plötzlich viel älter aus als dreißig.

»Ist das ein Vorwurf?« Ihr Blick war trotzig. »Willst du

damit sagen, daß ich euch hinhalte? Daß ich Geheimnisse für mich behalte?«

»*Du* bist doch die verdammte Schiffsärztin«, konterte Duvall. »Man behandelt uns, als wären wir die heißeste Sache seit der Schwarzen Pest. Du trägst dazu bei.«

Christine machte einen angriffslustigen Schritt auf ihn zu. »Verdammt noch mal, Duvall ...«

»Haltet die Klappe«, befahl Shueman und legte ein Timbre in seine Stimme, das er seit den Anfangstagen ihrer Mission nicht mehr angewendet hatte. »Jeder von uns hat einen Haufen Fragen auf dem Herzen. Ich hoffe, die meisten werden bei der ersten Besprechung beantwortet. Und bis dahin werden wir uns *nicht* gegenseitig fertigmachen. Ist das klar?« Sein Blick wanderte rasch von einem zum anderen und blieb auf Duvall haften.

Jeder von ihnen gab mit einem raschen Nicken klein bei, dann gab Shueman Christine mit einer Geste zu verstehen, sie solle weitermachen.

Der erste Eingang, an dem sie vorbeikamen, führte in eine kleine Küche, die im Glanz rostfreier Geräte erstrahlte. Eine Seite des Raums bestand aus Regalen, die vom Boden bis zur Decke reichten und voller kleiner Dosen von grauer und grüner Farbe waren.

»K-Rationen«, sagte Duvall und verzog das Gesicht. »Das kann doch wohl nicht wahr sein! Sogar im Zuchthaus ist die Verpflegung besser.«

Der nächste Eingang führte in ein Laboratorium, das bis zum Überquellen mit Testgeräten vollgestopft war. Dem Labor direkt gegenüber lag ein weiß gefliester Raum mit sechs Betten, die wahrscheinlich aus der Intensivstation eines großen Krankenhauses stammten. Lakehurst ging schnell weiter, doch die anderen legten eine Pause ein und stellten sich vor, wie sie angeschnallt auf den Betten lagen, umgeben von ominösen Maschinen, die die Aura von Schmerz und Hoffnungslosigkeit ausstrahlten.

Im folgenden Raum stießen sie auf eine kleine Bibliothek mit mehreren Regalen voller Bücher und ein Microfiche-Lesegerät, das Zugang zu vielen tausend weiteren versprach. Neben dem Lesegerät stand ein kleiner Computer.

Schließlich mündete der Korridor in einen größeren Raum. Er strahlte die ersten Anzeichen des Lebens aus, das sie hinter sich zurückgelassen hatten. Die Wände waren in freundlichem Gelb gehalten und paßten zur Polsterung der Sofas und Sessel, die in dem Muster arrangiert waren, wie es in echten Wohnzimmern üblich war. Der Raum hatte zwar keine Fenster, doch eine Wand war vom Boden bis zur Decke mit der Fotowand eines herbstlichen Waldes tapeziert. Die plötzlichen Farben ließen sie nach den zwei Jahren im düsteren Grün der *Argos* erstarren.

»Herrgott«, sagte Duvall schließlich, und brach damit das Schweigen, »es sieht aus wie in einem Holiday Inn-Hotel.«

Christine Lakehurst reagierte nicht auf seinen Humor, sondern fuhr steif fort: »Gegenüber dem Wohnzimmer liegen sechs Schlafräume, die vom Korridor abgehen. Das ist die gesamte Anlage, Commander.«

»Wie geht die Besprechung vonstatten?« fragte Shueman.

»Sie findet genau hier statt«, antwortete Lakehurst. Sie ging durch den Raum und fuhr mit der Hand über eine leere Fläche an der Wand. »Hinter der Wand befindet sich ein Plexiglasfenster, das für einen Sichtkontakt von außen geöffnet werden kann. Alle Räume sind für Bild und Ton verkabelt ...« Sie deutete zur Decke. In einer Ecke war eine Kamera zu sehen, die sie verhalten musterte. »Deswegen schlage ich vor, daß wir uns alle passend verhalten.«

»Eine Luxus-Gummizelle«, grollte Duvall. »Und der Große Bruder hat sehr guten Grund, immer bei uns zu sein.«

»In Ordnung«, sagte Shueman ernst und nickte. »Wenn keiner mehr Fragen hat, schlage ich vor, daß wir uns ein Zimmer greifen und eine Mütze voll Schlaf nehmen, bevor die Besprechung losgeht.« Er musterte die Angehörigen der Gruppe und versuchte, an ihren Gesichtern zu erkennen, ob sie noch Fragen hatten, doch alle zuckten die Achseln und schlurften hinaus.

Außer Robinson.

Er blieb allein in der Mitte des Wohnzimmers stehen und musterte stirnrunzelnd die Einzelheiten der Umgebung. Er hätte nicht erklären können, wieso er wußte, daß sich das Rätsel ausgerechnet hier entwirren würde, in der Nachahmung einer menschlichen Behausung. Vielleicht lag es bloß am Echo aller anderen Halbfehler, die seinen Instinkt schon vor langer Zeit hatte wachsam werden lassen. Er suchte immer noch: zwischen den billigen Imitationen klassischer Gemälde, den Vasen mit den verstaubten Kunststoffblumen, den einfachen, gläsernen Aschenbechern, die den Kaffeetisch schmückten.

Robertson blieb eine ganze Weile stehen und sah sich um, bis das Offensichtliche urplötzlich in sein Blickfeld trat. Der Atem entwischte seinen Lungen mit einem ängstlichen und überraschten Zischen, doch selbst dann mußte er noch über die Ironie lächeln. Er hatte den ersten Blick in seinen Alptraum geworfen. Er spiegelte sich in etwas wider, das gar nicht da war ...

Christine kehrte als letzte ins Wohnzimmer zurück. Sie ließ einen Arm voller Ausdrucke auf den Kaffeetisch fallen und warf sich in einen Sessel.

»Medizinische Berichte«, sagte sie nickend zu Shueman, und die Ringe unter ihren Augen verrieten, daß sie seit ihrer Ankunft noch nicht geschlafen hatte.

»Besagen sie irgend etwas Neues?« fragte Shueman zweifeld.

»Ich bin noch mal alles durchgegangen, Commander.« Christine schwieg nur so lange, wie sie brauchte, um Duvall einen Blick zuzuwerfen. »Jeden Test und jedes Ergebnis. Wir haben vom Start bis zum letzten Tag streng nach Vorschrift gearbeitet. Wenn die Vorschriften in Ordnung sind, *müssen* wir sauber sein.«

Der Rest der Mannschaft rutschte unruhig hin und her und lauschte den Worten der Schiffsärztin. Duvall zog nur die Brauen hoch und drehte sich um. Er musterte den leeren Fleck an der Wand, der das einzige Fenster nach draußen immer noch verhüllte. Es war Shueman, der das Schweigen schließlich brach. Er drückte einen Gedanken aus, der schon in jedem von ihnen ein vertrautes Heim gefunden hatte.

»Was ist, wenn die *Vorschriften* falsch waren?« fragte er leise, ohne eine Antwort darauf zu erwarten.

Kurz darauf knisterte das Interkom; ein Teil der Wand faltete sich auseinander und enthüllte einen langen Streifen Dunkelheit. In der Finsternis flammten plötzlich mehrere Scheinwerfer auf und badeten die Mannschaft der *Argos* in blendend grelle Helligkeit. Shueman hob die Hände vor die Augen und lugte vorsichtig in das Licht hinein.

»Geht's nicht auch ein bißchen dunkler?«, fragte er.

»Tut mir leid, Commander«, erwiderte Jack Wright irgendwoher aus der Gegend der Scheinwerfer. »Wir brauchen das Licht für die Fernsehkamera. Ertragen Sie's für eine Weile mit uns. Ich nehme an, Sie haben sich inzwischen alle ein bißchen ausgeruht.«

»Es ist zwar fraglos ein herrliches Gefühl, wieder festen Boden unter den Füßen zu haben«, sagte Shueman unbehaglich, »aber wir haben verständlicherweise noch ein paar Fragen, die den Sinn dieses Quarantäneverfahrens betreffen. Sie haben uns ein paar Antworten versprochen ...«

»Sie werden sie auch kriegen, Commander. Aber zuerst müssen wir Ihrer Schiffsärztin ein paar Fragen stellen.« Wright machte eine Pause, und Shueman hatte den Eindruck, als könne er hinter den Lichtern die Bewegungen schattenhafter Gestalten erkennen. »Ich möchte Sie mit Dr. Anatolij Suchow vom Raummedizinischen Institut der UdSSR bekannt machen. Dr. Suchow ist Experte für die Seuche, von der wir glauben, daß Sie sie eingefangen haben.«

Wieder eine Pause. Dann sprach eine andere Stimme durch den Lautsprecher. Das statische Rauschen machte ihren russischen Akzent noch hörbarer.

»Guten Tag, Commander«, sagte der unsichtbare Suchow.

Shueman lehnte sich ein Stück zurück und hob in Richtung der Schiffsärztin fragend eine Braue. Sie zuckte kaum merklich die Achseln. Sie kannte ihn also auch nicht. Wer dieser Dr. Suchow auch war – er war in jedem Fall wieder eine der Überraschungen, die Shueman zunehmend auf den Keks gingen.

»Meine Fragen richten sich zwar in erster Linie an Dr. Lakehurst«, fuhr Suchow fort, »aber ich wäre auch für jede zusätzliche Information aus den Reihen der Mannschaft dankbar. Bin ich verstanden worden?«

»Sie kriegen bestimmt die volle Kooperation«, mischte Wright sich ein.

»Dr. Lakehurst«, begann Suchow. »Wir haben die Kopien aller medizinischen Tests, die Sie übermittelt haben. Können Sie den Nachweis erbringen, daß es sich dabei um sämtliche Tests handelt, die im Zuge der Mission vorgenommen wurden?«

»Natürlich.« Christine runzelte ungeduldig die Stirn. »Alle Verfahren, die der Medizinische Plan der Mission vorgeschrieben hat, wurden planmäßig durchgeführt, und zwar ohne Ausnahme. Dies schloß Blutproben, Urinanalysen und Kulturen der oberen Atemwege mit ein. Ich glaube, meine Berichte dokumentieren die Tatsache, daß die Mannschaft außerordentlich gesund war, obwohl sie sich auf dem Mars im Freien aufgehalten hat.« Sie hielt inne und schüttelte den Kopf in das Gleißen hinein. »Aufgrund dieser Fakten sehe ich keine medizinische Basis für die Evidenz einer biologischen Verseuchung irgendeines Mitglieds der Mannschaft.«

»Ich verstehe«, sagte Suchow emotionslos. »Aber Ihre Berichte erwähnen so gut wie keine medizinischen Probleme, die der Landung auf dem Mars vorausgingen.«

Christine starrte Shueman in offener Verwirrung an. Dann schüttelte sie langsam den Kopf und wandte sich wieder dem Lichtermeer hinter dem Plexiglas zu.

»Ich verstehe Ihre Frage nicht, Dr. Suchow«, sagte sie. »Wollen Sie damit sagen, daß es zu der Verseuchung kam, *bevor* wir auf dem Mars landeten?«

Der Lautsprecher antwortete nur mit einem leeren Zischen. Shueman stand schnell auf, durchquerte den Raum und drückte das Gesicht eng an die Kunststoffscheibe.

»Jack«, sagte er mit Nachdruck, »ich möchte eine Antwort auf die letzte Frage haben! Von welcher Art Verseuchung ist hier eigentlich die Rede?«

»Sie müssen unbedingt noch ein paar Tests durchführen«, sagte Wright ruhig und gelassen. »Blut, Urin, den ganzen Kram. Ich nehme an, die Laborausrüstung, die Ihnen zur Verfügung steht, ist dafür ausreichend. Wir sind auf alles Außergewöhnliche aus, speziell im Bereich der Antikörper. Verstehen Sie?«

»Nein, verdammt noch mal«, donnerte Shueman. »Sie sprechen immer noch in Rätseln. Wir brauchen ein paar klare Antworten, Jack. Hören Sie mir überhaupt zu?«

Die Welt hinter den Scheinwerfern blieb ein paar nervtötende Herzschläge lang still, und als die Antwort schließlich kam, enthielt Wrights Stimme einen Tonfall echten Bedauerns.

»Wir brauchen die Daten, Warren. So schnell wie möglich. Nennen Sie es doppelt gemoppelt; nennen Sie es ein gottverdammtes Ärgernis. Aber es ist der einzige Weg zurück. Sie müssen mir glauben. Wir haben für morgen um 18.00 Uhr eine weitere Besprechung angesetzt. Das gibt Ihnen fast vierundzwanzig Stunden zum Arbeiten. Viel Glück.«

Die Scheinwerfer gingen aus; im gleichen Moment schloß sich die Wand und zwang Shueman, einen Schritt zurückzutreten. Als er sich seinen Leuten zuwandte, sah er in ihren Gesichtern die gleiche Verärgerung und Verwirrung, die er selbst empfand. Nur nicht bei Robinson.

Der Navigator saß mit geschlossenen Augen da, als wollte er sie noch immer vor dem hellen Licht der Scheinwerfer schützen. Aber sein Gesicht war frei von den Linien der Angst und des Zweifels, die für die anderen zu einer permanenten Maske geworden waren. Sein Gesicht zeigte eine andere Emotion, und obwohl Shueman sie mit keinem präzisen Namen versehen konnte, rührte sich tief in seinem Innern die urzeitliche Sehne eines Stammesrituals. Auf der Stelle wurde ihm klar, was der Rest der Mannschaft noch nicht begriffen hatte: daß die Reise in den Alptraum einen anderen Führer erforderte als eine Reise zum Mars.

Der verdunkelte Raum war voller hin und her eilender Schatten, doch als Jack Wright sich dem neben ihm sitzenden Schatten zuwandte, schenkte er ihnen keine Aufmerksamkeit. Schließlich ertönte ein rollendes Husten, und Suchow rührte sich in seinem Sessel.

»Zufrieden?« fragte Wright spitz. »Ich habe Ihnen doch gesagt, daß wir nichts zu verbergen haben.«

Suchow erhob sich langsam in der Dunkelheit, und Wright spürte, wie sich der Blick des Russen durch seine Schädeldecke bohrte.

»Zumindest jetzt noch nicht«, sagte Suchow gleichmütig. Er schwankte kurz, und mehrere Schatten traten rasch heran, um ihn zu stützen.

»Wollen Sie trotzdem weitermachen?« fragte Wright zögernd. »Wenn ich zu entscheiden hätte, würde ich ihnen ein bißchen mehr Zeit geben ...«

Suchow hustete erneut und schnitt dem Amerikaner das Wort ab.

»Wenn *ich* zu entscheiden hätte«, sagte der Russe langsam, »würde ich sie jetzt umbringen, wo es noch leicht ist.« Er hielt inne und musterte den vor ihm sitzenden Schatten. »Aber ich habe hier ebensowenig zu entscheiden wie Sie. Deswegen tun wir *beide* das, was man uns befohlen hat ...«

Shueman schaute zu, wie die Nadel auf der Innenseite seines Ellbogens die Vene fand und die Spritze sich mit Blut füllte.

»Es ergibt überhaupt keinen Sinn, Commander«, sagte Christine, als sie die Blutprobe entnommen hatte. Sie preßte ein Stück Baumwolle in Shuemans Armbeuge und bedeutete dem nächsten, seinen Platz auf dem Untersuchungstisch einzunehmen. »Ich habe vor dem Start zwei Jahre damit verbracht, die Literatur über Bio-Verseuchung zu studieren. Ich *kenne* die meisten wahrscheinlichen Mechanismen, die typischen Ansteckungsherde und die zu erwartenden Anfangssymptome. Ich *weiß,* wonach ich suchen muß, auch ohne die von der NASA erstellten Richtlinien. Und ich brauche keinen gottverdammten Russen, der mir sagt, wie ich meinen Beruf ausüben soll. Keiner von uns hat ein Symptom gezeigt, das mich auch nur im entferntesten mißtrauisch gemacht hätte.«

Shueman nickte. Er hielt den Arm starr, als Duvall aufsprang und seinen Platz einnahm.

»Lassen wir die Vergangenheit ruhen«, witzelte Duvall unbehaglich, als Lakehurst sich ihm mit einer neuen Spritze in der Hand zuwandte. »In Wahrheit habe ich nie an dir gezweifelt, Christine. Ehrlich ...«

Christine setzte die Nadel mit dem Anflug eines Lächelns an und genoß die schmerzliche Grimasse, die sich auf Duvalls Gesicht zeigte.

»Bist du absolut sicher, Christine?« Shueman lehnte

sich gegen einen der glänzenden Versorgungsschränke und blickte auf den weißen Boden. »Was ist, wenn die Symptome absolut atypisch sind? Was ist, wenn man befürchtet, wir könnten Träger statt Opfer sein? Gibt's da eine Möglichkeit?«

Christine räusperte sich zögernd und zog die Nadel aus Duvalls Arm. »Wahrscheinlich ist alles möglich. Aber warum hat man uns erst alles erzählt, als wir wieder in der Erdumlaufbahn waren? Warum mußte es unbedingt eine Überraschung in letzter Minute sein?«

»Aber so war es doch gar nicht«, sagte Dana ruhig. Ihr Blick schweifte durch den Raum und blieb schließlich auf dem in der Tür stehenden Robertson haften. »Kern hat seit langem damit gerechnet, daß irgend etwas schiefgeht. Ich habe die ganze Zeit gesagt, daß er verrückt ist, aber es stimmt gar nicht.« Sie beugte sich zu Shueman vor; ihre Augen waren vor Ungläubigkeit groß. »Er hat die ganze Zeit über recht gehabt.«

Shueman sah mit gerunzelter Stirn an Dana vorbei, doch in seiner Stimme lag keine Überraschung, als er fragte: »Wovon redet sie überhaupt, Kern?«

»Ja, Kern«, stimmte Duvall mit rauher Stimme ein. »Sag es uns.«

Robertson spürte, wie Danas Hand in die seine glitt und sie drückte, als brauche sie Rückendeckung. Er lächelte ihr kurz zu, dann hob er die Hand, trat in den Korridor zurück und gab den anderen mit einer Geste zu verstehen, daß sie ihm folgen sollten.

Er wartete im Korridor auf sie, ein paar Schritte vom Eingang zum Wohnzimmer entfernt. Sie versammelten sich mit verwunderten Gesichtern um ihn; Christine immer noch mit der Blutprobe, die sie Duvall gerade abgezapft hatte.

»Na schön, Kern«, sagte Shueman nickend. »Ich habe zwar keine Ahnung, was du weißt, aber sag es uns. Und du kannst damit anfangen, indem du uns erklärst, warum wir uns hier draußen unterhalten.«

»Intimsphäre, Commander.« Robertson sah sich schnell um. »Ich habe mich ein bißchen umgesehen, und dies ist offenbar die einzige Stelle in der ganzen Unterkunft, die nicht von einer Kamera beobachtet wird. Ich nehme an, da hat jemand gepennt.«

Shueman folgte Robertsons Blick. Er hatte recht; hier war nirgendwo eine Kamera in Sicht.

»Na schön«, nickte er, jetzt etwas weniger skeptisch. »Aber was willst du uns sagen, das niemand mithören darf? Wir sind doch alle auf der gleichen Seite – oder nicht?«

Robertsons Blick verfinsterte sich, als er den Kopf schüttelte.

»Vielleicht nicht, Commander«, sagte er. »Es ist zum Beispiel erst ein paar Minuten her, da haben wir von einem Russen Befehle entgegengenommen. Und seit unserer Ankunft sind wir Gefangene und von der Außenwelt isoliert; wir haben nicht mal Fernsehen und Radio.«

»Fernsehen«, flüsterte Christine plötzlich, als sie begriff, was Robertson beim Betreten des Wohnzimmers aufgefallen war. »Die Räume hier müßten eigentlich mit Fernsehapparaten ausgerüstet sein. Aber warum hätte man sie abmontieren sollen?«

Robertson hörte ihre Frage zwar, aber er schüttelte nur den Kopf und wandte sich dem Commander zu.

»Dana hat gesagt, du hättest seit langer Zeit erwartet, daß etwas passiert«, sagte Shueman. »Seit wann?«

Robertson holte tief Luft.

»Seit einem Jahr«, sagte er. »Ich glaube, es hat angefangen, als wir die Marsumlaufbahn verließen. Aber gehen wir der Reihe nach vor. Falls ihr euch erinnert ... Ich habe eine Menge Zeit damit zugebracht, unseren jeweiligen Standort navigatorisch zu überprüfen. Das bedeutete eine Menge Datenaustausch mit den Computerteams in Houston. Irgendwann hatte ich plötzlich den Eindruck, als ginge man in Houston mit den Datenlieferungen immer schlampiger um.«

Duvall reckte sich ungeduldig. »Vielleicht bist *du* nur überempfindlich geworden.«

»Kann sein ...«, gab Robertson sachlich zu. »Aber dann passierte die Sache mit den Geburtstagsgrüßen.«

»Was, zum Teufel ...«, zürnte Duvall, bevor Shueman ihn mit erhobener Hand zum Schweigen brachte.

»Ich bekam eine Geburtstagsnachricht von meiner Familie«, erläuterte Robertson. »Es war die übliche Glückwunschüberspielung in meine persönliche Nachrichtendatei ... Bloß war sie von meiner Mutter, meinem Vater und ... meiner Schwester gezeichnet.« Er sagte so lange nichts, bis sich auch der letzte die gleiche Frage stellte. »Meine Schwester ist bei einem Autounfall ums Leben gekommen – kurz vor unserem Start von der Erde.«

Shuemans Gesicht wurde noch finsterer. »Und welchen Schluß ziehst du daraus?«

»Daß es eine schlampige Fälschung war, Commander. Jemand wußte, daß ich neben meiner üblichen Post Geburtstagsgrüße erwartete, aber man hat die Daten einer veralteten Personalakte entnommen.«

»Das ist doch lächerlich, Commander!« donnerte Duvall plötzlich los. »Warum, in Gottes Namen, sollte die NASA uns gefälschte Privatnachrichten schicken? Ich glaube, unser Navigator ist gerade paranoid geworden ...«

»Vielleicht bin ich es«, sagte Robertson nickend und maß Duvall mit einem kalten Blick. »Aber vielleicht haben wir auch allen Grund, paranoid zu sein. Überlegt doch mal ... Was ist, wenn wir gar nicht krank sind? Was ist, wenn wir ganz einfach Gefangene sind?«

Christine stellte sich neben Duvall.

»Aber warum, Kern?« fragte sie. »Warum sollte man uns festsetzen, wenn wir in Wirklichkeit gar nicht verseucht sind?«

Robertson sah sie der Reihe nach an. Seine Stimme wies plötzlich harte Gewißheit auf.

»Weil sie Angst haben«, sagte er einfach. »Und wenn wir am Leben bleiben wollen, müssen wir den Grund dafür erfahren ...«

Ein Geräusch von der Tür her weckte Robertson aus leichtem Schlaf. Dana stand nackt in dem Rechteck, das die Korridorbeleuchtung erhellte; ein schlankes Gespenst, das im Schein des Kunstlichts schimmerte.

»Kern«, rief sie leise. »Bist du wach?«

»Immer«, antwortete Robertson vom Bett aus. »Komm rein und mach die Tür zu.«

Dana trat über die Schwelle und legte eine Hand auf die Wandplatte. Die beiden Türhälften schoben sich aus der Wand. Als der Eingang geschlossen war, schaltete Robertson die Schlafzimmerbeleuchtung ein und unterdrückte ein Lächeln. Dana stand fröstelnd da.

»Wie du es zum Mars und zurück geschafft hast, ohne zu erfrieren, werde ich zwar nie erfahren«, sagte er und klopfte neben sich auf das Bett, »aber du bist bestimmt die kaltblütigste Astronautin, die mir je begegnet ist.«

Dana glitt neben ihm unter die Decke und rollte sich zusammen, bis ihr Frösteln verebbte.

»Ich habe Angst«, sagte sie. Ihre Stimme klang dumpf, als sie das Gesicht gegen seine Schulter preßte. »Ich habe Angst davor, Kern, daß alles, was du heute abend gesagt hast, wahr ist. Und wenn die Leute da draußen wirklich solche Angst haben ... Was hält sie dann davon ab, uns ...« Sie zog die Decke beiseite und sah ihm in die Augen. »... uns zu beseitigen? Das ist doch, was sie vorhaben, nicht? Halten sie unsere Ankunft nicht deswegen vor der Weltöffentlichkeit geheim?«

Robertson legte sich so hin, daß er einen Arm um die Schulter der Frau legen konnte. Plötzlich schob sich die glatte Haut ihres Leibes wie ein seidener Umhang über ihn. Ihr Atem war laut in seinem Ohr, und er war froh, daß sie die steile Falte auf seiner Stirn nicht sehen konnte.

Er streichelte die Haarlawine, die über ihren nackten Rücken floß. Er war zu jeder Lüge bereit, wenn es sein mußte.

»Ich könnte mich auch geirrt haben, Dana ...«

Sie schaute zu ihm auf und brauchte nur einen Moment, um die Lüge in seinem Blick zu erkennen. Aber trotzdem – sie akzeptierte sie wegen der zeitweiligen Beruhigung, die sie ihr bot, und nickte.

»Komm, mach's mit mir«, sagte sie und zwang sich zu einem Lächeln, das sie ihren Erinnerungen an glücklichere Zeiten entnahm.

Robertson erwiderte ihr Lächeln, er war hilflos in der Wärme, die sie so leicht erzeugte. Er rollte sich aus dem Bett und ging auf nackten Füßen auf die andere Seite des Raumes, wo die Überwachungskamera von der Decke herabhing. Er packte den Sessel, der vor dem leeren Schreibtisch stand, und hob ihn hoch über seinen Kopf.

»Kern!« flüsterte Dana, als sie sah, wie er die Kamera aus ihrer Halterung schlug und sie zertrümmerte.

»Sollen sie doch reinkommen und das Ding reparieren, wenn sie wollen«, sagte er und kehrte mit einem lauten Lachen zum Bett zurück. »Aber ich kann mir nur schwer vorstellen, daß uns jemand stören wird ...«

Dana richtete sich auf und reckte sich ihm entgegen; dann sorgte ihr Mund dafür, daß er mit dem Reden aufhörte.

Nur zögernd ließ er die Träume hinter sich zurück. Ein Teil seines Ichs spürte zwar die Illusion, war aber noch nicht bereit, sich der Realität zu stellen, die das Wachsein bereithielt. Er träumte von den ersten fünf Jahren bei der NASA, als alles noch in den simplen Farben der Jugend, der Bestimmung und der glorreichen Herausforderung geleuchtet hatte. Der Nachthimmel war eine Schicht von Waffen gewesen, die gewaltigen Maschinen nichts anderes als die funkelnden Waffen der

Queste; und sie alle waren die Helden gewesen, die er für Dana in der gerade vergangenen Nacht gemalt hatte.

Doch wenn er jetzt die Augen öffnete, würden vier leblose Wände seine herrlichen Träume begrenzen.

Er streckte die Hand nach Dana aus. Dann erhaschte er einen Blick auf die Realität, denn das Bett neben ihm entpuppte sich als leer. Die Uhr auf dem Nachtschränkchen zeigte zwar 7:33 Uhr, doch der fensterlose Raum war noch immer in der künstlichen Nacht der Isolation gefangen. Robertson suchte an der Wand über dem Bett nach dem Schalter, als dann die plötzliche Helligkeit über ihm zusammenschlug, kniff er die Augen zusammen.

Dana war tatsächlich irgendwann in der Nacht gegangen. Er ertappte sich bei dem Wunsch, sie wäre geblieben. Vielleicht hatte der Anstand sie dazu getrieben, auch wenn er es bezweifelte, als er die zerbrochenen Überreste der Kamera sah, die auf dem Teppich verstreut waren.

Robertson rollte sich aus dem Bett; seine Knie knickten leicht ein, als sie lernten, dem plötzlichen Widerstand der Schwerkraft zu begegnen. Er schlüpfte in den Nylonanzug, ging zur Tür und streckte die Hand aus, um den Öffnungsschalter zu berühren.

Die metallenen Türhälften schienen einen Augenblick lang zu summen, doch dann ignorierten sie seine Aufforderung und blieben fest an ihrem Platz. Robertson berührte die Platte mehrmals, und jedesmal mit größerer Kraft – bis er allmählich mit dem Schlimmsten rechnete.

Wenn es so einfach war, die Quarantänestation in einen Knast zu verwandeln, wieso kam er dann erst jetzt darauf, daß man aus jedem dieser Räume auch eine Zelle machen konnte? Er verfluchte seine Dummheit, als er die Tür anstarrte – und betete.

Punkt fünf Minuten nach elf glitt die Tür ohne Warnung auf und warf Robertson auf alle viere in den Korridor hinaus. Rasch stellte er fest, daß Shueman, Lakehurst, Thorn und Duvall vor ihm standen, dann brach jeder einzelne von ihnen in einen simultanen Schwall aufgebrachter Fragen aus.

»Verdammt noch mal, was hat *das* zu bedeuten?« brüllte Duvall vom Korridorende her.

Robertson ignorierte die Flut sinnloser Fragen und warf einen Blick auf die offene Tür zu Danas Zimmer. Er blieb ein paar Sekunden lang furchtsam stehen und bot dem Teufel insgeheim seine Seele an, wenn sie bloß wieder auftauchte. Doch als der Eingang zu ihrem Zimmer leer blieb, machte er ein paar zögernde Schritte auf die Schwelle zu.

Bitte, Dana, lieg im Bett und schlafe. Bitte ...

Doch ihr Bett war ebenso leer wie heute morgen das seine. Robertson ging langsam durch den Schlafraum und das Badezimmer und suchte nach einem Anzeichen ihrer Gegenwart. Als er wieder auf den Gang zurückkehrte, war ihm schlecht, denn nun verstand er, was passiert war. Sie hatten einen Fehler gemacht; man hatte Dana nicht rein zufällig ausgewählt. Und er kannte das Geheimnis, das sie entbehrlich machte ...

»Commander ...« Robertsons Stimme war so schwach, als käme sie aus großer Entfernung. »Dana ist weg.«

»Ich verstehe Ihre Besorgnis«, sagte Jack Wrights Stimme ausweichend durch die Gegensprechanlage. »Aber wir hatten ein Problem, Warren. Eine der medizinischen Komplikationen, mit denen wir gerechnet haben. Dana Clarke hat gestern nacht die ersten Symptome gezeigt; da erschien es uns besser, sie von euch zu trennen. Es ist nur eine Vorsichtsmaßnahme.«

»Eine Vorsichtsmaßnahme«, wiederholte Shueman. Sein Blick verengte sich, als er zu Robertson sah.

Robertsons Blick traf sich kurz mit dem des Commanders, dann schüttelte er auf eine Weise, die für jeden anderen, der hinter dem Plexiglasfenster saß, nicht wahrnehmbar war, den Kopf.

»Können Sie uns ein paar Informationen über ihren Zustand geben?« fragte Shueman gleichmütig weiter.

»Wir tun, was wir können«, erwiderte Wright. »Mehr kann ich im Augenblick auch nicht sagen. Ich schlage vor, daß Sie mit der Arbeit fortfahren. Wir halten Sie auf dem laufenden.«

»Na gut«, sagte Shueman nickend. »Und, Jack ...«

»Ich bin noch da, Warren.«

»Wir möchten gern wissen, wann wir mit unseren Familien in Kontakt treten können«, sagte Shueman, und ließ seine Worte hoffnungsfroh klingen.

Vielleicht hoffte ein Teil seines Ichs wirklich noch, allerdings nur bis zu dem Moment, in dem das statische Knistern aus dem Interkom lauter, der Klang eines gedämpften Flüsterns hörbar wurde, und jemand einen Schalter umlegte.

Jack Wrights Stimme kam plötzlich wieder durch das Interkom.

»Haben Sie noch ein bißchen Geduld, Warren. Das ist im Moment alles, was ich sagen kann. Nur noch eine Weile ...«

Doch in diesem Moment wußte Shueman, daß der Navigator recht hatte. Keiner von ihnen hatte noch eine Familie oder Freunde, die auf ihre Rückkehr warteten. Sie waren jetzt allein auf einer Welt, die verrückt geworden war ...

Shueman führte sie in Robertsons Zimmer zurück und deutete mit dem Kopf auf die Überreste der Überwachungskamera. Hinter ihnen ertönte das Ächzen von Metall, als Duvall ein Metallregal in den Türrahmen klemmte.

»Sollen die Schweinehunde doch mal versuchen, uns einzusperren«, grinste er, als er den anderen in den Raum hinein folgte.

»Warum belügt man uns?« sagte Christine flehentlich

und nahm auf der Bettkante Platz. »Und was haben sie möglicherweise mit Dana vor?«

Sie verbarg das Gesicht in den Händen und schluchzte leise, auch dann noch, als Andra Thorn sich neben sie setzte und einen Arm um ihre Schultern legte.

Es gab einen Moment des Zögerns, dann stellte Robertson fest, daß die Blicke der anderen ausnahmslos auf ihn gerichtet waren. Das Gewicht der Autorität legte sich auf seine Schultern, dann verspürte er das erste, schwache Sichrühren der Macht.

»Dana war entbehrlich«, sagte er leise.

»Entbehrlich?« wiederholte Shueman ungläubig.

»An dem Wert gemessen, den wir für unsere Häscher haben«, fuhr Robertson fort. »Sie hat mir eines Abends davon erzählt ... Ganz am Anfang unserer Reise. Als ich mir Gedanken über Empfängnisverhütung machte. Sie sagte, sie könne keine Kinder bekommen.«

»Dana war unfruchtbar?« Christine schaute mit wäßrigem Blick auf. »Mein Gott, Kern. Aber selbst wenn es stimmt, was macht es für einen Unterschied?«

Robertson wandte sich wieder Shueman zu und studierte die Emotionen, die sich auf seinem Gesicht zeigten.

»Es macht einen großen Unterschied«, sagte Shueman leise und hielt dem Blick des Navigators stand. »Besonders dann, wenn nicht *wir* die Verseuchten sind, sondern der Rest der Welt. Die Frage lautet: Was tun wir jetzt?«

Robertsons Blick schweifte durch den Raum. Er schien darauf zu warten, daß die anderen ihm zeigten, ob sie verstanden hatten.

Und dann sagte er einfach: »Wir fliehen.«

»Fliehen?« echote Duvall. »Bist du verrückt? Wenn es stimmt, was du sagst, sitzen wir hier am sichersten Platz auf dem ganzen Planeten. Warum sollten wir einen Fluchtversuch machen?«

Robertson antwortete schnell. »Um unser Leben zu

retten. Die Leute, die uns gefangen halten, haben schon Angst vor uns, Duvall. Man hält uns um *ihrer* Sicherheit willen hier fest, nicht um der unseren.«

»Aber die Seuche...«, protestierte Duvall mit abnehmender Entschlußkraft.

»Sie spielt keine Rolle mehr«, sagte Robertson ruhig. »Christine kann euch die Einzelheiten zwar bestimmt besser erläutern als ich, aber man hat diese Quarantänestation errichtet, um etwaige Seuchen einzukapseln – nicht, um etwas daran zu hindern, von draußen hereinzukommen.«

Christine richtete sich auf und nickte langsam.

»Er hat recht«, sagte sie. »Wir sind hier in einer negativen Druckanlage. Sie wurde mit der Absicht gebaut, Mannschaften und alles, was sie eventuell vom Mars einschleppen, zu isolieren. Aber sie wurde nicht gebaut, um uns vor biologischen Organismen zu schützen, die schon in der menschlichen Umwelt existieren.«

»Anders ausgedrückt ...« Duvall machte ein finsteres Gesicht, als er in den Mittelpunkt des Raumes trat. »Wenn der Rest der Welt krank ist, sind wir auch schon verseucht.«

Robertson folgte ihm in die Mitte der Gruppe und sagte: »Kann sein. Aber wir können uns jetzt nicht erlauben, uns darüber Sorgen zu machen. Für uns spielt nur noch eins eine Rolle: daß wir einen Weg finden, der uns hier herausbringt – bevor wir alle so entbehrlich werden wie Dana.«

Andra rührte sich auf dem Bett; sie schüttelte schnell den Kopf.

»Mir ist alles klar, Kern; aber das nicht. Die Seuche ... Der Bedarf an biologisch fortpflanzungsfähigen Exemplaren ... Eventuell sogar die Lügen. Aber warum haben sie solche Angst vor uns? Wenn wir Adam und Eva spielen sollen, warum schenkt man uns nicht einfach reinen Wein ein und schreitet zur Tat?«

Robertson starrte zu Boden. Er dachte über die Frage

nach und fragte sich, welchen Teil seiner privaten Vorahnungen er in eine Antwort kleiden sollte. Am Ende schüttelte er bloß den Kopf.

»Sobald wir hier heraus sind«, sagte er schließlich, »werden wir die Wahrheit erfahren. Und darauf müssen wir sorgfältig hinarbeiten.«

»Na schön, Navigator«, sagte Shueman widerwillig. »Aber der erste Schritt wird ziemlich schwierig werden. Dieses Gebäude hat nur einen Ausgang. Für den Fall, daß es dir noch nicht aufgefallen ist: es gibt keinen Mechanismus, um das Tor von innen zu öffnen.«

Robertson lächelte steif und sagte: »Es ist mir aufgefallen. Aber ich habe auch bemerkt, daß außerhalb dieser Mauern offenbar niemand auf das vorbereitet war, was bereits geschehen ist. Ich glaube, diese Leute improvisieren nicht weniger als wir; und wenn es stimmt, haben sie bestimmt nicht daran gedacht, alle ihre Spuren zu verwischen.« Er hielt inne, maß Andra mit einem erwartungsvollen Blick, und fügte hinzu: »Ich denke besonders an die, die noch in den Computern stecken ...«

Als Andra seine Gedankenkette aufnahm, zeigte sich plötzlich ein Lächeln auf ihrem Gesicht.

»Natürlich, Kern«, sagte sie schnell. »Die Quarantänestation wird von den Hauptcomputern in Kennedy kontrolliert. Das müßte auch die Sicherheitsüberwachung und den Datenzugriff einschließen. Könnten wir in einen dieser Computer eindringen, und eine kleine Hackerei veranstalten ...«

»Genau«, nickte Robertson. »Und während Andra daran arbeitet, konzentrieren wir uns auf die Fluchtvorbereitungen.«

Duvall grunzte, als er zur Tür ging.

»Nun, was wir als erstes machen, weiß ich«, brummte er. »Ich werde jede einzelne ihrer verdammten Kameras kaputtschlagen ...«

»Nein!«

Duvall wandte sich wegen Robertsons Befehl überrascht um. Er warf Shueman einen kurzen Blick zu, dann zuckte er verwirrt die Achseln.

»Nein«, wiederholte Robertson etwas freundlicher. »Wir müssen den Eindruck aufrechterhalten, daß wir mit ihnen zusammenarbeiten, und zwar bis zum letzten Moment ...«

Andra knackte den einfachen Code in den ersten Stunden des nächsten unsichtbaren Morgengrauens.

»Ich hab's!« quietschte sie in beinahe kindlicher Freude. »Schau mal, Kern. Der Sicherheitscode ist nicht mehr verändert worden, seit diese Anlage gebaut wurde. Ich wette, seit wir zum Mars gestartet sind, hat sich keiner mehr diese Programme angesehen.«

Robertson kam sofort auf die Beine. Er schüttelte den Halbschlaf ab und nickte, als er die Matrixzahlen auf dem Computerbildschirm sah.

»Bist du sicher, daß du dein Gehacke vor allen gut getarnt hast, die dich vielleicht beobachtet haben?« fragte er vom Türrahmen aus.

»Ganz sicher«, antwortete Andra eisig. »Für die Hundesöhne hat es so ausgesehen, als hätte ich Blutstatistiken für Christine verarbeitet.«

»Und was ist mit dem Alarm, wenn wir die Tür aufmachen?«

»Schon ausgeschaltet«, sagte Andra lächelnd. »Wir werden keinen Krach machen, Kern. Hoffen wir, daß da draußen um vier Uhr morgens niemand auf Wache steht.«

»Schön«, sagte Robertson und holte tief Luft. »Ich wecke jetzt die anderen. Stell die Zeit auf fünf Minuten ein und mach dich abmarschbereit ...«

Sie standen im Korridor und musterten ihre matten Reflektionen auf der polierten Tür. Robertson kam als letzter. Er trug einen Werkzeugkasten; in der anderen Hand hielt er drei kurze Eisenrohre.

»Werkzeuge, auf die man nicht verzichten kann«, sagte er und gab den Kasten an Andra weiter. »Hast du ein paar Medikamente eingepackt, Christine?«

»Ich habe alles«, sagte Christine nickend und hängte die Arzttasche über ihre Schulter.

»Zu welchem Zweck dienen die?« fragte Shueman, als Robertson ihm ein Eisenrohr reichte.

»Waffen«, antwortete der Navigator und gab Duvall das dritte Rohr. »Bis wir etwas Moderneres finden.«

Shueman wog das Rohr unbehaglich in der Hand; seine Faust umklammerte es so fest, daß seine Knöchel weiß hervortraten.

»Glaubst du wirklich, es wird nötig sein?« fragte er leise und sah Robertson an.

»Ich weiß nicht«, antwortete Robertson und warf einen Blick auf seine Armbanduhr. »Wie lange noch, Andra?«

»Dreißig Sekunden«, flüsterte sie.

»In Ordnung.« Robertson sah die einzelnen Mitglieder der Gruppe an und berechnete den Grad der Furcht in jedem Augenpaar. »Unser erstes Ziel besteht darin, aus der Basis zu verschwinden. Wenn wir einen Wagen kriegen können, der uns die Sache erleichtert – großartig. Aber es kann auch sein, daß wir alles zu Fuß tun müssen; seid also darauf vorbereitet, euch pausenlos zu bewegen. Alles klar?«

»Nein, verdammich«, gab Duvall zurück und lächelte blaß in der Dunkelheit.

In diesem Moment fingen die verborgenen Türmechanismen mit dem Geräusch sich bewegenden Metalls an zu knirschen. Robertson packte das Rohr fester und trat näher an die Tür heran.

»Commander ...«, sagte er leise. »Du nimmst die rechte Seite. Ich nehme die linke. Duvall ... du übernimmst den Rest.«

»Danke«, flötete Duvall und nahm hinter Robertson Aufstellung.

Die Tür öffnete sich mit dem Zischen von Luft, und plötzlich umgab sie der Geruch von Erde und Ozean.

Robertson hechtete durch die offene Tür in die sich vor ihnen ausbreitende Dunkelheit hinein; Shueman und Duvall folgten ihm auf dem Fuße. Kurz darauf standen sie in dem grottenartigen Dunkel des Unterstandes, der sich an die Quarantänestation anschloß. Nicht weit von ihnen leuchtete der Wagen, der sie abgeholt hatte, hell in der Finsternis, doch sonst gab es keine Anzeichen irgendwelcher Aktivität.

Andras Programmierung nahm ihren Verlauf. Die Tür ächzte hinter ihnen und schloß sich mit der Schlußendlichkeit eines Grabes. Robertson hatte schon die Hälfte des Unterstandes hinter sich und bewegte sich rasch auf die Türhälften zu, die sich am frühen Morgen offen zeigten.

Er hatte kaum an der Schwelle zur Welt haltgemacht, als die anderen sich um ihn scharten.

»Robertson ...«, begann Shueman, doch der Navigator brachte ihn mit erhobener Hand zum Schweigen.

»Hört mal«, flüsterte Robertson und reckte den Kopf in die Brise hinein.

Shueman lauschte einen Augenblick angestrengt in die Stille und warf den anderen einen Blick über die Schulter zu.

»Ich höre nichts«, sagte der Commander schließlich.

»Eben«, sagte Robertson und nickte. »Kannst du dich daran erinnern, daß Kennedy je so still war? Man hört nicht das leiseste Geräusch. Und es ist auch nirgendwo Licht zu sehen ...«

Shueman runzelte die Stirn und suchte das Zwielicht der Morgendämmerung mit neuer Dringlichkeit ab. Im Norden ragte der gewaltige Klotz des Fahrdienstes wie ein Monolith zum Himmel auf. Weiter östlich waren die Startrampen, doch ihre Türme waren noch in der Finsternis verborgen. Am gesamten Horizont war kein einziges Licht zu sehen. Shueman ertappte sich dabei, daß er den Navigator anstarrte.

»Was hat das zu bedeuten?« fragte er schließlich leise.

Doch es war eine andere Stimme, die seine Frage beantwortete.

»Es bedeutet, daß die Nacht über uns hereingebrochen ist«, sagte Jack Wright, während im gleichen Moment ein Dutzend Scheinwerfer aufflammten. »Vielleicht sogar für immer ...«

Robertson blinzelte durch die Finger in das Gleißen der sie umgebenden Lampen. Das Geräusch schlurfender Schritte kreiste sie ein, und als Jack Wright erneut das Wort ergriff, war seine Stimme kaum noch eine Armeslänge von ihm entfernt.

»Sie waren es, nicht wahr, Navigator?« sagte er mit einer Spur von Bewunderung. »Ich habe schon vor langer Zeit vorausgesagt, daß Sie es sein würden. Die psychologischen Profile lügen nie. Aber man wollte ja nicht auf mich hören.«

»Es spielt jetzt keine Rolle mehr«, sagte Suchow rauh. Er stand an einem weiter entfernten Punkt in der Dunkelheit. »Unsere Annahme ist bewiesen. Das Experiment ist beendet.«

»Das Experiment?« Shueman machte einen Schritt auf die Stimme zu, doch plötzlich ertönte das bedrohliche Geklapper von Waffen, die entsichert wurden. »Jack, was, zum Teufel, geht hier vor? Wir haben euer Spiel jetzt lange genug mitgemacht ...«

Jack Wright unterbrach ihn mit einem Lachen, das ihm der Meereswind von den Lippen riß. »Es ist kein Spiel, Commander«, sagte er. »Wenn Sie es wirklich geglaubt hätten, stünden Sie jetzt nicht hier draußen.«

Shueman peilte in die Helligkeit hinein und versuchte, Wrights Umrisse auszumachen.

»Vielleicht wissen wir gar nicht, was wir glauben sollen«, sagte er, doch seine Worte wirkten lahm und unsicher, als sei er nur darauf aus, Zeit zu schinden. Und dann begriff er, daß er tatsächlich nichts anderes tat, daß er wie die anderen darauf wartete, daß Robertson sein Schweigen brach. Nun begriff Shueman, daß der Navigator zum Leiter ihrer Expedition geworden war.

Robertson starrte etwas länger in die Lichter; er wartete auf das letzte Eingeständnis seiner Autorität durch die Mannschaft. Vielleicht war es bedeutungslos. Aber vielleicht bedeutete es auch mehr, als selbst er je in Erfahrung bringen würde.

»Wann hat es angefangen?« fragte der Navigator schließlich. Seine Stimme enthielt keine Spur von Überraschung.

»Wann es angefangen hat?« Jack Wright hustete leise, als er in seinen Erinnerungen suchte. »Wir werden es wahrscheinlich nie erfahren. Die ersten Virustypen wurden sechs Monate nach dem Start der *Argos* nachgewiesen. Wir glauben, es hat sich um eine Mutation der menschlichen T-Lymphotropen-Viren gehandelt, die vor ein paar Jahren ziemliche Furcht erzeugt haben. Aber man hatte keine Zeit für die nötige Laborforschung. Als die ersten Fälle in Neu Delhi dokumentiert wurden, war die ganze Welt schon infiziert. Und zwei Wochen später war alles vorbei.«

Christine streckte einen Arm aus, um Robertsons Arm zu berühren. Sie schüttelte in dem Versuch, ihm zu glauben, verwirrt den Kopf.

»Dann stimmt es also doch«, sagte sie und richtete den Blick auf das sie umgebende, grelle Licht. »Die Welt ist verseucht. Aber man muß doch Zeit gehabt haben, um *ein paar* Forschungen zu betreiben. Nicht mal eine Variante des AIDS-Virus könnte so schnell töten.«

Jack Wright erzeugte ein Geräusch, das wie ein Lachen klang, aber es endete zu schnell, als daß man es als solches hätte mit Gewißheit erkennen können.

»Damit haben Sie recht, Dr. Lakehurst«, sagte er leise. »Diese Krankheit tötet durch Hunger, Kälte ... und

Selbstmord. Sie tötet, indem sie sämtliche technische Kinkerlitzchen der menschlichen Zivilisation in wertlosen Müll verwandelt. So wahr wir vor Ihnen stehen – über vier Milliarden derjenigen, die noch lebten, als sie zum Mars flogen, sind tot.«

»Vier Milliarden ...« Christine schloß die Augen.

»Aber dann leben doch noch zwei Milliarden«, sagte Shueman verzweifelt. »Warum hat denn niemand Forschung betrieben? Ihr hattet zwei verdammte Jahre ...«

»Nein, Commander«, korrigierte Wright ihn gleichmütig. »Ich sagte es schon. Wir hatten nicht mal einen Monat. Danach hatte die Krankheit schon gesiegt.«

»Aber *wie?* « schluchzte Christine aufgebracht. »Wenn sie nicht auf der Stelle tötet, wie kann sie dann vier Milliarden Menschen zum Verhungern zwingen?«

Nach diesen Worten trat Wright zwischen zwei Lichtstrahlen. Robertson blinzelte überrascht, als er versuchte, seine Erinnerungen mit der Erscheinung in Einklang zu bringen, die in sein Blickfeld trat. Langes Haar floß in ungewaschenen Wellen über Wrights schmale Schultern; sein einst stämmiger Körper war zu einem schauerlichen Klappergestell geworden, das sich unter den Schichten der schmutzigen, ungepflegten Kleidung zu verlieren schien. Die Mannschaft der *Argos* trat einmütig zurück und drängte sich zusammen, als Wright sich im Lichtkreis zu ihnen gesellte.

Wright schaute einen Moment lang zu Boden, als sammle er Kraft, um dem Ekel in ihren Blicken zu begegnen.

»Verstehen Sie?« fragte er schließlich. »Diese Krankheit tötet, indem sie den gemeinsamen Nenner findet, der in allen Schöpfungen des Menschen enthalten ist, und ihn unwirksam macht.« Er hob die Arme, damit sie sie sehen konnten, und schlug die Ärmel seiner zerlumpten Kleidung zurück.

»Oh, mein Gott«, flüsterte Christine, als ihr die Wahrheit in faulender Pracht dämmerte. Jack Wrights

Hände hatten sich in ein paar geschwollene, gichtige Pranken verwandelt.

»Und dieses Symptom ist bei allen Menschen gleich?« fragte Robertson leise und ballte instinktiv die Fäuste.

»Bei allen.« Wright nickte und entzog die Hände ihrem Blickfeld. »Selbst bei den Ungeborenen. Es scheint sich um eine besonders rasche Art der Gicht zu handeln. Sie befällt sämtliche Gelenke, aber die Hände erleiden den Hauptteil an Deformation.«

»Ausgenommen bei der Mannschaft der *Argos*«, fügte Robertson nachdenklich hinzu. »Haben Sie eine Erklärung dafür?«

Wright schüttelte langsam den Kopf.

»Wir können nur spekulieren, Navigator. Wie Dr. Lakehurst bestätigen kann, hat der T-Lymphotropen-Virus eine außergewöhnlich hohe Mutationsrate. Das war das Hauptproblem, um nach dem ersten Ausbruch ein Gegenmittel zu finden. Unsere russischen Freunde glauben, daß jeder auf der Erde dem Virus zu einem gewissen Grad bis zum Jahr 1995 ausgesetzt war. Wenn der Mutationszyklus sich irgendwie auf der gleichen Ebene in allen lebenden Männern und Frauen fortentwickelt hat ...«

»Aber das wäre beispiellos«, unterbrach Christine ihn plötzlich. »Ein Mutationszyklus, der unabhängig im Inneren von sechs Milliarden Wirtskörpern operiert und dann innerhalb weniger Monate den gleichen Punkt der Evolution erreicht ...«

Jack Wright begegnete ihrem ungläubigen Blick mit dem der zum Untergang verurteilten Resignation.

»Ja, es wäre beispiellos, Dr. Lakehurst«, sagte er spöttisch. »Aber wer läßt sich schon von etwas überraschen, das er erwartet?«

»Aber wie erklärt es sich, daß wir keine Symptome zeigen?« preßte Robertson hervor und sah abwechselnd Wright und Christine an.

»Nullgravitation«, sagte Wright. »Das ist der einzige

gemeinsame Nenner, der die Mannschaft der *Argos* vom Rest der Menschheit unterscheidet. Doch was den genauen Bio-Mechanismus angeht, so ist er eine Sache der Forschung ... Und außer euch fünfen kann keiner mehr ein Reagenzglas halten.«

»Wir sind sechs«, korrigierte Robertson energisch. »Was uns zur letzten Frage bringt: Was haben sie mit Dana gemacht?«

»Jetzt reicht's«, sagte Suchow in der Dunkelheit. Der Russe trat in den äußeren Lichtkreis der Scheinwerfer, aber nahe genug, um zu einer nahen Kopie des knorrigen Abbildes Jack Wrights zu werden. Über seine Schultern hingen die fleckigen Überreste einer Militäruniform; ihre roten Sterne funkelten wie wütende Augen. »Schluß jetzt mit dem Gerede. Es dient keinem Zweck mehr, wenn wir das Unausweichliche noch weiter aufschieben.«

Wright hielt Robertsons Blick jedoch stand und antwortete gleichmütig: »Man hat sie dazu verwendet, *Zeit* zu gewinnen, Navigator. Eine Konzession an unsere russischen Freunde. Sie hatten Angst davor, wir könnten die letzten sechs Paar Hände horten, die die Menschheit noch hat.«

»Genug, habe ich gesagt!« röchelte Suchow in zunehmender Verärgerung.

»Zeit? Wofür?« fragte Robertson schnell.

»Zeit, um zu beweisen, daß ihr gesund seid«, antwortete Wright und beschleunigte den Fluß seiner Worte. »Zeit, um sicherzugehen, daß ihr euch noch fortpflanzen und gesunden Nachwuchs zeugen könnt.«

»Genug!« verlangte Suchow erneut, und diesmal wurde sein Befehl von einem Schuß untermauert, der durch die feuchte Luft knallte. Die Pistole war mit einer Kordel an seine verdrehte Handfläche gebunden; ein kurzer Metallstab erlaubte es seiner anderen Hand, den Stecher zu bedienen. »Wir sind längst zu einer Übereinkunft gekommen. Unsere Regierungen haben den Fall

entschieden. Wir sind nur hier, um den letzten Akt auszuführen. Ich schlage vor, daß er schnell und ohne weitere Verzögerugen stattfindet.«

»Was meint er damit?« fragte Christine flüsternd.

»Er meint, daß er uns umbringen wird«, antwortete Robertson, ohne den Russen aus den Augen zu lassen.

»Aber warum denn?« fragte Christine. »Wenn es stimmt, was er sagt, sind wir die einzigen, die übriggeblieben sind. Dann *braucht* man uns doch ...«

»Nein, Dr. Lakehurst«, sagte der Russe, der die Waffe noch immer ausgestreckt hielt. »Die menschliche Ordnung hat sich verändert. Für Leute wie Sie gibt es keinen Platz mehr.«

Duvall stürzte nach vorn, schob Robertson zur Seite und sah Suchow direkt an. »Wir sind normal, verflucht; ihr seid die Ungeheuer – nicht wir!«

Der Russe zielte mit der Waffe auf Duvalls Brust, doch ehe er antwortete, erlaubte er sich den Genuß eines Lächelns. »Vielleicht ist es die Wahrheit, aber sie hat keinen Einfluß auf das, was getan werden muß. Es ist das Gesetz der Evolution, daß nur die Stärksten überleben.«

Robertson legte eine Hand auf Duvalls Schulter und zog ihn langsam von der Mündung von Suchows Waffe zurück.

»Es ist besser«, sagte er leise, »in der Hölle zu herrschen, als ...«

»Eben«, sagte Suchow. »Sie sind als Götter zu uns zurückgekehrt, Navigator. Was wir jetzt tun, tun wir, um unser Leben zu retten.«

Suchow ging langsam zurück. Robertson wandte sich Wright zu, der ihm einen eingehenden Blick zuwarf, bevor er sich mit dem Russen zurückzog. Hinter dem Lichterring wurden leise metallische Geräusche laut, und Robertson spürte, wie die Rage der Frustration von seinem Magen aus nach oben wallte.

Aber er war nicht wütend auf sich oder auf den Tod, den er jetzt empfangen würde – aus den Händen gesichtsloser Männer, die sich hinter den Lichtern dahinschleppten. Es trauerte um alle Träume, die nun ungeboren sterben würden. Und um Dana.

Die Geschoßsalve kam wie ein plötzliches Gewitter. Robertson spürte, wie seine Knie in einem Reflex einknickten, dann hob sich der harte Asphalt, um ihn zu treffen. Er spürte, wie die anderen um ihn herum fielen, dann wartete er auf den Schmerz und das warme Fließen seines Blutes.

Aber der Schmerz kam nicht. Da waren nur der schnelle Trommelschlag seines Herzens – und Jack Wrights Stimme, die aus der Finsternis kam.

»Sie können jetzt aufstehen, Navigator. Die Russen sind tot.«

Robertson schaute überrascht auf, als Wright vorsichtig um den zusammengefallenen Umriß Suchows herumging.

»Aber Sie müssen schnellstens verschwinden«, fuhr Wright fort und sah auf ihn nieder. »Ich habe nur die paar Männer mitgebracht, denen ich vertrauen konnte. Es gibt viele, die ebenso denken wie Suchow. Viele Millionen, die sich ihre Sicherheit mit eurem Tod erkaufen wollen.«

Robertson rappelte sich auf und schaute zu, wie der Rest der Mannschaft das gleiche tat.

»Wohin haben Sie Dana gebracht?« fragte er schnell.

»Südlich von Miami«, antwortete Wright. »Dort wartet ein russisches Schiff. Wenn Sie sich beeilen, können Sie sie vielleicht noch erwischen. Draußen steht ein Laster. Ich habe ihn mit Lebensmitteln, Waffen und allem anderen beladen, was ich auftreiben konnte. Nehmen Sie Tor Nummer drei. Niemand wird Sie aufhalten, aber danach sind Sie ganz auf sich allein gestellt.«

Robertson nickte, dann eilten die anderen im ersten grauen Licht des Morgens an ihm vorbei. Kurz darauf ertönte das kehlige Brüllen eines Lasters, und Duvalls Stimme hob sich über den Lärm hinweg.

»Einsteigen, Navigator. Bevor die Sonne uns zu einer leichten Beute macht.«

Robertson zögerte noch einen Moment und widerstand dem instinktiven Impuls, Wright die Hand entgegenzustrecken.

»Kommen Sie mit uns«, sagte er schließlich. »Wir können Hilfe brauchen.«

»Nein.« Wright schüttelte zögernd den Kopf. »Wir gehören unterschiedlichen Spezies an, Navigator. Unterschiedlichen Welten. Suchow hatte nämlich recht. Die Götter sind angekommen, und ich weiß nicht genau, ob ich noch erleben möchte, was sich daraus entwickelt.«

Robertson runzelte die Stirn, wandte sich um und eilte auf den wartenden Laster zu. Duvall warf den Motor an, sobald er eingestiegen war, dann setzten sie sich in Bewegung.

Der östliche Horizont erstrahlte schon im ersten Sonnenlicht, als sie über dem Damm dem Festland entgegenstrebten. Robertson schloß im Morgenwind die Augen. Im gleichen Augenblick empfand er das furchtsame Sichrühren von zwei Milliarden Seelen, und er warf einen Blick in die leeren Seiten der Geschichte, die mit ihrem Blut geschrieben werden würden.

Suchow hatte recht gehabt. Die Götter waren *wirklich* angekommen.

Doch einen letzten Augenblick lang schlief die Zukunft immer noch in den letzten Schatten der Nacht, die das Festland verhüllte. Der Navigator füllte seine Lungen mit der Luft des Meeres und gestattete sich das Lächeln eines Eroberers.

Originaltitel: »The Gods Arrive«
aus: »The Magazine of Fantasy & Science Fiction«, September 1987

Aus dem Amerikanischen übersetzt von Ronald M. Hahn

Martha Soukup

Meister aller Klassen

In diesem Jahr hatte er Janice, Pamela, Teri, Ruth, Marilyn, Leslie und Susan Marie gehabt – die Sache ging leidlich flott voran.

Linda jedoch war Bio-Ingenieurin.

»Du Hundesohn!« zischte sie.

Wayne drehte sich in ihrem Bett herum und maß sie mit dem treuherzigsten Blick, den er auf Lager hatte. »Was hast du denn, Schätzchen? Du weißt doch, daß ich dich liebe.« Seine Stimme enthielt genau das richtige Maß an Vibration, als er sie ernstlich erstaunt anblinzelte.

Lindas Lachen klang wie ein Pistolenschuß. Dann zog sie einen Stapel Ausdrucke unter dem Bett hervor. »Ich weiß, daß es nicht so ist«, sagte sie ruhig, ohne ihn aus den Augen zu lassen. »Ich weiß es seit Wochen. Und jetzt habe ich den Beweis.« Als sie die Blätter hochhob, rutschte die Decke über ihren Bauch, und Wayne bewunderte die verschwitzte Krümmung ihres Busens und ihren straff gespannten Brustkorb. Eine tolle Figur. Trotzdem hielt er den Blick mehr oder weniger sorgfältig auf ihre Augen gerichtet. Die Frauen halten einen für mitfühlender, wenn man ihnen in die Augen sieht.

Sie gab seinen Blick fest zurück. »Ich habe alles gemessen: Gehirnwellen, Stimmlage, Hormonpegel – ach, du hast es doch genossen, als ich dir den Rücken zerkratzte, oder? Was du doch für ein Kerl bist! –, Pupillenweite, Atmung; alles. Und zwar unter den verschiedenartigsten Bedingungen: im Schlaf, bei unseren kleinen, sensiblen Unterhaltungen, beim Sex. Es ist nicht unmöglich, an diese Daten heranzukommen, wenn man miteinander *intim* ist.« Sie spuckte das Wort aus, dann lachte sie wieder. »Ein Teil der Ausrüstung für die chemische Analyse steht unter dem Abfluß im Bad. Die Elektrodenleitungen sind eng an meine Arme geklebt und laufen zu einem hauchdünnen Mikroprozessor auf meiner Kopfhaut.« Sie hatte es nie gemocht, wenn er ihr Haar gestreichelt hatte. »Vielleicht schreibe ich eine Dissertation zum Thema ›Das heimliche Sammeln von Daten während des Geschlechtsverkehrs‹. Ich hatte meinen Vorherigen gerade abgestoßen, als ich mich mit dir einließ.« Sie warf einen Blick auf die Schublade des Nachttischchens, das neben ihrem Bett stand, dann verfiel sie in Schweigen. Einmal hatte Wayne dort herumgeschnüffelt – als sie im Bad gewesen war, wahrscheinlich, um seine Chemie zu überprüfen.

»Schätzchen ...«

»Halt die Klappe.«

Wayne tat es. Zwar waren schon andere Mädchen wütend auf ihn gewesen, aber nicht mit dieser grimmigen Intensität. Es war irgendwie sexy. Linda war wirklich so leidenschaftlich, wie er es sich immer vorgestellt hatte, auch wenn er sie in einer Situation angemacht hatte, in der sie hilflos gewesen war – also mußte es doch auch eine Möglichkeit geben, ihre Leidenschaft für sich auszunutzen. Er wußte, was ihr möglicherweise zu schaffen machte: Es ging um das in der Schublade liegende Foto des lächelnden jungen Mannes, das mitten durch seine Nase sauber in zwei Teile zerrissen war. Also konnte sie doch auf Wayne kaum richtig wütend sein; sie war nur hysterisch und überarbeitet. Wayne ließ seine Hand unter die Decke gleiten, berührte eine runde, heiße Hüfte und ließ sie dort verharren; sehr sanft, fast zu leicht, um sie zu bemerken. Linda war feucht; sie dampfte, wegen der Sache, die sie gerade hinter sich hatten. Ihre Haut erschauerte kaum.

Wayne unterdrückte ein Lächeln. Es würde nicht mehr lange dauern, dann würde sie wieder stöhnen.

»Das Schwierigste«, sagte Linda, »bestand für mich darin, meinen Geist von dem zu trennen, was mein

Körper tat. Aber davon hast du wohl nichts bemerkt, was?« Ihr Mund lächelte, aber das galt nicht für ihre Augen. »Du bist das egoistischste Arschloch, das ich je in meinem Elend getroffen habe. Nicht mal Larry ...« Sie brach ab.

Wayne schritt zur Aktion. Sein Griff um ihre Hinterbacke wurde fester; der Zeigefinger seiner anderen Hand fuhr über ihren Nabel nach oben, umrundete ihre Brust und zwirbelte ihren Nippel.

»Ach, Baby«, flüsterte er seidenweich, »warum belastest du dich damit? Du weißt doch: Alles, was ich bei mir habe, gehört dir ...« Und es funktionierte. Linda erbebte, versteifte und entspannte sich; die Blätter entglitten ihrer Hand. Wayne beugte sich über sie, um sie zu küssen. Sie stöhnte. Lächelnd strich er ihr das verschwitzte Haar aus den Augen; als seine Finger ihre Augen berührten, öffneten sie sich.

Ihr Blick war eiskalt. »Ach, du müßtest in meiner Branche arbeiten«, sagte sie. »Du siehst in mich hinein und kannst mich bearbeiten wie ein Laborgerät, stimmt's? – Aber damit ist es aus, Wayne.«

Er suchte in ihrem Gesicht nach der Leidenschaft, die er zu sehen geglaubt hatte. War sie nicht mehr da? Manchmal ging ein kalkuliertes Risiko auch in die Hose, brach das Spiel vorzeitig ab. »Man kann's doch keinem übelnehmen, wenn er's mal versucht«, sagte er sanft und zog sich zurück.

»Es würde dich überraschen, wie nachtragend ich sein kann«, sagte sie. Sie nahm die Ausdrucke wieder in die Hand. »*Deswegen.* Du hast mir nur etwas vorgespielt, in jeder Sekunde, in der wir zusammen waren. Ich war schon im Begriff, mein *Leben* für dich zu ändern – aber das weißt du ja. Ich mußte den Beweis haben, daß mein Verdacht stimmt, bevor ich ... bevor ich dich damit konfrontieren konnte.«

»Na schön, Linda. Ich bin verlegen.« Jetzt, wo er seinen Bluff ausgespielt hatte, ging er dazu über, den Freitagabend zu planen. Jetzt war er wieder frei. Es gab ein Mädchen namens Emily, das neu in seinem Haus war; in der Wäscherei lief sie ihm alle nasenlang über den Weg. Sie sah nicht übel aus, und es war doch stets was nettes, von Brünetten zu Blondinen zu wechseln; sogar ihre Haut schmeckte anders. »Du verlangst doch nicht, daß ich mich jetzt anziehe und mitten in der Nacht nach Hause gehe, oder?«

Unerklärlicherweise lächelte Linda, und ermutigt legte sich sein Arm um ihre Taille. »Noch mal? Der alten Zeiten wegen?«

»Du hast vielleicht Nerven«, sagte Linda leise. Aber sie wehrte sich nicht. »Ist das schön ...« murmelte sie. »Genieße es, solange du noch kannst. Du wirst auch noch erfahren, wie es ist. Das verspreche ich dir, Wayne, mein Liebling.«

Wayne machte ein bißchen von diesem und von jenem, bis sie erneut seinen Rücken zerkratzte. *Aber diesmal macht sie keine Blutprobe! Sie kann doch nicht behaupten, es mache ihr keinen Spaß!* Die Frauen hatten keinen Grund, sich über ihn zu beschweren; er sorgte immer dafür, daß sie etwas davon hatten. Lindas Nägel waren verdammt spitz.

Und während er Lindas Schenkel streichelte, entwarf er seinen Angriffsplan für Emily.

In dieser Nacht erwachte er um siebzehn Minuten nach drei mit einem Stechen in der Brust. Er wand sich und spürte den Schmerz des Fiebers. Benommen hörte er Linda mit jemandem telefonieren. Sie rief eine ihrer medizinisch gebildeten Ex-Kommilitoninnen an. Ihre Freundin kam: Sie hieß Mabel; ein forscher Rotschopf mit Pferdeschwanz und Pfadfindermütze. Wayne brachte ein tapfer ausharrendes, jungenhaftes Lächeln zustande, als sie seine Temperatur maß, seine Drüsen betastete, einen dicken Verband um seinen Hals wikkelte (»Wa ...?« – »Pssst, Sie haben sich an dem zerbrochenen Wasserglas geschnitten.« Sie zeigte ihm die Scherben. Er konnte sich zwar nicht erinnern, daß er Wasser hatte trinken wollen, aber alles war so verschwommen) und ihm eine Spritze mit irgendwas irgendwas irgendwas setzte ... Als die Droge ihn einschlafen ließ, konferierten die Frauen im Korridor in ernsthaftem Tonfall miteinander.

Als er erwachte, fühlte er sich viel besser. Mabel fuhr ihn nach Hause. Sie gab ihm eine Antibiotikaphiole, Salbe für den Hals und lehnte es ab, mit ihm auszugehen. *Klar, sie gehört wahrscheinlich zu denen, die ihr bei der Analyse meiner Gehirnwellen geholfen haben.* Vielleicht war es von jetzt an reine Zeitverschwendung, die Medizinstudentinnen der Uni anzumachen.

Bis zu seinem Freitagrendezvous mit Emily flauten die Schmerzen ab; kurz zuvor hatte er die Antibiotika abgesetzt. Am Donnerstag zog er die beiden Fäden aus seinem Hals.

Und dann kamen Emily und Shirley und Grete und Gwendolyn und Gloria – ein guter G-Herbst –, und Alyce und Leona und Colleen und Mindy und June und Dorothea.

Dorothea.

Sie war zwar nicht gerade atemberaubend – jede einzelne der Gs war ihr überlegen gewesen –, aber immerhin die dritte Brünette in der Reihe. Doch später, als er im Zoo nach Rothaarigen Ausschau hielt, bemerkte er, daß sie ihn nicht anmachten. Vielleicht die da, mit dem schulterfreien grünen Strandkleid, die mit ihrer Freundin lacht?

Sicher, sie war okay. Aber sie war nicht Dorothea.

Dorothea hatte keineswegs die Rolle der Schwerzukriegenden gespielt. Für Taktiken dieser Art war Wayne zu ungeduldig. Sie war in seinem Bett gelandet – obwohl sie nur gelächelt hatte, als ihm an einem Wiedersehen gelegen war. Nicht einmal der Sex mit ihr war etwas Besonderes gewesen, aber er konnte sich auch nicht beschweren: Sie war zwar nett, anschmiegsam und gefügig, aber auf seiner Top Twenty-Liste stand sie nicht. Doch hinterher ...

Hinterher ist, wenn man *ihr* Spiel spielen muß. Hin und wieder konnte man ihm zwar entgehen, indem man einschlief oder eine gute Entschuldigung zum Abhauen hatte, aber wenn man sich ihrer versichern wollte, mußte man in der Regel hinterher ein paar Takte mit ihnen reden. Besonders nach dem ersten Mal.

Dorothea sah ihn nur an und lächelte.

»Was?« sagte er schließlich.

»Eine gute Vorstellung«, sagte sie.

»Vorstellung?« sagte er in seinem trotzig-humorigen Tonfall.

Sie lachte. »Du glaubst wohl, dich durchschaut keine, was?« *Nicht so schnell!* Sie zerzauste sein Haar. »Aber mach dir keine Sorgen. Ich behalte es für mich.«

»Ähm ...«

»Das Schöne an Typen wie dir ist, daß ihr so harmlos werdet, wenn man euch erst mal durchschaut hat.«

Schon in diesem Moment hätte er anfangen sollen, seine Hosen anzuziehen. Statt dessen hatte er sich dabei ertappt, die halbe Nacht redend zu verbringen. Sie hatte ihm bloß zugehört und hin und wieder ein, zwei Worte gesagt. Aber ihre ein, zwei Worte hatten es stets in sich.

Eine Frau, die so still war wie Dorothea, hätte eigentlich unsicher sein müssen. Sie hätte begierig und leicht geschmeichelt auf Aufmerksamkeit reagieren müssen. Doch statt dessen wirkte sie ruhig und überaus selbstbewußt. Sicher erforderte es zuviel Arbeit, sie zu weiteren Reaktionen zu bewegen. Es war wohl besser, die Aufmerksamkeit auf andere zu richten.

Zum Beispiel auf die Blonde da, die dem Eisbären gerade ein halbes Maisbrötchen zuwarf: Sie füllte ihre Jeans recht ordentlich aus. Wenn er ihr erzählte, er sei

Zooinspektor und würde diesmal noch von einer Anzeige absehen, wenn ...

Nein. Verdammt noch mal! Dorothea würde ein Manöver wie das sofort durchschauen. Vielleicht interessieren ihn halt keine Mädchen, die so etwas nicht konnten.

Wayne stieß an einem Erfrischungsstand auf eine Telefonzelle und wählte ihre Nummer. Anrufbeantworter. »Könntest du mich mal anrufen? Hier ist Wayne.« Und er ging nach Hause und wartete.

Vor Samstagnachmittag hatte sie keine Zeit. Wayne fragte sich drei Tage lang, was er sich von ihrem Treffen erwartete. Freitagabend ging er in ein Lokal, kippte drei Getränke, machte zwei Frauen an und ging allein nach Hause. Mitten in der Nacht wachte er erschreckt und wütend auf. Ihm war kalt.

Ich bin verliebt. – O gottverdammte Kacke!

Dorothea lächelte, als er ins Restaurant kam. Waynes Handflächen waren feucht. Er nahm an ihrem Tisch Platz, sah sie an, und versuchte das verzerrte Lächeln zu unterdrücken, das nicht sein einstudiertes jungenhaft Charmantes war. Aber er kam sich wie ein kleiner Junge vor; jung, ungeschliffen, unsicher. Es war ein unangenehmes Gefühl.

Ihr Lächeln war entzückend. Als er sie beobachtete, huschte ein verwirrter Blick durch ihre Augen, und ihr Lächeln nahm leicht ab.

Während der Vorspeise redete er pausenlos – Geschwätz, unkontrolliert und abscheulich – und tat alles, was ihm in den Sinn kam, um das Lächeln auf ihrem Gesicht zu erhalten. Es löste sich zwar nicht auf, aber es wirkte geistesabwesend.

Er erzählte ihr von dem Beutezug im Zoo. »Und dann hat sie gesagt: ›Ich bin ja so froh, daß Sie mich deswegen nicht in Schwierigkeiten bringen.‹ – ›Fünfzig Dollar

Strafe‹, habe ich gesagt. – ›Das kann ich mir wirklich nicht leisten; ich habe es ja auch nur getan, weil das arme Tier so hungrig aussah‹, hat sie gesagt. Und dann habe ich mir gesagt: ›Was, zum Kuckuck, soll ich überhaupt mit diesem blöden kleinen Dämel? Ich könnte eigentlich auch mit einem Mädchen essen gehen, dessen Grips zu seinem Aussehen paßt.‹« Das war zwar eine Lüge, aber sie enthielt den Kern der Wahrheit; in der Regel erzählte Wayne nur die Wahrheit, wenn sie den Kern einer Lüge enthielt. Er setzte ein gewinnendes Lächeln auf. Es kam ihm irgendwie anders vor. Er wußte nicht genau, wie es ankam.

»Du brauchst nur eine Frau, die dich durchschaut«, sagte Dorothea freundlich.

»Wie dich.«

»Nun ... Ja.«

»Du hast mich immer ...«

»Wayne.« Irgend etwas in ihrer Stimme ließ ihn innehalten. Sie schob den Arm über den Tisch und legte ihre Hand auf die seine; die seine war warm und feucht, die ihre war kühl und fest.

Er schaute sie an.

»Du mußt mich verstehen, Wayne. Ich hätte dich bewußt nie verführt. Aber du brauchst wirklich jemanden, der dich versteht, und ich hatte anfangs auch irgendwelche Gefühle für dich. Aber jetzt glaube ich, du möchtest vielleicht mehr von mir. Ich muß ganz offen zu dir sein.«

»Wer sagt denn, daß ich mehr will?« fragte Wayne. »Ich will nur hin und wieder ein Rendezvous, verstehst du? Ich will mit dir in Kontakt bleiben, gelegentlich mit dir ausgehen.« Er lächelte; eigentlich hatte er seinen coolen, uninteressierten Blick aufsetzen wollen. Ich muß doch irgend etwas retten können; ich kann doch nicht alles auf einmal verlieren. Was *es* auch ist.

»Ich glaube, du willst doch mehr von mir, Wayne. Ach, du bist so durchsichtig, wenn man den richtigen

Blick dafür hat. Es tut mir leid. Ich glaube, es wäre nicht fair, dich auf diese Weise fortwährend zu verletzen.«

Er lachte leise; das Lachen kam hart aus seiner Kehle. »Du verstehst mich völlig falsch, Baby. Du weißt doch, Wayne Harrigan ist nur zu seinem Vergnügen auf der Welt, nicht? Du durchschaust mich völlig.«

Sie sah ihn forschend an, und er glaubte einen Moment lang, etwas ähnliches wie Besorgnis in ihrem Blick zu erkennen. Ja – nein – ja. Aber es war die Besorgnis, die man einem streunenden Hund erweist, wenn man ihn zum Tierheim bringt und darum betet, daß jemand ihn adoptiert, bevor er vergast wird.

Wayne belebte das Abendessen mit Witzen und Geschichten. Sie kamen ihm unbeholfen und blaß über die Lippen, und wenn die Teller für den nächsten Gang kamen, vergaß er sofort, was sie gerade gegessen hatten.

An Dorotheas Tür verstummte er, weil er keine Worte mehr fand. Ein Gutenachtkuß erschien ihm unpassend, zudem hatte er keine Erfahrung mit Ungewißheiten.

»Es ist seltsam«, murmelte Dorothea. »Weißt du, daß ich mich auf diesen Tag gefreut habe? Und als du dann reinkamst und wir uns eine Weile unterhalten hatten, fiel mir plötzlich auf, daß da gar nichts war. In mir, meine ich. Es ist nicht deine Schuld.« Sie lächelte wehmütig. »Aber es ist wirklich eigenartig ... Ich habe immer gedacht, da müßte etwas sein.« Sie küßte ihn auf die Wange und war weg. Und dann kamen Kim und Lynnea und Peg und Cheryl und Billie Jo und Rochelle und Valery und Janet und Claire und Melody und Sue.

Alle in einem Monat: Nur wenn er sein Adreßbuch durchkämmte und sich konzentrierte, konnte er den Strom der Frauen rekonstruieren, die er ungestüm eroberte und schnell wieder ablegte.

Im nächsten Monat verabredete er sich mit überhaupt keiner. Der geistlose Regierungsjob, den er mit Charme erobert hatte und ohne Anstrengung ausfüllte, brachte ihm eine kleine Beförderung ein. Jetzt mußte er sorgfältig darauf achten, seine Emsigkeit herunterzuschrauben, damit man ihm nicht noch mehr Pflichten aufhalste. Doch eigentlich befriedigte ihn nichts; Sport, Kino, ein leckeres Mahl, Gespräche – nicht mal das Spiel mit den Frauen übte noch Anziehungskraft auf ihn aus. Er konnte nur beten, daß er eine Phase durchlief.

Trotzdem: Verdammte Dorothea.

Schließlich zwang er sich mit Gewalt wieder auf den Weg zurück: Eine Frau folgte der anderen, und mit jeder wurde es leichter. Barbara. Melissa. Nancy. Lora, Hope und Lizzie. Ein Jahr nach der Umwälzung war er wieder richtig in Schwung. Seine Stimme hatte Überzeugungskraft, er hatte Sex in den Augen. Am Horizont stand ›Romanze‹ – für jede Frau, die es lesen wollte. Wer konnte dem widerstehen? Sie kamen in Scharen. Cecile und Dolores und Betsy und Miriam und Gena und Sydney.

Sydney.

Wayne achtete sorgfältig darauf, sich mit keiner Frau zu treffen, die ihn an Dorothea erinnerte, nicht einmal entfernt, und Sydney war das genaue Gegenteil von ihr. Sie war groß; größer als Wayne; ihr Haar hatte jene Farbe, die man weder blond noch braun nennen kann; sie war schlank und kräftig und trug selten etwas anderes als Hemden und Jeans, außer im Bett. Wo sie sich weniger selten aufhielt.

Nach etwa einen Monat toller Bettabenteuer – Wayne setzte sie am neunten Tag auf seine Top Twenty-Liste –, nahm er sich vor, ihr ohne Bedauern good bye zu sagen. Was für beide galt, denn auch Sydney war nur zu ihrem Vergnügen auf der Welt. Außerdem durfte er als Spieler nicht einrosten; es war Zeit für einen Wechsel.

Nach zehn Wochen trafen sie sich immer noch. Die Warnglocken schrillten. Wayne nahm sie nicht zur Kenntnis. Zwar nahm er den weiblichen Teil der Bevölkerung ernsthafter in Augenschein, aber er fand nichts Interessanteres.

»Morgen um die gleiche Zeit?« fragte er.

Sydney zog den Reißverschluß ihrer Jeans hoch und griff ihm zärtlich unters Kinn.

»Fürchte nein, Harrigan. Hab 'n Rendezvous.«

Er lehnte sich auf die Kopfstütze zurück und hob eine Braue. »Jemand, der schärfer ist als ich?«

Sie zuckte die Achseln. »Wer weiß? Aber es ist schon 'ne Weile her, seit ich mit einem anderen zusammen war. Und das hier ist doch nichts Festes, oder?«

»Natürlich nicht.«

»Gut.« Sie zog das Hemd über ihre festen, kleinen Brüste, knöpfte es rasch und sicher zu, und schob es in die Hose. »Tja – muß morgen früh raus. Ich ruf dich an, wenn ich 'n bißchen Freizeit habe.«

»Sicher.«

Sie beugte sich vor, küßte ihn auf die Stirn und berührte seine Nase kurz mit einem langen Finger. »Wayne?«

»Mmm?«

»Wenn du's doch in was Festes umwandeln möchtest, dann sag's doch gelegentlich mal.« Sie hatte die Schuhe an und war draußen, bevor er eine Antwort geben konnte.

Gott! Die Frauen. Man konnte sich eben nie sicher sein, ob sie einen nicht doch mit Haut und Haaren haben wollten.

Zeit für die nächste. Bonnie war Kurier bei einem privaten Postdienst; mit etwas Aufmunterung brachte sie die Sachen auch in die Wohnung. Sie war lieb, süß, hatte ein kleines Knubbelnäschen, und war noch so jung, daß sie sich von Leuten beeindrucken ließ, die in schicken Innenstadtbüros tätig waren. Besonders wenn man ihr beim zweiten Rendezvous einen Strauß rote Rosen schenkte. Bei einem naiven Mädchen wie ihr konnte man es nicht mal übertreiben.

Keine Silbe von Sydney. Und dabei hatte sie gesagt, sie würde anrufen. Ihr neuer Typ mußte wirklich ziemlich scharf sein.

Dann kam der Abend, an dem er Bonnie ›Mindy‹ nannte; es war der Abend, an dem sie in Tränen ausbrach und so schnell verschwand, daß sie sogar ihren Büstenhalter vergaß. Warum, zum Teufel, stellte sie sich so an? Sie *sah aus* wie Mindy; sie hatte nicht mal einen eigenen Charakter. Wenn sie unverwechselbar sein wollte, sollte sie mal ein bißchen an sich arbeiten.

Er rief Sydney an; mit der Männerstimme, die ihm antwortete, hatte er gerechnet. »Oh, klar«, murmelte der Typ, »wart mal 'n Momentchen; ich hol sie.«

»Ich bin's«, sagte er zu ihr. »Möchtest du reden?«

Sie wollte es, aber (verständlicherweise) nicht in diesem Moment. Sie rief am nächsten Tag zurück, und er rief sie am übernächsten und über-übernächsten an.

Irgendwann während des langen dritten Telefongesprächs sagte Sydney: »Tja, ich hab mich nie über das beschwert, was zwischen uns lief. Es war toll. Doch allmählich dachte ich, was es doch für 'ne Verschwendung ist, wenn jeder von uns seiner Wege geht. Und da dachte ich mir, reib es ihm mal unter die Nase.«

»Vielleicht bist du ein bißchen zu schnell verschwunden.« Selbst Wayne wunderte sich über seine Worte. Sie verabredeten sich für Freitag.

Sein Herz klopfte so laut, daß sein Blick kleine Sprünge machte, als er auf die Sprechanlage an der Wohnungstür starrte. Schlag, Sprung, Schlag, Sprung. Es ist doch keine große Sache, redete er sich ein, wir verhandeln doch bloß neu, um zu sehen, was daraus wird.

Es summte. Er ließ sie hinauf, und dann lag sie in seinen Armen. Ihre Hände kneteten seinen Hintern, ihre Zunge umspielte die seine.

»Guten Tag auch«, sagte er, als sie Luft holte.

»Guten Tag.«

»Hast du mich vermißt?«

»Sicher«, sagte sie. Aber ihre Stirn war leicht gerunzelt.

In seinem Bett war sie zwar lebendiger als je zuvor, doch am Ende wirkte sie leicht geistesabwesend.

Als sie von der Toilette zurückkam, legte er einen Arm um sie. Sydney schob sie beiseite. »Vielleicht«, sagte sie langsam und nachdenklich, »vielleicht war die Idee doch nicht so gut.«

Wayne lachte nervös. »Also *soviel* besser als ich kann er doch wohl nicht sein.«

»Es ist kein Witz, Wayne.« Sydney holte tief Luft. »Ich habe geglaubt, ich wäre vielleicht dazu bereit, für eine Weile Wurzeln zu schlagen, um es mal auszuprobieren. Und ich hab dich verdammt gern gehabt. Aber als ich heute abend deinen absolut sentimentalen Blick gesehen hab – ich glaub, früher hab ich mir immer gewünscht, daß du mich so ansiehst –, war die Luft völlig raus. Verstehst du das? Das soll aber nicht heißen, es hätt mir keinen Spaß gemacht.«

Oh. »Tja, wer sagt denn, es geht hier um was Besonderes?«

»Ich hab gedacht ... Als wir miteinander telefoniert haben, hab ich gedacht, es wär vielleicht was Besonderes für dich. Und das hat mir gefallen. Ich glaub, ich hab mir selbst was vorgelogen. Ich weiß, daß ich das Gefühl jetzt nicht mehr hab.«

»Macht doch nichts«, sagte Wayne. »Wollen wir uns hin und wieder mal treffen?« *Sag ja.*

»Lieber nicht. Ich werd zwar deinen Körper vermissen, aber – wir ziehen besser getrennt weiter.« Sie grinste. »Es ist irgendwie erleichternd, ungebunden zu sein. Das ist aber nicht gegen dich gerichtet.«

»Hab ich auch nicht so aufgefaßt.«

Verdammter Lügenbold.

Und dann kamen Kelly und Maria und Denise, eine Wiedervereinigung mit Colleen, und dann Edith. Von nun an ging es langsamer voran. Es fiel ihm schwerer, sich für jemanden zu interessieren. *Brenne ich etwa nach lumpigen zehn Jahren schon aus?* Ein paar Wochen mit Edith, dann rief er Colleen wieder an.

Colleen – blasse Hautfarbe, grünliche Augen, lockiges rotes Haar – sah, abgesehen von den Augen, die fast orientalisch geschlitzt waren, so irisch aus wie ihr Name. Sie war Cellistin. Klassische Musik – schmachtend-romantisches Zeug von Tschaikowsky oder Debussy – war für gewisse Frauentypen zwar nur ein Zeitvertreib, doch Colleens Leidenschaft war ansteckend. Wayne ertappte sich dabei, daß er freiwillig in Symphoniekonzerte ging, hin und wieder sogar dann, wenn Colleen anschließend nicht frei hatte.

»Du hast dich verändert«, sagte sie. »Als wir zum ersten Mal ausgingen – ich hatte gerade meine Scheidung hinter mir –, habe ich kein Wort von dem geglaubt, was du sagtest. Aber es war sowieso unwichtig, weil ich wußte, daß ich mich nicht lange mit dir abgeben würde. Aber jetzt – weißt du eigentlich, daß du etwas Trauriges im Blick hast?«

Wirklich? Wayne probierte im Spiegel ein perfides Grinsen aus. Es wirkte komisch.

Colleen war nach ihrer Scheidung genau jene Art Gimpel gewesen, nach dem er gesucht hatte. Nun stellte er plötzlich fest, daß sie überraschende körperliche Kraftreserven hatte. Und er bemerkte, daß es ihm gefiel.

Kurz bevor er es ihr sagen wollte, fand er eine Nachricht auf seinem Anrufbeantworter. »Ich weiß, ich hätte es dir ins Gesicht sagen sollen, Wayne, aber ich kann es einfach nicht. Je mehr ich dein Interesse an mir erkenne, desto mehr geht mein Interesse an dir zurück. Ich weiß, es kommt abrupt, aber es ist besser so. Du findest bestimmt die richtige Frau.«

Klick.

Ganz einfach so. Sie war weg, bevor er auch nur die Chance eines Versuchs gehabt hatte.

Sheila. Amanda. Zoe. Darlene. Immer langsamer. Er sah sich jede sorgfältig an. Zu seiner Überraschung hatten alle ihre Qualitäten: sie waren zwar ausnahmlos unterschiedlich, aber jede war interessant und etwas Besonderes.

Immer wenn er anfing, darüber nachzudenken, brachen sie die Beziehung zu ihm ab. Er wurde paranoid.

Sharon. Paulette. Julie. Linda. Linda war eine neue Bekannte, nicht die herbe, verbitterte Frau, die er vor drei Jahren gekannt hatte. Doch als sie ihm sagte, daß es aus war, sprach sie einen bemerkenswerten Satz: »Ich kann einfach nichts für dich *empfinden,* Wayne. Ich dachte – aber vielleicht weißt du selbst, wie es ist. Tut mir leid.«

Du wirst noch erfahren, wie es ist. Das verspreche ich dir.

Linda fragte, was mit ihm los sei. »Es ist alles in Ordnung«, sagte Wayne. »Dann geh doch.«

Sie ging, mit Besorgnis im Gesicht – einer leeren, freundlichen Besorgnis, die schmerzte, aber Wayne dachte an die andere Linda. *Du wirst noch erfahren, wie es ist.*

Quatsch. Es lag nur an der Namensgleichheit, daß er darauf kam.

Wo, zum Henker, war sein Adreßbuch?

Linda war unter ihrer alten Telefonnummer nicht mehr zu erreichen. Tja, wo mochte sie stecken? Sie hatte im Heim der graduierten Studenten gewohnt.

Im örtlichen Telefonbuch stand sie auch nicht. Sie war auch in keiner anderen Großstadt des Mittelwestens registriert.

Er schickte einen Brief an ihre alte Adresse und hoffte,

daß man ihn weiterleiten würde. Doch er kam mit einem Stempel zurück: EMPFÄNGER UNBEKANNT.

Und dann kam Eva. Dann Madelyn. Helen. Langsam. Er hatte den Eindruck, er könne sich in jede Frau verlieben, die er nur ansah. Er versuchte, das Gefühl mit Gleichmut hinzunehmen, aber in ihm war ein leerer Fleck, eine Angst, die ihn dazu trieb, ständig auf die Suche zu gehen. Alle ließen ihn wieder laufen. Warum? Er war doch sogar ehrlich zu ihnen.

Echte Ehrlichkeit mußte doch funktionieren. (Eine rauhe Stimme in seinem Hinterkopf notierte diese Feststellung mit Interesse). Doch sobald sich eine Sache entwickelte, und er zu hoffen anfing ...

»*Warum* möchtest du dich nicht mehr mit mir treffen?«

»Ich weiß auch nicht, Wayne. Wer hat das je sagen können?«

Tja, wer? Er forschte nach Spuren einer Dr. Linda Eckhardt, und im Zuge der Ermittlungen kühlten seine ersten Gedanken an Rache ab. Sie hatte doch nicht etwa geheiratet und ihren Namen geändert?

Er ging zu mehreren Ärzten und kleidete sein Problem in schwammige, andeutende Aussagen. Keiner fand etwas Körperliches. Alle rieten ihm, zu einem Psychologen, Psychiater oder einem Sextherapeuten zu gehen. Wayne wußte ganz sicher, daß das nicht sein Problem war.

Er verbrachte nun mehr Zeit in Single-Bars. Er hatte sie meist gemieden, weil sie keine Herausforderung für ihn darstellten und irgendwie niederschmetternd waren. Jetzt erkannte er, warum: Sein Blick wurde nicht von den Frauen (einem Mischmasch leicht herumzukriegender Herzchen) angezogen, sondern von den Männern: den jungen, dreisten Männern – und den anderen: den müden, zu stillen oder zu lauten, die mit jeder Bewegung zeigten, daß sie am Rand der Verzweiflung standen.

Wayne war stets davon ausgegangen, daß er noch genug Zeit hatte, um Wurzeln zu schlagen. Bis dahin wollte er die Harrigan-Methode weiter betreiben. Doch jetzt hatte er das Gefühl, daß seine Zeit knapp wurde.

Ihm fiel ein anderer Ort ein, an dem er nach Linda suchen konnte, und nach einem Nachmittag in der Bibliothek fand er sie auch. Die Todesanzeige – sie war zwei Jahre alt – war kurz und nicht informativ. Er starrte sie an, bis die Mikrofilm-Projektion vor seinen Augen verschwamm.

Der einzige Mensch, der ihm sonst noch helfen konnte, war Mabel. Aber er kannte ihren Nachnamen nicht. Er erinnerte sich nur an einen jungen Rotschopf mit Pfadfindermütze.

»Mabel?« Ihr Blick zeigte keinerlei Erkennen. Wayne bezahlte sein Hot Dog und eilte hinter ihr her. »Entschuldigen Sie ... Sind Sie Mabel ... wie war doch Ihr Nachname?«

»Dr. Mabel Cox«, sagte sie steif. »Kenne ich Sie?«

Auf dem Weg zu den Oberdeck-Sitzplätzen drängten sich die Menschen an ihnen vorbei. Er nahm ihren Arm und zog sie aus dem Verkehrsstrom. »Ja; mehr oder weniger. Die Umstände waren recht eigenartig. Ich bin Wayne Harrigan.«

Sie runzelte die Stirn; erkannte ihn immer noch nicht.

»Ich ... war mal mit Linda Eckhardt bekannt.«

Das reichte. Überraschung. Abscheu – er konnte es ihr nicht verübeln. Auch Schuldgefühle?

»Was wollen Sie?«

»Ich habe das von Linda gehört«, sagte Wayne verlegen. »Es tut mir leid.«

»Daß sie sich umgebracht hat?« sagte Mabel tonlos.

Wayne versuchte, überrascht auszusehen, aber es mißlang.

»Es war nicht Ihre Schuld«, sagte sie. »Jedenfalls nicht die Ihre allein. Entschuldigen Sie.«

Er packte ihren Arm und hielt sie leicht fest. Sie war eine kleine Frau und immer noch attraktiv, aber sie sah älter aus, als sie hätte aussehen dürfen. Sie schaute müde zu ihm auf. »Was soll das, Mr. Harrigan?«

Jetzt, wo er sie gefunden hatte, wußte er nicht, was er sagen wollte. »Schauen Sie, es tut mir wirklich leid wegen Linda. Ich nehme an, sie war damals schon ziemlich unglücklich. Und jetzt weiß ich genau, daß ich ihr auch keine Hilfe war.«

»Nein, das waren Sie nicht.«

»Tja, mein Leben ist seither auch nicht besonders großartig verlaufen. Ich werde das Gefühl nicht los, als würde ich jetzt dafür zahlen. – Verstehen Sie, was ich meine?«

Sie sah ihn nur an.

»Verstehen Sie?«

»Wir zahlen alle für unsere Fehler, Mr. Harrigan.«

»Das glaube ich auch. Ich habe nur gedacht, Sie wüßten vielleicht, auf welche Weise ich zahle.«

Sie sah ihn an, und er sah, daß ihre Augen feucht waren. »Es ist lange her. Ich kann Ihnen nicht helfen.« Sie befreite ihren Arm.

Er hatte Angst davor, ihr zu nahe zu treten. »Kann ich Sie vielleicht in Ihrem Büro anrufen?«

»Ich habe keine Praxis. Ich mache Forschungsarbeit im Bereich trennbarer DNS.« Ihr Mund zuckte seltsam. »Ob Sie's glauben oder nicht, aber ich habe, was Selbstverteidigung anbetrifft, einen ziemlich guten Ruf.« Sie drehte sich um und ging schnell weiter.

»Wollen Sie mir denn gar nichts sagen?« rief er verzweifelt hinter ihr her.

Sie blieb einen Augenblick stehen, und die Menge schwärmte um ihn herum. »Pheromone«, sagte sie. Es war fast zu schnell, um es zu hören. Und dann war sie weg.

Die ersten paar Hinweise, die Wayne in der Bibliothek fand, waren ihm fast unverständlich; er hatte sich nie sonderlich für Naturwissenschaft interessiert. Schließlich fand er einen Artikel über Schmetterlinge, den er verstehen konnte.

Begattete Schmetterlingsweibchen sonderten Chemikalien ab – Pheromone – um das Verlangen der interessierten männlichen Exemplare ihrer Rasse zu dämpfen.

Wayne schloß die Augen.

Vielleicht ließ es nach. Es mußte nachlassen.

Er gab Kleinanzeigen auf, in denen er Mabel bat, ihn anzurufen. Bis es soweit war, probierte er seine eigenen Vorstellungen aus. Zuerst blechte er zweihundert Dollar für mehrere Sorten Kölnisch Wasser, denn er nahm an, daß man Pheromone auch ersäufen konnte, wenn der Geruchssinn sie wahrnahm. Er probierte die Duftstoffe in unterschiedlichen Kombinationen und großen Mengen aus, doch die einzige Wirkung bestand darin, daß die Frauen jede Einladung zum ersten Rendezvous mehr oder weniger freundlich und naserümpfend ablehnten. In der Hoffnung, mehr zu erfahren, schrieb er sich an der Universität zu einem Biologiekurs ein. Die Sache war hart und mit den humanistischen Fächern, die er mit Wischiwaschi-Bluffaufsätzen hinter sich gebracht hatte, nicht zu vergleichen. Er kam ins Schwitzen, als er mithalten wollte, und dann bemerkte er, daß er sich in Fay verknallte – in Fay, seine Laborpartnerin, eine geschiedene Mutter, die wieder zur Uni gekommen war, um ihr Examen zu machen. Sie schien ihn auch zu mögen – für eine Weile.

Wayne ließ die Uni sausen. Er dachte an Fay, an Colleen, an Dorothea, an Sydney und an andere Frauen; und dann wurde ihm etwas klar: Wenn das, was ihm passiert war, sich nur auf Frauen auswirkte, dann mußte es also noch Leute geben, auf die es sich nicht auswirkte. Wayne faßte all seinen Mut zusammen, und eines Abends ging er in eine andere Singles-Bar. Er studierte die tanzenden Paare und fand schließlich eins, das er intellektuell akzeptieren und aufgrund der Zuneigung, die es füreinander zeigte, sogar beneiden konnte. Doch als ihn ein Mann zum Tanzen aufforderte, drehte er sich um und ergriff die Flucht.

Dies konnte nicht die Lösung für ihn sein.

Dann fand er eine Kleinanzeige – gezeichnet von Dr. Cox –, die ihn bat, sich mit ihr zu treffen. Wayne war wahnsinnig aufgeregt. Er hatte allmählich nicht mehr damit gerechnet, daß Frauen sich so benahmen, wie er es sich erhoffte.

Und schließlich erfuhr er das von ihr, womit er gerechnet hatte.

»In Franks ursprünglicher Pheromonforschung ging es um ein Aphrodisiakum für Schimpansen. Ein paar Zoos waren daran interessiert.« Doch der Virus, den Mabels Studienfreund gezüchtet hatte, hatte nicht wie erwartet funktioniert. Unter bestimmten Umständen hatten die Schimpansenmännchen zwar ein starkes Pheromon produziert, doch es schien das Interesse der Schimpansenweibchen abzutöten.

»Wie bei den Schmetterlingen«, sagte Wayne.

»Ja, so ähnlich. Die Ergebnisse waren zwar nicht sonderlich brauchbar, aber interessant. Bevor man Franks Budget strich, stieß er aber noch auf etwas anderes. Die Auswirkung war nicht bei allen sexuellen Aktivitäten zu beobachten. Bei Schimpansen kommt es in gewissem Maß auch zu Sex zwischen ungebundenen Partnern – dominierende Männchen zum Beispiel haben Geschlechtsverkehr mit vielen Weibchen, um ihren Rang zu betonen. *Sie* waren nicht betroffen. Die Weibchen verloren nur dann das Interesse, wenn damit zu rechnen war, daß der Partner eine längerfristige Bindung wollte.«

Wayne nickte. Eine betäubte Gelassenheit war über ihn gekommen.

»Linda hatte zwar nichts mit dem Projekt zu tun, aber natürlich Frank und ich, also hielt ich ihn auf dem laufenden. Ich nehme an, ich habe die Sache auch Linda gegenüber ein- oder zweimal erwähnt, besonders dann, als Frank sein Budget verlor.

Und dann waren Sie plötzlich da. Zuerst hielten wir es für ein gutes Zeichen. Linda war seit der Trennung von Larry mit keinem Mann mehr ausgegangen. Sie war schrecklich lange mit ihm zusammen: drei Jahre, in denen er sie wie ein Stück Dreck behandelt und sogar mit ihren besten Freundinnen betrogen hat.« Sie machte eine Pause. »Keiner von uns wußte, ob sie je wieder einem Mann trauen würde. Aber sie hatte schon immer eine Schwäche für wortgewandte Heinis – und die wiederum hatten das Talent, sie aus der Menge herauszuriechen.« Sie sah Wayne offen an. »Dann fühlte sie sich elend und fing mit diesen verdammten Tests an. Sie sagte, sie würde keinen dieser Lüstlinge noch mal straflos davonkommen lassen. Und sie nahm mit Frank Verbindung auf.

Tja, ich habe schon immer geglaubt, daß er mehr in sie als in mich verliebt war; Frank und ich waren nicht sehr lange zusammen.« Sie hielt erneut inne, schien sich zum Weiterreden zu zwingen. »Gott weiß, ich stand in ihrer Schuld. Linda ... hat nie erfahren, mit wem Larry es alles getrieben hat.«

Wayne drängte sie nicht zu einem Geständnis. »Wenn Sie schon wissen, was man mit mir gemacht hat, können Sie es doch auch wieder rückgängig machen.«

»Nein«, sagte sie. »Was wir getan haben, haben wir getan, bevor wir genug wußten. Ich arbeite an der Sache, seit wir uns das letzte Mal gesehen haben, aber ich glaube nicht, daß wir den Effekt umkehren können. Frank arbeitet sogar in Kalifornien daran. Er ist zwar der Meinung, daß Typen wie Sie es verdient haben, aber das ist er mir auch schuldig.«

»Sie können es nicht ...«

»Soweit wir wissen, werden Sie die Pheromone bis in alle Ewigkeit produzieren – sie werden ausgelöst von dem biochemischen Prozeß, den man Verliebtheit nennt, und zwar in dem Moment, wo Sie den Versuch machen, sich einer anderen Person mit Hingabe zu widmen. Die Pheromone blockieren den gleichen Prozeß bei Frauen. Sie tun, glaube ich, sogar noch mehr: offenbar blockieren sie das Interesse an jeder Art von Bindung, selbst bei der, über die wir kaum etwas wissen, etwa eine simple Freundschaft. Wenn man so was überhaupt simpel nennen kann.«

»Für immer?« *Bitte, sag nein.*

»Für immer.« Sie sah über seinen Kopf hinweg auf das Diplom, das eingerahmt an der Bürowand hing. Ihre Stimme klang plötzlich tonlos und tapfer; sie ergab sich dem Unausweichlichen. »Das, was man Ihnen angetan hat, wobei Frank und ich geholfen haben, war völlig unethisch. Ich habe meinen wissenschaftlichen Beruf nicht verdient. Sie können mich bloßstellen; Sie können Ihre Rache haben. Aber ›Frank‹ ist nicht sein richtiger Name; ich werde Ihnen nicht sagen, wer er ist. Und Sie sollten nicht mehr an Linda denken. Rächen Sie sich an mir.«

Wayne musterte ihr Gesicht. Es war sehr schmal; ihre Wangenknochen traten hervor. Vor fünf Jahren war es runder und reizender gewesen. Damals hatte sie nicht daran gedacht, daß sie sein Leben zerstörte und ihn als Werkzeug benutzte, um mit ihren eigenen Missetaten fertigzuwerden, doch jetzt litt sie darunter. Er wußte ganz genau, wie sie sich fühlte. Sein Herz floß über.

Plötzlich wurde ihm klar, daß er im Begriff war, sich in sie zu verlieben; er konnte nichts dagegen tun; es war ganz natürlich und leichter als je zuvor. Sie konnte ihn zwar nicht lieben, doch Mitleid und Schuld würden sie an ihn binden: Sie war es ihm schuldig ...

Er seufzte.

»Vielen Dank, Frau Doktor«, sagte er. Er stand auf, küßte sie zärtlich auf die Stirn und ging zur Tür hinaus.

»Ich rufe Sie an, wenn es neue Ergebnisse gibt«, sagte sie, als er ging.

Doch in ihrer Stimme war keinerlei Hoffnung.

Und dann gab es niemanden mehr. Er wurde mehrmals befördert. Er kam spät nach Hause und ging früh zur Arbeit. In ihm war eine Leere, die nichts ausfüllen konnte.

Er ging nur noch sehr selten mit Frauen aus, und wenn, dann verbrachte er soviel Zeit damit, ihnen zu erklären, warum sie nichts von ihm erwarten sollten, daß die meisten ihn kopfschüttelnd sitzen ließen. Ging eine mit ihm nach Hause, schaute er sie an, wenn sie neben ihm schlief, und stellte sich vor, alles über sie zu wissen, und sie über ihn, und daß sie es trotzdem vorzog, mit ihm zu schlafen. Nach solchen Nächten dauerte es meist sehr lange, bis er wieder darauf aus war, eine Frau mit nach Hause zu nehmen.

Vielleicht verflog es doch noch. Obwohl ihr Optimismus deutlich hohl klang, hatte Mabel es nicht ausgeschlossen.

»Was machen Sie heute abend?«

Wayne sah von seinem Schreibtisch auf. »Wie bitte?«

»Ich habe mich gefragt, ob Sie eventuell mit mir essen gehen würden. Ich habe eine Menge Fragen, die meinen neuen Job betreffen.«

Gott, war sie jung. Kannte er sie? Ja. Sie war die neue Junior-Assistentin in der Abteilung, die er jetzt leitete. Aber wie hieß sie? »Verzeihung. Sie sind Deardre, nicht wahr?«

»Ja.« Ihre Lippen kräuselten sich. »Wie schmeichelhaft, daß Sie es wissen. Dabei hat man uns doch nicht gerade eingehend vorgestellt.«

»Ich gehe normalerweise nicht mit Kolleginnen aus.« Er hatte es vermieden – in den Zeiten, als er noch gejagt hatte. »Das heißt aber nicht, daß Sie ...«

»Ist die Firmenpolitik dagegen?« Besorgte Naivität.

»Nein. Das nicht.«

»Dann bestehe ich darauf«, sagte Deardre, und ihre Lippen kräuselten sich erneut. »Ich habe gesehen, wie hart Sie arbeiten. Sehen Sie es als menschliche Geste.«

Wayne lächelte sie wider Willen an. »In Ordnung. Nur ein kollegiales Dinner.«

Ihre Finger massierten seinen Nacken. »Natürlich. Könnte *ich* etwa auf was anderes aus sein?«

Natürlich war sie genau das, wie sich eine Stunde nach dem Essen in ihrer Wohnung zeigte. Es war nett. Er hatte allmählich vergessen, wie es war.

Und sie ließ ihn auch nicht sitzen. Weder nach einer Woche, noch nach zweien. Vielleicht ...

Sie saß auf der Bettkante und lackierte ihre Zehennägel. »Sag mal, wer kriegt eigentlich Joes Stelle, wenn er jetzt in Rente geht?«

»Hab ich noch gar nicht drüber nachgedacht.«

Sie bemalte ihre Nägel weiter und ließ die linke Hand sanft über seine Hüfte fahren. »Du weißt doch, wem du diesen Posten anvertrauen könntest.«

Wayne musterte sie über seinen kleinen Bierbauch hinweg. Als hätte sie seinen Blick gespürt, drehte sie sich zu ihm um und ließ ihr Grübchen spielen. »Aber du tust natürlich, was dir gefällt, Schätzchen. Du brauchst mir nicht unbedingt etwas zu schenken. – Du weißt doch, daß ich dich liebe, Schätzchen, oder?«

Er sah sie an.

»Du weißt es doch, Schätzchen, nicht wahr?« In ihrer Stimme war genau das richtige Maß an Vibration, und sie zwinkerte ihm treuherzig und zuversichtlich zu.

Manchmal muß man sich mit dem zufriedengeben, was man kriegen kann.

»Ja«, sagte er. »Ich weiß, daß du mich liebst.«

Originaltitel: »Master of the Game«

aus: »The Magazine of Fantasy & Science Fiction«, November 1987
Aus dem Amerikanischen übersetzt von Ronald M. Hahn

RUSSELL M. GRIFFIN

Zeitersparnis

1

»Kierkegaard«, sagte die Kellnerin gerade zu dem Burschen hinter der Theke, »kennt nicht einmal seinen ...«

»Ein Croissant«, sagte Mr. Leroux.

»Aus 'nem Loch im Boden.«

»Wenn es nicht zuviel Umstände bereitet«, fügte Mr. Leroux hinzu. »Und ...«

»Du mußt d'n Spr'ng zum Glaub'n ohn'logisch zwing'nde B'weisführung akzeptier'n«, hielt der junge Mann dagegen und schaufte durch die Nase. Eben erst hatte er Mr. Leroux *en face* angeniest. »Wenn Du mich fragst, ist eu'r gottverd'mmter H'gelscher Formal'smus voll'r ...«

»Einen Kaffee«, sagte Mr. Leroux.

»Könntest du nicht mal ein bißchen Rücksicht nehmen?« fragte die Kellnerin und stolzierte ans andere Ende der Theke.

»Ist d's zuviel v'rlangt, w'nn ich nur ein w'nig Zeit hab'n will, um ein paar Id''n auszutausch'n?« nörgelte der Bursche und ging hinter ihr her.

In seinem einsamen Winkel der Cafeteria war sich Mr. Leroux darüber im klaren, daß die Zeit zum Frühstücken, bevor Dither eintraf, kaum ausreichen würde, um das Problem Kierkegaards und des Hegelschen Formalismus zu klären. Das war eben das Leidige an Universitätsstädten. Es gab keine hauptberuflichen Kellnerinnen. Keine festangestellten Putzfrauen. Der gesamte Dienstleistungsbereich der lokalen Wirtschaft war mit vorübergehend eingestellten Intellektuellen besetzt, die darauf hinarbeiteten, sich irgendwo anders anzusiedeln.

Er fingerte in seiner Hosentasche, um sicherzugehen, daß sich Dithers Münze noch dort befand. Er hatte schon befürchtet, er könne sie zufälliger- und irrtümlicherweise der Kassiererin gegeben haben, es war also vielleicht ganz gut so, daß die Kellnerin zu beschäftigt war. Mit einem Seufzen rutschte er von seinem Hocker, ging an den üblichen wirrmähnigen Irrenhausflüchtlingen vorbei, die in den Rubriken Religion/Philosophie/Selbsthilfe auf den hinteren Regalen schmökerten, und wandte sich zur Tür.

Noch immer stand ihm der Sinn nach einem süßen, knusprigen Croissant. Sie schmeckten besonders, weil man an ihnen nicht wie an allen Fleisch- und den meisten Gemüsegerichten mitten in einem Restaurant ersticken konnte.

Und es gab nirgendwo solche Croissants wie in der Cafeteria der Neu Athenischen Buchhandlung, nur wenige Schritte entfernt von den letzten auf der Welt erhaltenen Exemplaren von Leopolds Zweisprachiger Bibliothek der Klassiker der Freien Künste – obschon den schmalen, vergilbten Buchrücken von Werken des Römischen Philosophen Boethius, des Heiligen Augustinus, Bischofs von Hippo, oder von *Das Traumgesicht vom Kreuz* in jüngster Zeit mehr und mehr Raum von Restexemplaren der *Illustrierten Geschichte der Zahnradbahnen, Berühmte Dänische Tafelsilbersammlungen der Vorkriegszeit, Schnelle Automobile des Golden Age* und *Seitenwaffen der Luftwaffe, durchgehend in Farbe* streitig gemacht wurde.

»Wahrheit ist Subjektivität!« rief der Junge hinter der Theke.

»Faschist!« brüllte die Kellnerin.

Draußen schrieb gerade ein Polizist eine gebührenpflichtige Verwarnung aus, einen Fuß dabei auf der Stoßstange irgendeines Wagens. »Glauben Sie bloß nicht, ich bestreite damit meinen Lebensunterhalt«, bemerkte er. »Ich schreibe gegenwärtig meine Dissertation zu Ende.«

»In Polizeiwissenschaften?« lächelte Mr. Leroux matt. Polizisten machten ihn nervös. Aber das traf genausogut auf Menschenmengen, große Höhen, geschlossene Räume, offene Plätze, Kaumuskelkrämpfe (von seinem fünften Lebensjahr an hatte er jeden Morgen nach dem Aufwachen den Mund dreimal geöffnet und wieder geschlossen, um sicher zu sein, daß nicht über Nacht eine unbemerkte Stichwunde seinen Kiefer gelähmt hatte) und die Gefahr zu, in einem Restaurant an Speisen zu ersticken.

»Vergleichende Literaturwissenschaft«, sagte der Polizist.

Mr. Leroux lächelte, als ob ihm jemand auf den Fuß getreten hätte.

Es verhielt sich keineswegs so, daß Mr. Leroux an der Akademie ein Fremder war. Er hatte seine eigene Dissertation sogar zu einer buchlangen Studie mit dem Titel *966: Das Schicksalsjahr* ausgeweitet.

Er hatte mit dem Jahr 1066 begonnen, war aber von dem Toben grausamer Schlachten, den pompösen Namen der Wikinger (Ragnar der Zottige? Um Gottes willen! Ivar der Schwächling?) und dem Sieg der Normannischen Piraten über die kultivierten Angelsachsen immer weiter zurückgetrieben worden, bis er über das Jahr 966 gestolpert war, ein Jahr, in dem überhaupt nichts geschehen war, und das einem ängstlichen Wanderer durch die Zeiten, wie es Mr. Leroux war, wie ein geruhsamer Sommertag erschien, dessen Luft schwer von Blütenstaub und dem Summen zum Stechen unfähiger Bienen war. Hier mochte der weltverdrossene Historiker wie durch einen inneren Kanal in der trüben Wärme eines Seitenarms des Zeitstroms treiben, während er über solche Dinge wie die Reinheit des angelsächsischen heroischen Ideals nachgrübelte. Beowulf wußte um sein aussichtsloses Schicksal, betrat aber dennoch die Höhle des Drachen, weil die Menschheit dessen bedurfte. Byrthwold kämpfte verzweifelt an der Seite seines getöteten Anführers Byrthnoth weiter, bis die Wikinger ihn in der Schlacht von Maldon niederrangen. Sie verkörperten die Tugend, auch im Angesicht einer unausweichlichen Niederlage standzuhalten.

Dies verlieh ihrer Literatur Würde und Erhabenheit; ihre Gedichte rangen um rhetorische Fragen wie »Ach! Wo ist der Met-Saal?« oder »Ach! Wo nun die Reiter?« und Antworten wie »Ach! Zu Schutt zerfallen.« oder »Ach! Im Grabe anheim der Fäulnis.« Vielleicht ist *erdrückend* ein besseres Wort dafür. Nun gut, vielleicht auch *düster,* doch wenn irgendwer klinische Depressionen wirklich beurteilen konnte, dann war das Mr. Leroux.

Er hatte zum ersten Mal deutlich davon zu kosten bekommen, als das Geschichtswissenschaftliche Establishment *966: Das Schicksalsjahr* als ein ausschließlich aufs Deskriptive beschränktes Geschichtswerk zurückgewiesen hatte. Wo waren die theoretischen Gleisschwellen, die programmatischen Drehgestelle und die thetischen Radsätze, die den Zug seiner Logik über die Strecke trugen? Er hatte vergeblich dahingehend argumentiert, daß das Jahr 966, wenn es ihm an Ereignissen ermangelte, auch keiner Theorien bedurfte, um sie zu erklären. Wer habe denn jemals von konfliktfreier Geschichtsschreibung gehört, war ihm entgegnet worden.

Es war ein klares Zeugnis ihres Nachtragens, daß er gezwungen gewesen war, *966: Das Schicksalsjahr* nach Holland zu schicken und aus eigener Tasche dafür zu bezahlen, daß es von Holländern in druckreifen Satz übertragen wurde, die kein Wort Englisch sprachen.

Er hielt inne und fischte Dithers Münze aus der Tasche. Welch eine außergewöhnliche Sache mußte sie für Dither sein, daß er sie über die Post zwischen den Universitäten verschickte. Sie bestand aus purem Gold, wie an ihrem Gewicht zu erkennen war, glänzte wie eine neue Krügerrand und hatte auf der einen Seite einen Kopf im Profil, der einen Lorbeerkranz trug, und die

Worte TI CLAVDIVS CAESAR AVG PMTRP, auf der anderen ein junges Mädchen in einem durchscheinenden Gewand und die Worte LIBERTAS AVGVSTA eingeprägt.

Man brauchte kein Fachmann für Römische Geschichte zu sein, um zu wissen, worum es sich dabei handelte, nämlich um einen Aureus aus der Regierungszeit des Kaisers Claudius, 41–43 n. Chr., mit einem Wert von fünfundzwanzig Silber-Denari. Und wer weiß wie vielen Tausenden von Dollars.

Rätselhaft war allerdings, wie ein Idiot wie Dither (den Mr. Leroux im persönlichen Umgang natürlich nie so genannt hätte), der seine meiste Zeit damit zubrachte, gegen Dinge wie Experimente an Katzen und für Dinge wie Experimente mit der Gesellschaft zu demonstrieren, an eine dermaßen gut erhaltene Römische Münze geraten war, daß Mr. Leroux, wenn er es nicht besser gewußt hätte, darauf hätte schwören können, daß sie gestern erst geprägt worden war. Es mußte eine Reproduktion sein.

Als er zu Hause ankam, brummte Mr. Leroux' Magen, aber kein Dither hatte sich eingefunden. Das würde dazu beitragen, daß er jedwedem Kommunikationswissenschaftler mit Wohlwollen begegnete. Er ging direkt in die Garage hinter seinem beschaulichen kleinen Heim (die er freilich nie als Garage benutzt hatte, denn am Tag seiner Fahrprüfung vor dreißig Jahren war er von einer das Augenlicht trübenden Migräne geplagt worden, die ihn dazu zwang, das Bett zu hüten, bis die Kopfschmerzen, die Prüfung und jegliche Lust aufs Fahren gnädig vorüber waren), stieg in seinen blauen Mechaniker-Overall, zog seine aus dem Zweiten Weltkrieg übriggebliebene Gasmaske über den Kopf und füllte die Blasebälge mit pulverförmigem Insektizid.

Als er in seinen Garten kam, warf er finstere Blicke auf Hunderte von bronzefarbenen Flügeldecken, die sich wie die Helme einer mächtigen Armee wölbten, welche über die Blütenblätter marschierte.

»Ihr unseligen ...«
Zischschsch.
»... japanischen ...«
Zischschsch.
»... Käfer!«
Zischschsch.

Alle paar Sekunden unterbrach er und lauschte aufmerksam jedem verräterischen Brummen. Seine Großmutter hatte ihm immer von einem netten Mann erzählt – einem Minister, soweit er sich erinnerte –, der mitten in der lichtesten Blüte seiner rechtschaffenen Arbeit von einer Biene gestochen wurde, rot anlief, sich aufblähte wie ein Kugelfisch und tot umfiel. Und wenn es etwas gab, was Mr. Leroux noch mehr haßte als Menschenmengen, große Höhen, geschlossene Räume, offene Plätze, Kaumuskelkrämpfe, in einem Restaurant an Speisen zu ersticken, und Polizisten, die Vergleichende Literaturwissenschaft studierten, dann bestand es in dem Desaster, rot anzulaufen, sich wie ein Kugelfisch aufzublähen und tot umzufallen.

Als die Flügeldeckelhelme ruhiger geworden waren und die Rosenblätter weiß von Pulver, legte er die Blasebälge beiseite, nahm seinen drittbesten Regenschirm zur Hand (einer von diesen ultrakompakten, die man in der Manteltasche tragen kann) und marschierte zu seinem frischbesäten Vorgarten, der kaum größer als eine Briefmarke war. Eine vereinzelte Krähe flatterte von ihrer Mahlzeit auf und ließ sich auf den Rand der Dachrinne nieder. Mr. Leroux schätzte die Entfernung ab, fühlte sich sicher und fing damit an, heftig seinen Regenschirm in Richtung des Tieres zu öffnen und zu schließen. Die Krähe beäugte ihn einige Zeit nachdenklich, dann gab sie unvermittelt ein Krächzen von sich und flatterte davon. Mr. Leroux lächelte zufrieden.

»Entschuldigen Sie, aber ist das etwa ein Regenschirm, den Sie da auf- und zumachen?« fragte eine Stimme.

Mr. Leroux ärgerte sich darüber, feststellen zu müssen, daß die Krähe eher von diesem Störenfried als von seinem Regenschirm davongejagt worden war.

»Ich hätte nur gerne mitgeholfen. Und tragen Sie nicht auch – unterbrechen Sie mich, wenn ich Ihre Fingerzeige mißverstehe – eine Gasmaske?«

»Ganz richtig.«

»Sie sind also ziemlich beschäftigt, was?«

»Gerade fertiggeworden, wie 's sich so ergibt.« Er wandte sich um, damit er durch die gelben Plastikbrillengläser seiner Maske einen Blick auf seinen Gesprächspartner werfen konnte. »Ah, Dither! Ich habe auf Sie gewartet.«

»Das dachte ich mir«, sagte Dither und sah auf seine Armbanduhr. Eigentlich war es schon mehr ein Chronometer, eine große, in Gummi gefaßte Digitaluhr, die bis in vierzig Metern Meerestiefe funktionierte und mit der sich, indem man einen ihrer vielen stecknadelgroßen Knöpfe drückte, die Zeit für einen 60-m-Sprint nehmen oder feststellen ließ, wie spät es gerade in Togo oder auf den Tokelau-Inseln war. »Die Sitzung des Beratungsausschusses gegen Diskriminierung im Amt und Berufsweg hat sich hingezogen.«

»Sie mußten wohl erst den Namen ins Protokoll schreiben, was?« murmelte Mr. Leroux vor sich hin, während er sich die Gasmaske vom Kopf zog, seinen kleinen Regenschirm zusammenfaltete und beides in die Tasche seines Overalls steckte.

»Damals in den Sechzigern wären wir immer noch dabei, die grundsätzlichen Verfahrensregeln auszuarbeiten, um grundsätzliche Verfahrensregeln zu diskutieren.«

»Ich würde eher meine Rosen besprühen.«

»Was müßte ich eigentlich tun, um Ihnen zur Selbstverwirklichung zu verhelfen? Wenn Sie möchten, daß Ihre langfristigen Projekte Gestalt annehmen, sollten Sie sich den verschlungenen Amtswegen stellen und beweisen, daß sie auf demselben abstrakten Niveau operieren.«

»Was meinen Sie?«

»Wenn Sie Karriere machen wollen, müssen Sie Ihren Preis dafür bezahlen. Haben Sie sich je gefragt, warum Sie immer noch ein einfacher Dozent sind? Ich bin Mitglied in fünfundzwanzig Ausschüssen, und in zwei weiteren Jahren werde ich überall sitzen. Ich könnte Ihnen auch zu einem Platz verhelfen, wenn Sie kooperieren würden.«

»Die Akademie ist nicht der rechte Ort für schäbige Selbstbeweihräucherung.«

»Schon gut, schon gut«, sagte Dither und blickte verstohlen nach rechts und links. »Wir sollten uns über etwas anderes unterhalten.« Er bedeutete Mr. Leroux, ihm zu folgen, als er die Stufen hinaufschritt und sich selbst einließ, ohne auch nur anzudeuten, daß er von Mr. Leroux' Einverständnis ausging. Die Umgangsformen, dachte Mr. Leroux, während er innehielt, um eine Rose für sein Revers zu pflücken, haben denselben Weg wie die Taschenuhren genommen.

Die unbewegte Luft im Flur war muffig von alten Büchern, Unterlagen und unbenutzten Heizungsrohren. Von vorn kam ein Schrei; Donalbain war gerade aus ihrem üblichen Versteck hinter dem Schirmständer hervorgesprungen und hatte Dithers Knöchel unmittelbar über seinem teueren Laufschuh gepackt.

»Was ist das denn?« fragte Dither mit schmerzverzerrtem Gesicht und schleifte seinen behinderten Fuß ins Wohnzimmer hinter sich her.

»Ein Cairn-Terrier.« Mr. Leroux zog den Reißverschluß seines Overalls auf und versuchte das Revers seines Tweed-Jackets freizubekommen.

»Ich dachte, es sei ein Fußabtreter mit Haaren. Wo ist bei dem denn vorn und hinten?«

»Die Zähne sind vorn«, sagte Mr. Leroux, darum bemüht, den Stil der Rose durch ein Knopfloch zu zwängen. »Normalerweise.« Knopflöcher an Revers waren ebenso abhanden gekommen wie gutes Benehmen. Heutzutage waren es nur noch Ersatz-Knopflöcher, Pseudo-Knopflöcher, die reinsten Trugbilder der Staffage. Wenn man wirkliche Knopflöcher brauchte, mußte man sie sich selbst durchstechen.

»Kann man ihn nicht irgendwie wegscheuchen?«

»Wen wegscheuchen?« Er schüttelte den Daumen, in den er sich gerade gestochen hatte.

»Den Hund.«

»Gehen Sie«, sagte er und hoffte, er würde es wirklich tun. »An der Haustür wird sie loslassen, damit die Krähen sie nicht kriegen.«

»Die Vögel?«

»Sie sind hinter ihrem Fell her, um Material für ihre Nester zu bekommen. Sie lebt in ständiger Angst, sie könne plötzlich nackt dastehen, wenn sie eine Pfote über die Schwelle setzt. So wie wir alle.« Er klappte die spitze Nagelfeile aus seinem Taschenmesser.

»Ich kann sie schon selbst loswerden, danke«, sagte Dither und zog seinen beschwerten Knöchel näher zu sich heran.

Mr. Leroux bohrte mit Hilfe der Nagelfeile ein Loch ins Revers und steckte die Rose hinein. »Nun, was die Münze angeht ...«

Dither zögerte einen Moment. »Ich brauche Ihre Hilfe«, brachte er dann hervor.

Mr. Leroux fühlte sich ebenso überrascht wie geschmeichelt. Bis zu diesem Augenblick hatte Dither ihn immer behandelt wie eine Laborratte, die sich in ihrem Labyrinth nicht zurechtfand. »In welcher Hinsicht?«

Dither hielt ihm außer Griffweite ein Foto hin, als sei es zu kostbar, um von ungeweihten Händen berührt zu werden. Es zeigte eine außerordentlich dünne Frau irgendwo um die fünfundvierzig, die einen Hut aus weißem Leder und gelbem Pelz trug, der aussah wie eine soeben geplatzte Zirbeldrüse.

»Wer ist das?«

»Letitia Dross vom Stellarphysik-Projekt«, sagte Dither. »Mein Beredtes Gegenstück.« Er unterbrach, um selbst einen Blick auf das Foto zu werfen, wie um seine Erinnerung aufzufrischen, und seufzte: »Der Einfachheit halber nenne ich sie nur ›mein Gegenstück‹.«

»Ich dachte, Sie hätten sich mit dieser Frau von der Initiative *Rettet die Wale* getroffen?«

»Das war nur eine pubertäre Schwärmerei. Im Ausschuß für Besoldungsbenachteiligungen bin ich dann nämlich auf *sie* aufmerksam geworden. In dem Augenblick, als sie sich das erste Mal zur Geschäftsordnung äußerte, war mir klar, daß zwischen uns eine Geistesverwandtschaft besteht. Sie hat mir Dinge gezeigt, von denen ich nie zu träumen gewagt hätte.«

»Tatsächlich?« murmelte Mr. Leroux verlegen. »Aber um auf diese Münze zurückzukommen ...«

»Ich spreche vom *Reisen.* Damit beschäftigt sich ihre Gruppe. Bis auf ... nun, als wir in Italien angekommen waren, bat sie mich, nichts anzurühren, aber nach der Versteigerung der Sklaven ...«

»Der was?«

»Ich habe einfach ... nun, irgendwie habe ich diese beiden Münzen aufgehoben, als niemand hinsah, wissen Sie, vielleicht dachte ich mir, ich könnte aus erster Hand erfahren, wie es genau funktionierte, wenn man um eine dieser Damen feilschte ... bloß so eine Kleine. Ich war überhaupt nicht an ihr interessiert, aber – puh – mein Gegenstück hätte mich fast einen Kopf kürzer gemacht. Sie sagte, unsere Wertsysteme seien vollkommen unverträglich und ob mir nicht klar gewesen sei, daß ich leicht die ganze Geschichte hätte durcheinanderwirbeln und uns beide zum Verschwinden bringen können. Ich, ein so ungewöhnlich empfindsamer Mann!« Er ließ einen langen Seufzer wie das Zischen einer Dampflokomotive ab, die eine kilometerlange Reihe ruckender und schwankender Güterwagen hinter sich herzieht. »Ich bin von ihr verstoßen worden, Leroux, ich bin von der meistbeschäftigten Frau der westlichen Welt verstoßen worden.« Er verstummte erneut, um das Schluchzen des Bremswagens hinterherzuschicken. »Am liebsten würde ich sterben.«

»Wie kann ich Ihnen helfen?« fragte Mr. Leroux.

»Sie können mir helfen, sie zurückzugewinnen.«

»Oh.« Er versuchte, nicht enttäuscht zu wirken.

»Mein Gedanke ist, ihre zwischenmenschlichen Beziehungen durch ein einfaches, auf Vergeltung gegründetes Verfahren zur Verhaltensbeeinflussung zu meinen Gunsten neu zu organisieren.«

»Wie bitte?«

»Ich möchte ihr etwas geben, das sie dazu bringen wird, sich mir an den Hals zu werfen.«

»Ein Diamantcollier?«

»Eine völlig neue Gesellschaft. Und das würde ich gerne schaffen, solange sie fort ist.«

»Mein Fachgebiet ist die frühmittelalterliche englische Geschichte.«

»Genau! Sehen Sie, ich habe mich damals gerade mit der Bewertung der geschichtlichen Entwicklung Amerikas beschäftigt und bin dabei immer wieder auf Sklaverei, Sexismus, Ausbeutung und Unterdrückung gestoßen, und wissen Sie auch, wer dafür verantwortlich war?«

»Nein.«

»Die Engerlinge. Sie wissen doch, wen ich meine.«

»Die sind noch widerlicher als die Käfer«, meinte Mr. Leroux griesgrämig.

»Ich meine doch die Engländer. Die Angelsachsen. Die Weißen Angelsächsischen Protestanten. Die haben überall herumgepfuscht – sogar an der Sprache! Haben Sie jemals darüber nachgedacht, warum es Gesch*ich*te heißt, mit ›ich‹ in der Mitte? Warum nicht Gesch*wir*te oder Gesch*uns*te?«

»Das Wort ›Geschichte‹ leitet sich aus dem mittelalterlichen ›geschiht‹ und dem älteren ›gisciht‹ ab«, erwiderte Mr. Leroux mit einigem Nachdruck. »Die Angelsachsen waren ein Volk von großer Erhabenheit ...«

»Wenn wir den Engerlingen gleich am Anfang den Kopf zurechtsetzen, könnte ich mir vorstellen, daß die Geschichte von da an schon für sich selbst sorgen wird. Wir könnten viel Zeit sparen! Und an dieser Stelle kommt Ihre Sachkenntnis ins Spiel. Was machte die Angelsachsen so ehrfurchtgebietend?«

»Daß sie von den Normannen besiegt wurden«, sagte Mr. Leroux.

»Wirklich? Wann war das denn?«

»Das war nur ein Scherz. Vielleicht hat ihre Affäre mit einer Naturwissenschaftlerin Sie dazu verleitet, auf die menschliche Geschichte dasselbe Verhältnis von Ursache und Wirkung anzuwenden, aber einfach zu behaupten, daß das Ereignis A die Ursache des Ereignisses B ist, weil A sich vor B ereignet hat, ist ein bloßer Rückgriff auf die Muster der erzählenden Prosa, nicht besser als das Romanschreiben.« Er machte eine Pause. »Die wahren Kräfte, die die Ereignisse vorantreiben, sind viel zu komplex, als daß man sie durchschauen könnte. Man kann eine tausendjährige Geschichte nicht auf den Einfall der Normannen zurückführen, genausowenig wie man Waterloo auf die Flasche Cognac zurückführen kann, mit der sich Napoleon nach dem Mittagessen Sodbrennen geholt hat. Nur die unbedeutendsten Historiker greifen eine einzelne Ursache heraus und versuchen darüber ein Buch zu schreiben.«

»Mit der normannischen Eroberung hat also die Ungerechtigkeit ihren Anfang genommen«, sagte Dither, erleichtert darüber, die Lösung zu wissen.

»Hören Sie mir überhaupt nicht zu, wenn ich Ihnen etwas sage?« fragte Mr. Leroux beleidigt. »Jedenfalls, ›Normannen‹ kommt von ›Nordmänner‹, es waren Plünderer, die an die französische Küste stießen und dort landeten, um zu bleiben.« Mr. Leroux begann sich besser zu fühlen. »Warum also machen Sie nicht die Wikinger für alles verantwortlich?«

»Meinen Sie diese blonden Burschen mit den Hörnern an ihren Helmen?«

Mr. Leroux fragte sich, ob Dither seinen Sinn für Humor bei einem schrecklichen Unfall eingebüßt hatte. »Letztendlich sind sie es gewesen, die den unglücklichen Aethelraed den Ungeratenen vom Angelsächsischen Thron gestoßen haben. Der ›Ungeratene‹ ist hier ja nicht im Sinne von der ›Mißratene‹, sondern von ›der nicht Beratene‹ zu verstehen. Und weil Aethelraed von *aethel* kommt, was soviel wie ›feenhaft‹ oder ›edel‹ bedeutet, und *raed* wiederum ›beraten‹ heißt, verbirgt sich dahinter so etwas wie ein alter englischer Scherz: ›Der edel Beratene Unberatene‹.«

»Häh, häh, autsch«, sagte Dither mit Blick auf seinen Knöchel. »Und wo kommt die Unterdrückung ins Spiel?«

»Was wissen Sie über die Rolle von Frauen und Minderheiten in der Gesellschaft der Wikinger?«

»Nichts.«

»Über soziale Reformen?«

»Keinen Schimmer.«

»Ich lasse meine Fragen mal so stehen.« Mr. Leroux fand an der Lektion allmählich ebenso Gefallen wie an einem munteren Spaziergang am Strand, bei dem man nicht Gefahr lief, über eine bloßliegende Muschelschale zu stolpern und in der Brandung zu ersaufen. »Wilhelm der Eroberer gewann vielleicht deshalb, weil die Armee der Angelsachsen, einige Tage bevor er landete, den Einfall der Wikinger zurückschlagen mußte und dann viele hundert Kilometer nach Süden marschierte, um auf sein Heer zu stoßen. Es war die Schuld der Wikinger, daß die Angelsachsen am Ende ihrer Kräfte waren.«

»Und jetzt haben die Schweden sogar ein vergesellschaftetes Gesundheitswesen«, sagte Dither. Er dachte einen Moment nach. »Also, welche Schlacht hätte das Blatt wenden *können?*«

Mr. Leroux' Gesicht lief rot an. »Sie machen wieder denselben Fehler!«

»Ich habe nur um eine einfache Antwort gebeten. Wenn *Sie* sich entscheiden müßten, was würden Sie sagen?«

»Die Schlacht von Maldon im Jahre 991«, keifte er. »Wenn die Wikinger Aethelraeds Armee nicht geschlagen hätten, wäre Edward der Bekenner, Aethelraeds Sohn, nicht in die Normandie geflohen und hätte seinen Vetter William nicht auf England aufmerksam gemacht.« Wenn er auf lächerliche Spekulationen aus war, dann konnte er sie haben. »Es gibt sogar ein berühmtes episches Gedicht mit dem Titel *Die Schlacht von Maldon.*« Er ging zu seinem Bücherschrank hinüber und holte den schmalen, vergilbten Band seiner Leopolder Klassiker-Ausgabe hervor.

Dither lächelte. »Was würden Sie daran gerne verändern?«

»Keine Zeile. Das ist Kunst.«

»Ich meine, an der Schlacht.«

Mr. Leroux sah Dither unverwandt an. Wenn es etwas gab, das ihm noch mehr an die Nerven ging als Menschenmengen, große Höhen, geschlossene Räume, offene Plätze, Kaumuskelkrämpfe, in einem Restaurant an Speisen zu ersticken, Polizisten mit vergleichender Literaturwissenschaft als Studienfach oder sich wie ein Kugelfisch aufzublähen, dann war es ein Geisteskranker in seinem Wohnzimmer.

»Ich glaube, meine Rosen rufen nach mir«, sagte er.

Dither grinste noch breiter als sonst und langte in seine Hosentasche. Mr. Leroux' Hand fuhr an seine Brust, um sein Herzflattern zu mildern. Aber alles, was Dither hervorholte, war eine Münze. Noch ein Aureus!

»Sie müssen in Italien ein Vermögen für die Reproduktionen ausgegeben haben«, sagte Mr. Leroux.

Dither schüttelte den Kopf und lächelte geheimnisvoll. »Warum gehen wir nicht zum Campus runter? Es ist einfacher, wenn ich's Ihnen zeige. Und nehmen Sie das Buch mit für den Fall, daß wir Näheres wissen müssen. Haben Sie wirklich gesagt, daß dieses Viech meinen Fuß loslassen wird, wenn wir an der Tür sind?«

2

»Was genau sind denn ›Stellarphysiker‹?« erkundigte sich Mr. Leroux, während er die Worte betrachtete, die mit Schablonen auf das gewellte Glas der Tür inmitten des Vierecks aus Leitungsbahnen der Alarmanlage aufgetragen worden waren.

»Wirklich gute Physiker«, sagte Dither.

»Ich meine es ernst.«

»Sie untersuchen den Aufbau, die Kräfte und die gravitativen Wechselwirkungen der Sterne«, erwiderte Dither und fummelte am Schloß. »Soviel ich weiß.«

Mr. Leroux hatte fast den ganzen Weg über aus *Die Schlacht von Maldon* vorgelesen, wie die Wikinger gelandet waren (ein Triumph der angelsächsischen Erzählkunst!), bevor sie von den angelsächsischen Grafen der *fyrd* – dem Volksaufgebot – am anderen Ufer des Panta-Flusses aufgehalten wurden und Offas Blutsverwandter seinen innig geliebten Falken in die Wälder geschickt hatte, so daß niemand ihn der Feigheit in dem herannahenden Kampf bezichtigen konnte, während Eadric seinen Eid erneuerte, im Angesicht seines Herrn zu kämpfen, dem er seinen bronzenen Halsring verdankte. Und wie sie von den Dänen verspottet wurden, bis Byrhtnoth, der Heerführer der Angelsachsen und Earl von Essex, sich aus Edelmut und Torheit von der Brücke über den Fluß zurückzog, um sie hinüberzulassen, damit es ein ehrlicher Kampf wurde. Und wie die Dänen Byrhtnoth getötet hatten, einige der Angelsachsen flohen, Byrhtwold und seine adeligen Gefolgsleute aber an der Seite ihres toten Führers weiterkämpften. Mr. Leroux kam sich selbst schon ziemlich tapfer vor.

»Ausgerechnet die Sterne«, strahlte er. »Wie viele akademische Disziplinen sind dem Studium von Dingen verschrieben, die wir nicht der Überprüfung durch unsere eigenen Sinne unterwerfen können? Auf dem ganzen Campus – Worthington hat sein Leben den Abstrakta der höheren Mathematik gewidmet, Howell brütet bis spät in die Nacht über den teleologischen Rätseln des Universums, und hier studiert eine Frau die Physik von Gegenständen, die so viele Millionen Kilometer entfernt sind, daß sie sie niemals sehen oder berühren kann – und ich beschäftige mich zeit meines Lebens mit dem Studium einer unwiederbringlichen Vergangenheit.«

»Das werden wir noch sehen«, murrte Dither.

Inmitten seiner tadelnden Ausführungen bekam Mr. Leroux Gelegenheit, einen Blick durch eins der hohen 1880er Fenster am oberen Ende der Treppe zu werfen.

»Du liebe Zeit!« sagte er. »Sind das da unten nicht Soldaten?«

Dither schien plötzlich noch viel eifriger am Schloß herumzuwerkeln. »Wie funktioniert denn das, Mensch?«

»Es sind wirklich Soldaten! Was in aller Welt treiben sie auf dem Campus? Das ist ja wieder ganz wie in den Sechzigern. Sind die Reserven wieder einberufen worden? Und warum haben sie sich nur um dieses Gebäude aufgestellt?«

Mit einem Mal fiel Mr. Leroux wieder ein, wie nachdrücklich Dither darauf bestanden hatte, den Weg durch den alten Heizungskeller vom Blatchley Hauswirtschaftsinstitut her zu nehmen und über die Hintertreppe heraufzukommen.

»Gibt es da irgend etwas, was Sie mir verschweigen?«

»Ach, zur Hölle mit diesem Schloß«, sagte Dither.

Mr. Leroux' Zehen fingen an, sich kalt anzufühlen. »Sollten wir nicht auf Professor Dross warten, damit sie uns einläßt?«

»Habe ich nicht erwähnt, daß sie unterwegs ist? Ich Dummkopf.«

»Unterwegs wohin?«

Einen Moment Schweigen. »Nach Washington.«

»Ist denn einer ihrer Kollegen ...?«

»Die sind auch in Washington, allesamt.«

Mr. Leroux ging ans Fenster zurück. »Warum?«

»Ein kleines Mißverständnis.«

»Wegen eines kleinen Mißverständnisses schickt die Armee keine Einheiten los.«

»Schon gut, meinetwegen können Sie sagen, es sei meine Schuld, wenn Sie's einfach haben wollen«, sagte Dither. »Irgendwer hat irgendwem von diesen römischen Münzen erzählt, die ich mit zurückgebracht habe, und jetzt macht Washington die Leute zur Schnecke mit wilden Stories, wie ich die Geschichte hätte verändern können und derartigem dummen Zeug, oder wie gefährlich es gewesen sei.«

»Gefährlich?« fragte Mr. Leroux. Die Spitzen seiner Zehen waren jetzt wie mit Reif überzogen.

»Es ist schon alles in Ordnung, glauben Sie mir«, sagte Dither, als die Tür aufschwang. Er zog Mr. Leroux am Arm hinterher, verriegelte hinter ihnen das Schloß und stellte die Alarmanlage wieder an.

Mr. Leroux sah sich nervös um. Wie in allen großen Laboratorien sah es hier wie in einer Kfz-Werkstatt aus: Schlackensteinwände, Betonfußboden und der Schmutz von Jahren. Auf der einen Seite standen Regale mit bedrohlich wirkenden elektronischen Geräten von undurchschaubarer Funktion, in der Mitte irgendwelche offenbar lebensgefährlichen glas- und edelstahlumschlossenen Kammern. Auf der anderen Seite standen noch weitere Regale, nur daß diese verbogen und verbeult waren und der Boden davor frisch mit Beton ausgebessert war.

»Hat das da irgend etwas mit der Gefahr zu tun, von der Sie sprachen?« fragte Mr. Leroux. Um seine Zehen schlossen sich Ringe von Gletschern.

»Man könnte sagen, daß es damit angefangen hat«, gab Dither zu. »Den Leuten ist eine Kleinigkeit außer Kontrolle geraten, die sich als ein bißchen zu schwer für den Fußboden herausgestellt hat.« Er nahm vor einem Gerät Platz, das entweder ein Mikrocomputer oder ein Fernsehapparat mit einer dazu passenden beigefarbenen Schreibmaschine war.

»Aber der Boden hier ist aus Stahlbeton«, krächzte Mr. Leroux.

»Machen Sie sich darüber keine Gedanken«, sagte Dither.

Mr. Leroux machte sich trotzdem Gedanken darüber.

»Sie hatten diese – ähm – Massenverdichter im Einsatz und dazu irgendein Ding, das sie als Magnetische Flasche bezeichneten, und das Ganze diente dem Zweck, Gase so weit zu komprimieren, daß sich – äh – eine Mikro-Sonne bildete, die sie aus der Nähe untersuchen konnten. Nun ja, und dabei sind sie etwas übers Ziel hinausgeschossen.«

»Wie?« Die Eiszeit kroch aus Mr. Leroux' Schuhen über seine Knöchel. »Könnten Sie ›übers Ziel hinausgeschossen‹ noch etwas näher erklären?« Er blickte sich verstohlen danach um, ob nicht gerade irgendwelche winzigen Feuerbälle hinter einer Regalreihe hervorrollten, um ihn im Handumdrehen zu rösten.

»Sie haben die Gase zu weit komprimiert. Die Atome rückten so dicht aufeinander, daß sie – äh – kollabierten, sich zu einem Schwarzen Loch von der Größe eines Stecknadelkopfes zusammenzogen.«

»Emittieren Schwarze Löcher nicht gefährliche Strahlung?«

»Genau umgekehrt; sie emittieren überhaupt nichts.

Es ist da vorne einfach durch den Fußboden gefallen und bis in einen Heizungskeller hinabgesunken. Nun gut, für die auf Raum und Zeit bezogene Database-Eingabe brauche ich jetzt die Einzelheiten. Sagten Sie, diese Schlacht von Maldon habe 1066 stattgefunden?«

»Am 11. August 991«, las Mr. Leroux von einer Fußnote in seinem Text ab.

»Hm, ich schätze, die Burschen in Washington wollen sich unter anderem auch darüber unterhalten, wie es sich langsam hinabarbeitet zum Erdmit ... Oh, verdammt! Was bedeutet denn INVALID COMMAND PARAMETER? Wo ist der ESCAPE-Knopf, verfluchte Kiste?« Er versetzte dem Monitor seitlich einen Klaps wie der Wange eines ungehorsamen Kindes. »Was soll man schon von einem Computer erwarten, der nach einer Obstsorte benannt ist? Wo, sagten Sie, lag dieses Maldon?«

»Ich habe nichts gesagt«, erwiderte Mr. Leroux mit automatenhafter Stimme. »Es war am Panta-Fluß, einem heutigen Mündungsarm des Blackwater an der Ostküste Englands.« Die Eiszeit hatte nun beide Oberschenkel in Besitz genommen.

»Da haben wir's – fast unmittelbar nördlich von dem Dings, von dem sie geredet haben! Dreißig Minuten östlicher Breite, 51° nördlicher Länge ... Bloß, muß ich jetzt die Minuten eingeben oder nicht?«

»Sind Sie sicher, daß Sie wissen, was Sie tun?« wagte Mr. Leroux zu fragen, indem er sich langsam zur Tür hinbewegte.

»Das braucht ein guter Kommunikator nicht, Kollege – er konzentriert sich eher auf das Wesentliche der Form denn auf die ephemere Substanz.«

»Genau das habe ich mir gedacht«, sagte Mr. Leroux.

»Nein, nein, es ist alles vollkommen einfach. Ich habe meinem Gegenstück dabei zugesehen. So wie sie es erklärt hat, ist die Zeit wie ein Läufer, der in einem Flur ausliegt, und Zeitreise ist etwa dasselbe, als würde sich unter einem der Läufer wellen und man zur nächsten

Falte hinüberspringen, wenn Sie verstehen, was ich meine.« Er unterbrach, um gegen die Belüftungsschlitze des Monitors zu trommeln. »Das Schwarze Loch da unten hat etwas hervorgerufen, das sie eine temporale Verwerfung nennt, so etwas wie eine Brücke zwischen den Falten, und dieser blödsinnige Computer hier sagt voraus, wo einen die Verwerfung hinverschlägt, abhängig von der Flugbahn Ihres Sprunges.«

»Der *Flugbahn?*« Es klang sehr beunruhigt.

»... und wann der Wiedereintritt erfolgt. In unserem Fall werden wir neunundzwanzig Stunden Zeit haben, um die Dinge in Maldon ins Gegenteil zu verkehren, ehe wir zurückspringen. Keine große Sache für einen geschickten Kommunikator.«

Keine Frage, diese Frau hatte Dither um den Verstand gebracht. »Wo wir gerade von Zeit reden«, sagte Mr. Leroux und räusperte sich. »Ich muß mich jetzt wirklich auf den Weg machen. Wenn Donalbain nicht jede halbe Stunde ausgeführt wird, pinkelt sie mit der Pünktlichkeit eines Uhrwerks auf den Teppich. Sie werden mich jetzt also entschuldigen, wenn ...«

»Sie haben doch wohl keine Angst, oder?«

»Ich?« fragte Mr. Leroux in einer um drei Oktaven höheren Stimmlage als gewöhnlich. Er zwang sich ein gelassenes Lächeln ab.

»Mir ging's anfangs genauso, ob Sie es glauben oder nicht. Aber vertrauen Sie mir, Zeitreisen sind eine todsichere Sache.«

Mr. Leroux legte noch mehr Energie in sein Lächeln hinein.

»Würden Sie bitte aufhören, so zu grinsen wie ein Affe? Sie glauben mir wohl nicht, was?« Er hob den Aureus hoch. »Das Ding hier ist echt – es ist brandneu! Was meinen Sie denn, wo ich's herbekommen habe?«

Zum ersten Mal begann Mr. Leroux regelrecht zu hoffen, daß Dither nur verrückt war. »Selbst wenn irgendwer die Geschichte verändern könnte, ich würde es nicht tun. Die Geschichte ist etwas ... Heiliges.«

»Selbst dann nicht, wenn es Ihnen Gelegenheit geben würde, nach Ihrer Rückkehr all die Geschichts*bücher* umzuschreiben?«

»Die wären von ganz allein umgeschrieben.«

»Schon gut, Sie haben recht. Daran habe ich nicht gedacht. Aber was ist mit den Informationen aus erster Hand, die Sie gewinnen würden? Und denken Sie daran, wie Sie all diesen Angebern heimleuchten könnten, die mehr verkauft haben als Sie. Selbst der Historische Buchclub nähme Sie ins Programm auf.«

Mr. Leroux verstummte. Nach Jahren, in denen er ein Niemand gewesen war, verbarg sich dahinter die Chance, nicht mehr nur obskure geschichtswissenschaftliche Quellenstudien, sondern *authentische Texte* zu schreiben. Nicht mehr nur ein Meßdiener, sondern ein Priester der Geschichte zu sein. Oder vielleicht sogar ein Bischof!

»Hey, Sie da drin!« schrie eine Stimme aus dem Flur. »Machen Sie auf!«

Dither legte den Zeigefinger an die Lippen.

»FBI!« rief eine andere Stimme.

Mr. Leroux' Augen öffneten sich weit. Jegliches Interesse, dem Bücherberg des Historischen Buchclubs etwas beizusteuern, begann sich zu verflüchtigen.

»Oh, was waren das für gute alte Zeiten, als die Bullen noch Schweine waren«, sagte Dither. »Gut, ich glaube, wir haben hier soweit alles fertig.« Er stand von dem Computer auf, indem er den Belüftungsschlitzen der CPU zum Abschied einen Schlag versetzte, kramte sich durch verschiedene Rucksäcke, die an der Wand standen, bis er den gefunden hatte, den er suchte, und schnallte ihn sich um.

»Sie können dem FBI nicht entkommen», sagte Mr. Leroux. »Sie haben überall ihre Nebenstellen.«

»Nicht im Zehnten Jahrhundert.«

»Mr. Leroux' Augen weiteten sich noch mehr. »Ich werde durch diese Tür hinausgehen.«

»Und eine Menge unangenehmer Fragen beantworten, warum Sie die Tür aufgebrochen haben und eingedrungen sind und sich an Regierungseigentum vergriffen haben?«

Er führte sie mit einigen langen, flüssigen Schritten quer durch den Raum und öffnete eine Tür, an der ein kleines Schild angebracht war.

»Hier geht's raus«, sagte er.

»Aber«, stotterte Mr. Leroux und deutete auf das Schild:

Sperrzone!
Für Unbefugte Eintritt verboten!

»Das? Das stammt noch vom letzten Projekt. Glauben Sie mir.«

»Wir werden uns mit Schußwaffen Einlaß verschaffen!« rief von draußen eine der Stimmen.

»Weiter!« schrie Mr. Leroux und sprang hinter Dither auf einen metallenen Treppenabsatz, um anschließend eine Reihe von Treppen hinabzupoltern. Er hoffte, das Ganze würde sich schlicht als ein Alptraum herausstellen. Auf dem nächsten Absatz befand sich ein weiteres Schild:

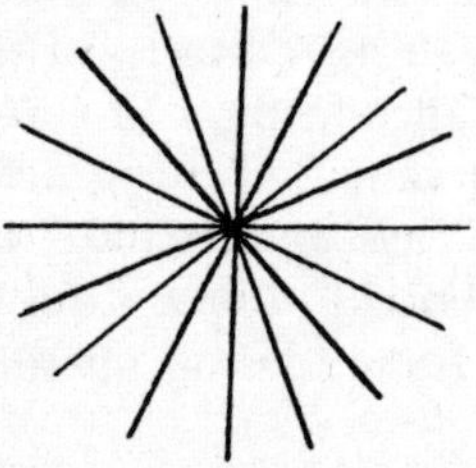

VORSICHT!
LASERSTRAHLEN

»Ein Studentenulk«, sagte Dither.

»Halt!« rief die Stimme direkt über ihnen.

»Ich habe mich '68 schon mit besseren Bullen als euch rumgeschlagen!« brüllte Dither.

Durch den Treppenschacht dröhnte der ohrenbetäubende Lärm eines Pistolenschusses, der irgendwo oberhalb einschlug. Mr. Leroux glaubte, er habe irgend etwas mit einem deutlichen *Zisch* vorbeisausen hören.

»Du mußt sie vorher erst warnen, Frank!« rief eine zweite Stimme.

»Halt, oder wir schießen scharf!« gellte der erste.

Mr. Leroux taumelte den Rest der Treppe hinunter und stolperte im selben Moment durch die schwere, stählerne Feuerschutztür, als Dither sie aufgezogen hatte, wobei er nur einen flüchtigen Blick auf das dritte, bemerkenswert kleine Schild werfen konnte:

Vorsicht, Lebensgefahr!
Extrem-Gravitations-Bereich
Von hier an keine Haftung für Personenschäden
Kein Münzgeld mitführen!

»Eine Abkürzung«, erklärte Dither. Die Tür fiel von allein wieder zu, und er schob den Riegel vor.

»Was ist mit dem Aureus ...?« fragte Mr. Leroux, als er das Schild zur Kenntnis nahm.

Die Treppenflucht hallte von einem weiteren Schuß wider. Dither sprang davon wie ein Hirsch, und Mr. Leroux torkelte ihm wie ein aufgescheuchtes Rebhuhn hinterher. Dann hastete er einen Korridor hinunter, an Feuchtigkeit absonderndem Mauerwerk und abblätternder Farbe vorbei, parallelen Bündeln dicker, asbestummantelnder Leitungsrohre, an denen hier und da Drahtkörbe mit düster glimmenden gelben Glühbirnen hingen. Ein Heizungskeller, den er noch nie betreten hatte.

»Glauben Sie, daß wir hier richtig sind?« fragte Mr. Leroux, völlig außer Atem, um Schritt zu halten. Irgendwer hämmerte jetzt einen dumpfen Rhythmus gegen die Feuerschutztür hinter ihnen. »Werden wir in einem anderen Teil des Kellergeschosses des Blatchley Hauswirtschaftsinstituts ankommen?«

Weitere gedämpfte Schußgeräusche. Dither verfiel in Trab, und Mr. Leroux schloß sich ihm verbissen an, seine Schuhsohlen schlugen unangenehm auf dem harten, glatten Beton auf. Auch jetzt drängte Dither noch mit langen, lockeren Sätzen weiter und weiter voran, als triebe ihn etwas weit Schrecklicheres als das FBI an.

Vor ihnen tauchte eine Säule wie ein Felsblock vom Grunde des Meeres her auf. Dither schien sich dagegenzuwerfen und prallte zurück. Irgendwo tönte eine elektronisch imitierte Glocke und erinnerte Mr. Leroux an das imitierte Knopfloch an seinem Revers, als er darum rang, seinen eigenen drohenden Zusammenstoß zu vermeiden. Seine Beine gehorchten ihm aber seltsamerweise gar nicht. Seine Schuhe schienen von etwas ungeheuer Zähem wie Melasse, das zugleich glatt wie Graphit war, festgehalten zu werden. Er konnte sie kaum der Reihe nach aus dem klebrigen Beton ziehen, trotzdem raste er immer schneller voran, linker Fuß, rechter Fuß, links, rechts. Er hörte ein zerreißendes Geräusch und spürte, wie ihm seine Schlüssel die Oberschenkel entlangschrammten und aus den Hosenbeinen rutschten. Sie schleiften, klimperten und kratzten wie eine Blechspinne neben ihm über den Boden. Gehorche immer dem Gebot der Stunde, hatte seine Großmutter ihm einmal gesagt, und so zwängte er eine Hand in seine Tasche und griff nach dem Aureus, noch bevor er durch die andere Tasche herausgezerrt wurde. Er war damit so beschäftigt, daß er nicht bemerkte, wie er gegen die Säule geschleudert wurde, ehe er einen Stoß verspürte. Die Pseudo-Glocke in der Ferne machte *Dong!*

Glücklicherweise hatte irgendwer mit Hilfe einer Wäscheleine eine Matratze um die Säule gebunden, so daß er unbeschadet in Dithers Richtung zurückprallte.

Eine Matratze darumgewickelt?
Wieso das?

Aber derartigen Gedanken konnte er gar nicht weiter nachhängen, weil er – Herr im Himmel! – mit einer anderen Säule zusammenstieß und in eine neue Richtung zurückgeworfen wurde.

Dong!

Es war ganz so, als befände er sich in einem riesigen – wie nannte man sie doch? – Flipper! – *Flatsch! Autsch! Dong!* – deren Existenz Mr. Leroux so lange beklagt hatte, bis ihnen durch die Computerspiele dasselbe Schicksal widerfahren war wie den Dinosauriern, und von diesem Zeitpunkt an hatte er ihr Verschwinden in ebensolchem Maße bejammert, wie die Menschheit über das Aussterben des Tyrannosaurus Rex in Gefühle ausbrach.

Vor ihm war Dither nicht mehr länger am Laufen, sondern schon eher am Fliegen oder, genauer gesagt, am Fallen, nur daß er parallel zum Fußboden fiel wie ein aus dem Gleichgewicht geratener Wasserskifahrer, der von einem unsichtbaren Motorboot durch den Flur gezogen wird. Seine Beine zappelten hinter ihm, und manchmal streiften seine Zehen den Beton, aber die meiste Zeit berührte keiner seine Füße irgend etwas. Mr. Leroux blickte an sich herunter, um festzustellen, ob er nicht einen Fuß aus dem sich leicht in Falten legenden Beton befreien konnte, das *Flatsch! Autsch! Dong!* der letzten Säule hielt ihn allerdings davon ab, und der Fußboden floß ganz einfach unter ihm weg. Er befand sich in der Luft. Und raste mit dem Kopf voran aufs Ende des Tunnels zu.

Zumindest *nahm er an,* daß es das Ende des Tunnels sei, obwohl er noch nie in eine Leere geblickt hatte, die unausgefüllter, dunkler und bodenloser erschienen war. Und es stimmte hier unten irgend etwas mit der Luft nicht. Sie wirkte lebendig, als sei sie vom Funkeln der Flügel von Milliarden Stechmücken erfüllt. Und die aufeinander zulaufenden parallelen Rohrbündel schienen alle gemeinsam der undurchdringlichen Leere unten im Zentrum des Luftstrudels zuzustreben. Dann schossen unmittelbar vor ihnen schmale Lichtbalken aus der Schwärze und vernetzten sich zu einem Gitter rötlicher Funken.

Dither drehte den Kopf und rief etwas, das sich anhörte wie Mr. Leroux' Schallplattenaufnahme von *The Little Engine That Could,* als er vor langer Zeit einmal einen Finger darauf gesetzt hatte, um sie abzubremsen, was bei seiner Großmutter einen nervös bedingten Hautausschlag hervorgerufen hatte.

»Ich kaaann Siiie niiicht hööörrreeen«, rief Mr. Leroux zurück.

»... zweiiiteees Viiiereeeck aaauf deeer reeechteeen Seiiiteee«, schrie Dither wieder. »Aaachten Siiie aaauuuf Iiihreee Fluuugbaaahn!«

Zumindest reimte er sich Dithers Worte so zusammen. Im selben Augenblick scherte Dither ruckartig aus, schwebte in der Luft wie eine Libelle und trieb dann ga-hanz la-hangsam auf das zweite viereckige Gitter rechterhand zu, wo er alle Glieder von sich spreizte und wie ein Erdnußbuttersandwich ohne Brot hängen blieb.

Für Mr. Leroux blieb gerade noch genug Zeit, um Dithers Kursänderung nachzuvollziehen, bevor auch er zwischen den rötlichen Lichtblitzen hindurchraste. Er konnte noch einen flüchtigen Blick auf das glühende Funkengitter hinter sich werfen, hatte aber nicht den Eindruck, so wie Dither an Ort und Stelle festzufrieren, sondern bewegte sich in rasendem Frontalkurs auf seinen bewegungslosen Kollegen zu, bis dieser völlig überraschend zur Seite wich. Aber wiederum blieb keine Zeit für eine Reaktion, denn in dieser Sekunde griffen einige bedeutsame physikalische Einflüsse tief ins Innere seines Körpers, faßten ihn an den Nagelbetten seiner Zehen und kehrten sein Innerstes nach Außen.

Die Welt färbte sich schwarz.

3

Auf einmal schnellte der Boden nach oben, und er schlug flach mit dem Gesicht auf. Dort blieb er liegen, während sich etwas Rauhes an seine Wange preßte und etwas Langes und Federartiges das Innere seines Nasenlochs kitzelte. Die Augen noch immer geschlossen, tastete er mit einer freien Hand um sich und spürte den kühlen, kieseligen Betonfußboden. Aha! Der Boden war gar nicht nach oben geschnellt. Vielmehr war er selbst hinuntergefallen.

In diesem Moment erinnerte er sich an die FBI-Agenten und zog dabei die Schultern ein, als spüre er schon im voraus die kalte Mündung blauangelaufenen Stahls, die man ihm an den Hinterkopf drücken würde.

Aber ihm wurde keine kalte Mündung blauangelaufenen Stahls an den Hinterkopf gedrückt. Minuten vergingen, vielleicht sogar Stunden, und noch immer war nichts von der kalten Stahlmündung zu spüren. Schließlich öffnete er ein Auge und sah, was sich gegen seine Wange gepreßt und in seinem Nasenloch gekitzelt hatte. Gras.

Gras?

»DITHER!« Er brüllte sich die Lunge aus dem Hals.

Keine Antwort. Mr. Leroux richtete sich wie die kleine Donalbain auf Knie und Hände auf und sah sich um. Er war im Begriff, die ganze Umgebung zusammenzuschreien. Irgendwer mußte ihm eine Menge darüber zu erzählen haben, warum in einem Versorgungstunnel wie diesem Gras wuchs, aber nicht nur dort, sondern überall bis zum Fuß des Hügels.

Fuß des Hügels?

Der Heizungskeller und die Universität, zu der er gehörte, waren verschwunden! Er befand sich irgendwo auf dem Land. Sehr weit draußen auf dem Land, denn gegen den blauen Himmel zeichneten sich weder Überlandleitungen ab noch der blasseste Kondensstreifen eines Jets, der zum John F. Kennedy-Flughafen unterwegs war. Und diese Stille! Er konnte sich nicht erinnern, jemals eine solche Stille erlebt zu haben. Nicht einmal das unter die Haut gehende Brummen einer entfernten Durchgangsstraße drang durch die Bäume.

»Dither? Mensch, Dither!«

Er drehte sich auf allen vieren um. Dither stand einige Schritte weiter, kehrte ihm den Rücken und starrte einen steilen Hang hinab. Mr. Leroux brachte sich unter Schmerzen auf die Beine, steckte den Aureus in die Tasche, den er noch immer in der Faust gehalten hatte, und schlurfte zu ihm hin.

»Dither!« schrie er und kochte dabei vor gerechtfertigter Empörung. »Das war überhaupt nicht der Weg zurück.«

Dither legte einen Finger an die Lippen und deutete auf die farbenfrohe kleine Regatta, die unten am Strand zusammengefunden hatte, Hunderte von Schiffen mit einfachen rot-, grün- und weißgestreiften Segeln, die unbewegt und in prächtigen Falten von ihren Masten hingen, während die anmutigen Bugspitzen mit derselben Eleganz in geschnitzte Drachenköpfe ausliefen.

Drachenköpfe?

»Äh, welcher Jachtclub ist das, Dither?«

»Die Wikinger.«

»Machen Sie keine Witze.«

»Ich war ein wenig darüber beunruhigt, wie das Programm immer wieder abgestürzt ist. Wir hätten das Jahr 991 oder sogar England überhaupt verfehlen können. Aber hier sind wir nun, dank Ihrer Hilfe. Ich ziehe wirklich den Hut vor Ihnen. Also, wie kommen wir zu Byrthnas?«

»Zu wem?«

»Diesen Herzog, von dem Sie gesprochen haben.«

»Byrhtnoth?«

»Genau. Uns bleiben achtundzwanzig Stunden, siebzehn Minuten, vierundfünfzig Sekunden und ein paar

Zerdrückte, um ihm die gewohnte Defensivtaktik auszureden, die Wikinger über die Brücke zu lassen.«

Der Gedanke war so lächerlich, daß Mr. Leroux nicht wußte, wo er ansetzen sollte. Ihm fiel deshalb zuerst der geistloseste Einwand ein, den man überhaupt erheben konnte.

»Ich dachte, Sie seien ein Pazifist.«

»Das war in den Sechzigern, Kollege. Jetzt bin ich reif genug, um zu begreifen, daß der Krieg nur eine andere Form der Verständigung ist. Trotzdem bin ich immer noch strikt gegen Atomkraftwerke und Gewalt im Fernsehen.«

Mr. Leroux wandte sich also dem zweitdümmsten Einwand zu.

»Sie kennen die Sprache nicht.«

»Ich habe einmal ein ganzes Seminar über nonverbale Kommunikation, sogenannte Paralinguistik belegt. All solche netten Sachen wie Kinästhetik, Körpersprache, Widerspiegelung der inneren Haltung. Und Geruchsabsonderung. Die amerikanischen Männer fangen an zu schwitzen, wenn man ihnen näher als vierzig Zentimeter kommt, und die Araber können nicht einmal mehr reden, wenn der Abstand auf zwanzig schrumpft. Wollen wir mal sehen, in welche Kategorie die Wikinger passen. Und dann Rauchzeichen ... oder zählt man die mehr zu den Schriftsystemen? Wie auch immer, das spielt keine Rolle, denn Sie können's ja.«

»Was kann ich?«

»Sie kennen die Sprache.«

»Ja, aber es bleibt wohl keine Zeit, sie Ihnen beizubringen. Gut, ich gebe zu, es ist nicht schwer zu begreifen, daß ›sc‹ als ›sch‹ wie in ›gisciht‹ ausgesprochen wird und ...«

»Nein, ich rede von Ihnen. Wie beherrschen *Sie* die angelsächsische Konversation?«

Unmittelbar hinter seinen Augen verspürte Mr. Leroux einen schrecklichen Schmerz. Sein Puls beschleunigte sich rapide. Hohe Pulsfrequenz im Verein mit möglichen Herzrhythmusstörungen. Das konnte natürlich nur ein Traum sein. Aber hatte er nicht schon einmal davon gelesen, daß die Asiaten dafür bekannt waren, gelegentlich im Schlaf zu Tode erschreckt zu werden? Wach auf, wach auf!

Er öffnete hoffnungsvoll die Augen. Verflucht, der Strand war immer noch da. Und irgend etwas blitzte da unten. Was war es? Ein großes Schwert.

Ein großes Schwert?

Es wurde von einem langen Arm gehalten, der zu einem von mehreren hochgewachsenen Herren gehörte, die in dunkle, mit Beschlagnägeln verzierte Lederjacken gehüllt waren. Er hätte sie vielleicht mit einer von ihren Maschinen gestiegenen Motorradbande verwechselt, wenn sie nicht außerdem eiserne Helme, mächtige rautenförmige Schilde und Stecken getragen hätten, die Eschenholzspeeren verblüffend ähnlich sahen. Sie schleppten sich gerade den schmalen Pfad vom Strand herauf und brüllten. Er versuchte verbissen, dem Kierkegaardschen Sprung zum Glauben zu widerstehen. »Glauben Sie, die haben uns gesehen?«

»Das wäre eine Erklärung dafür, warum sie auf uns zeigen«, sagte Dither. »Also wie wär's, wenn wir ein oder zwei Grußbotschaften loslassen, um zu zeigen, wie sehr wir die Wikinger eigentlich mögen?«

»Ich spreche ihre Sprache nicht«, entgegnete Mr. Leroux weinerlich.

»Ich dachte, Sie seien im Altenglischen ein As.«

»Wikinger sprechen Altnordisch.«

»Ist das nicht dasselbe?«

»Natürlich nicht!«

»Und da soll noch jemand behaupten, Kommunikationswissenschaft sei nicht wichtig!« ereiferte sich Dither. »Ich befinde mich erst seit fünfzehn Minuten im Frühen Mittelalter, und schon habe ich das ganze Problem durchschaut. Unterschiedliche Sprachen! Es ist genauso wie im Zweiten Weltkrieg. Wir müssen nichts anderes tun, als ihnen dabei helfen, paralinguistische Brücken der Verständigung zu schlagen, dann können wir beruhigt zurückkehren.«

Aus den Reihen der Motorradgang wurde ihnen etwas Ähnliches wie ein Streichholz entgegengeschleudert. Nur wurde es immer länger, während es heranflog, und schrammte schließlich knapp an Dithers Ohr vorbei, um sich hinter ihnen mit einem *Zong-ng-ng* in den Hang zu bohren.

Ein Pfeil?

»Aber wir werden einige Minuten für uns brauchen, um die Einzelheiten auszuarbeiten«, sagte Dither.

Mr. Leroux hatte bereits die ungewohnte Anstrengung auf sich genommen, das andere Ende des Hangs hinabzulaufen. Seit fünfundzwanzig Jahren bin ich kein einziges Mal gelaufen, dachte er, und jetzt zweimal in demselben Alptraum. Und wenn es etwas gab, was Mr. Leroux noch mehr haßte als Menschenmengen, große Höhen, geschlossene Räume, offen Plätze, Kaumuskelkrämpfe, in einem Restaurant an Speisen zu ersticken, Polizisten mit Vergleichender Literaturwissenschaft als Studienfach oder sich aufzublähen wie ein Kugelfisch, dann bestand es darin, zu laufen. Seine Schienbeine fühlten sich an, als hämmere jemand mit einem gußeisernen Schürhaken dagegen. Seine Füße fühlten sich noch schlimmer an. Ganz zu schweigen von seinem überanstrengten Herzen, das jeden Moment aufs Zwerchfell rutschen und wie ein durchstochener Wasserball in sich zusammensacken konnte.

»Ich habe mir gerade über meine wichtigsten Ziele wieder Klarheit verschafft«, keuchte Dither, als er herankam, »und einen neuen Gegenstand ins Auge gefaßt.«

»Was für einen?«

»Das Gehölz da vorn!«

Er drängte voran, aber Mr. Leroux hielt sich überraschend nah bei ihm, und Sekunden später waren sie direkt in die beruhigenden Schatten eingetaucht. Mr. Leroux warf sich hinter den üppigsten Busch, den er finden konnte, als ihm einige scharfe Schreie verrieten, daß die Bluthunde den Hügel erklommen hatten und auf ihrem Weg hinab waren. Er konnte sogar das Klimpern ihrer Kettenpanzer und Waffen hören, als sie näher kamen. Dann entfernten sich die Geräusche. Er schluckte mühsam und spähte durch die Blätter. Die Wikinger teilten sich auf, um einige andere Baumbestände zu durchsuchen, nur nicht den, in dem Mr. Leroux sich versteckte. Er seufzte erleichtert und ließ sich unwillkürlich zurücksinken. *Krach!* machte es, als er irgendwo mit dem Kopf anstieß.

»*Goddes blod!*« sagte eine Stimme hinter ihm.

»Dither?«

Mr. Leroux wandte ganz langsam den Kopf, bis er mit seiner eigenen Nase gegen eine fürchterlich spitze andere stieß, als sei sie zwischen die Zähne ineinandergreifender Zahnräder geraten. Direkt dahinter waren zwei kalte blaue Augen.

»*Hwaet synt ye searohaebendra the thus ofer lond Saxona hider cwomon?*« fragte eine fremde Stimme unnachgiebig.

»Mein Gott, ich ... ich kann ihn verstehen!« sagte Mr. Leroux.

»Spricht er Nordisch?« winselte der Große Kommunikator.

»Äh, er möchte wissen, wessen Krieger wir sind, daß wir ohne Kettenpanzer hierher ... *ins Land der Angelsachsen* gekommen sind?« Mr. Leroux bemerkte, wie sein Verstand ohne sein Dazutun den Sprung zum Glauben vollzog. »Dither, er spricht *Altenglisch!*«

Mr. Leroux kroch zurück, um mehr sehen zu können. Das Gesicht vor ihm erschien eher beunruhigt denn wütend. Es war blaß und hager, auf dem kahlen Schädel sprossen ein paar graue Haare. Der Mund war zu einem verdrießlichen Ausdruck erschlafft, als ob der Mann gerade an einen Termin beim Zahnarzt erinnert worden sei. Er trug ein aus Hanffasern gesponnenes Gewand, rauh wie ein Reibeisen, das er sich umgebunden hatte wie eine Windel, um die Beine beim Laufen frei zu haben. Seine Schienbeine waren narbig und voller Schwielen, und er hatte ein Paar einfache Ledersandalen an. Abgesehen von einem kapuzenartigen Umhang, notdürftig zusammengeflickt aus kleinen Tierhäuten, an denen noch Kaninchenfell hing, zeichnete ihn eine priesterhafte Ausstrahlung aus.

Er griff nach Dithers Ärmel und befühlte den Stoff zwischen seinem knöchernen Daumen und dem Zeigefinger, worauf er verzückt die Augenbrauen hob. *»Fro Danelond?«*

»Einer unserer Wunderstoffe«, sagte Dither. »Polyester. Frisch gewaschen an die Leine, keine Eile, keine Weile ...«

»Ic sceal eower frumcyn witan«, knurrte der Mann und richtete mit drohender Gebärde einen langen Dolch gegen sie.

»Er fragt uns nach unserer Abstammung«, erklärte Mr. Leroux mit zitternder Stimme. »Wie nett ... ich habe mir immer ein waches Interesse für die Ahnenforschung erhalten.«

»Aer ge fyr heonan, wiccas.«

»Bevor wir weitermachen ... *wiccas?* Aber wir sind doch keine Hexer! Du lieber Himmel, es ist sehr viel schwerer, Altenglisch zu sprechen, als es zu hören. Wenn Sie mir nur etwas Zeit gegeben hätten, es aufzufrischen! Jetzt sehen Sie's, wir haben ein Mißverständnis verursacht, guter Mann. Ähm, hm, tja, äh ... *gymcynnes* ... du lieber Himmel ... äh ... *wiccas nat, professora leode ...«*

»Was haben Sie ihm gesagt?« fragte Dither.

»Daß wir einem Stamm von Collegeprofessoren angehören.«

»American Association of University Professors«, fügte Dither strahlend hinzu. »Das ist praktisch ein Stammesbündnis, Bruder, sie sind wirklich Teil des Volkes, hören die ganze Zeit Pete Seeger, verstehst du, *dreamt I saw Joe Hill last night, the buckwheat in her eye, says I ...*«

Der Mann schlug ihm mit der feuchten Hand auf den Mund. *»Scc!«*

»Das ist das ›sch‹«, erklärte Mr. Leroux.

»Das – hmpf – weiß ich«, sagte Dither.

Mit der anderen Hand drückte der Mann Mr. Leroux die Spitze seines Dolches an die weiche Stelle am Halsansatz. Unten auf der sonnenbeschienenen Seite des Hügels zogen sich die Wikinger wieder zur Beratung zusammen, ihre metallenen Helme glänzten golden in der Nachmittagssonne, ihre spitz zulaufenden Schilde wie Chitinpanzer von Insekten, die Lanzen wedelten wie Fühler. Einer schien auf das schattige Stück hinzuweisen, wo Mr. Leroux sich versteckt hielt, und dabei spürte er den Druck des Messers noch deutlicher. Am liebsten hätte er geschrien, aber er beschloß, sich statt dessen sehr, sehr ruhig zu verhalten. Im Interesse einer Zusammenarbeit zwischen den Epochen.

Die Wikinger begannen zielbewußt auf sie loszumarschieren. *»Scit!«* schnarrte der Mann.

»Hey, ich kann dieses angelsächsische Zeug wirklich verstehen!« sagte Dither.

Als weitere Wikinger auf der Kuppe des Hügels erschienen, warf sich der Mann auf ihn, um ihn zum Schweigen zu bringen. Einen schrecklichen Moment lang sah es so aus, als wollten die Leute herunterkommen, aber sie riefen den anderen nur die ganze Zeit etwas zu, bis die erste Gruppe kehrtmachte und wieder hinauflief. Mr. Leroux' und Dithers Häscher entrang sich ein langes Seufzen, dann rappelte er sich auf und zerrte Mr. Leroux am Kragen hoch wie eine im Boden feststeckende Karotte.

»O Gott«, krächzte Mr. Leroux mit einer Stimme, als würde er in einem Restaurant an Speisen ersticken.

»Cumath!« sagte der Mann. Er gab Mr. Leroux einen Stoß.

»Es ist wirklich alles in Ordnung«, meinte Dither. »Wir werden sie im Handumdrehn dazu bringen, uns an ihren Gedanken und Gefühlen teilhaben zu lassen.« Er blickte auf sein Chronometer. »Worüber wir uns glücklich schätzen können, denn es bleiben uns nur noch siebenundzwanzig Stunden, dreiundvierzig Minuten und neunundzwanzig Sekunden Zeit.«

Zunächst schlugen sie sich noch von Gehölz zu Gehölz, um zu verhindern, daß sie von der Hauptgruppe der Wikinger gesehen wurden, wo immer sie sich befand, aber in nur wenigen Minuten Abstand von der Schwelle zum Herzinfarkt entschieden die Männer, daß sie das Risiko eingehen konnten, ihr Schrittempo zu mäßigen.

»Ich wollte euch nichts zuleide tun«, verlautbarte ihr Häscher kummervoll. »Doch mir stand nicht der Sinn danach, daß die Fremden mit den Speeren uns fänden und unsere Nasenlöcher aufschlitzten, ehe ihr euren Bann sprechen könntet, obschon die Vüegunge ganz gewiß einen Hagelschauer schicken und uns alle dennoch töten wird.«

»Wer oder was ist ›Vüegunge‹?« fragte Dither, nachdem Mr. Leroux übersetzt hatte.

»Das Schicksal. Unser Wort ›Fügung‹, also Geschick, Schicksal, hat sich daraus abgeleitet, verstehen Sie? Wir würden wirklich gerne helfen«, fügte er hinzu, wobei er zufrieden zur Kenntnis nahm, wie geschickt er darin war, entsprechende Ausdrücke in seiner Muttersprache zu finden. »Aber ich weiß nicht, wie.«

»Fragen Sie ihn nach seinem Namen«, sagte Dither. »Das ist das erste Gesetz der Kommunikation: man kann sich nicht ohne Namen verständigen.«

»Hwaet bist thin nama?« fragte Mr. Leroux.

Der Mann seufzte. »Dreorig.«

»Sagtet Ihr Dietrich?«

»Mann! Einer der echten Nibelungen!« rief Dither.

»Er ist doch kein Zwerg«, gab Mr. Leroux zu bedenken.

»Sehen Sie, wie die Dinge sich aufbauschen, wenn sie von der einen zur anderen Generation weitergegeben werden? In den geläufigen Theorien lautet der Fachbegriff dafür ›Schneeball-Effekt‹. Du kannst mich Dither nennen, Großer.«

»Was bereitet Euch Sorgen, die wir Euch erleichtern könnten?« fragte Mr. Leroux.

»Zuerst kamen die Römer und errichteten viele Tempel und Häuser«, sagte Dreorig. »Und nun sind sie tot, und ihr großes Werk liegt in Trümmern. Dann folgte König Artus, doch meine Ahnen mordeten ihn, und heute schläft er unter den Wurzeln und Rüben. Nach ihm kamen Aethelfrith und Oswald, Offa und Alfred der Große. Ach, ubi sunt? Wo sind sie nun?«

»Faulen vor sich hin«, wagte Mr. Leroux zu bemerken.

»Ahh!« knurrte Dreorig so laut, daß Mr. Leroux einen Satz machte. »Das Leben ist schneller dahin als die Frische eben gebackenen Brotes.«

»Sagt mal«, fragte Mr. Leroux. »Machen Euch Menschenmengen oder große Höhen zu schaffen?«

»Ich hätte glücklich dabei sein können, hinterm Pflug auf den Arsch eines Ochsen zu starren, und wäre mit Glück früh verschieden«, sagte Dreorig. »Doch nein, ich mußte mehr aus mir machen, lernte lesen und schreiben; ich mußte Laienbruder bei den Höllenmönchen in Winchester werden. Vor dem ersten Hahnenschrei auf, um alle fünfundfünfzig Psalme zur Frühmette zu singen; wieder auf zum Frühgottesdienst bei Tagesanbruch; dann Selbstkasteiung, Waschungen und Bibelstunden; dann die Züchtigung; dann die Messe; dann Honig und Lampenruß für die Schreibstubentinte mischen und die Federn für die Schreiber und Zeichner anspitzen; dann wiederum die Züchtigung; dann die Terz und die Hohe Messe singen; dann um Mittag die Sext und ein Brotkanten oder Haferbrei, wenn kein Fastentag angesagt war; dann Arbeit im Garten, gefolgt von einer heftigen Züchtigung; dann die Abendandacht und schließlich die Komplet, wenn nötig eine Züchtigung, und einige Augenblicke Schlaf – auf dem Bauch – und wieder auf zur Frühmette. Das alles Tag um Tag um Tag.«

»Hört sich nach einer Menge Züchtigungen an«, sagte Mr. Leroux.

»Einhundert Mönche und wer, meint Ihr, bekam es aufs Hinterteil? Ein einfacher Laienbruder. Hat jemand die Tinte verschüttet und den Boden klebrig gemacht? Gebt es dem Laienbruder auf den Hintern. Hat irgendwer nicht genug Federn gespitzt? Schneidet eine frische Weidengerte und prügelt den Hinterbacken des Laienbruders Demut ein. Wieder ein Fastentag? Laßt es an dem Schwächsten aus und verdrescht dem Laienbruder die Kehrseite. Hört auf mich, lernt niemals zu lesen oder zu schreiben.«

»Ein schweres Leben.«

»Nichts verglichen mit jetzt. Vor einiger Zeit verlor unser Abt eine Wette mit dem Abt von Lindisfarne, aber das Wetter ist in dieser Zeit des Jahres zu unbeständig, als daß eine Reise angenehm erschiene. Was also tun? Laß dem Laienbruder das verwirkte Pfand überbringen, ein kostbares Buch mit Granaten auf dem hölzernen Einband, die Innenseiten alle mit Paaren vergoldeter Akanthusblätter umkränzt, die illuminierten Majuskeln dicker als Gänseblümchen auf der Wiese, und nirgendwo darin auch nur ein Wort über Gott zu finden, sondern nichts als Kriegsgedichte. Doch wer bin ich, daß ich richten dürfte? Indessen war's kein Wunder, daß ich überfallen und des Buches beraubt wurde. Ehe ich mich entscheiden konnte, ob ich zurückgehen und mich zu Tode prügeln oder mich in die Wälder schlagen und dort verhungern sollte, fingen mich eine Handvoll Soldaten und schlugen mich, bis ich der *fyrd* beitrat.« Er schüttelte schwermütig den Kopf. »*Ic hwile waes endesaeta aegwearde heolde the on land saxona lathra maenig mid scipherge scethan ne maethe.*«

»Was hat er gesagt?« fragte Dither.

»Seitdem ist er Küstenwächter und gibt acht auf das Meer, daß kein feindlich gesonnenes Volk hier einfallen kann.«

»Endlos lang im Regen und Schnee«, fügte Dreorig hinzu. »Doch wenn auch Blindheit meinen Blick umwölkt, meine Glieder steif vor Alterslähmung sind und der Tod wie ein hungriger Wolf meine sterbliche Hülle umschleicht, möchte ich nicht klagen.«

»Er hält das für eine undankbare Aufgabe«, bemerkte Mr. Leroux.

»Denn nun sind meine Gebete erhört worden«, sagte Dreorig und legte schelmisch einen Finger an die Nasenwurzel.

»Wie das?« fragte Mr. Leroux.

»Wir sind doch verschlagen«, grinste Dreorig. »Nun seht, Ihr werdet mein Buch wieder herzaubern und ich lasse Euch ziehen. Seid nur hurtig, wir sind recht nah den Linien, und jeden Augenblick mag eine Wache unserer angesichtig werden.«

»Redest du von den Wikingern?«

»*Abidath!*« befahl eine Stimme.

»Zu spät«, ächzte Dreorig.

Zu beiden Seiten des Weges kamen hinter den Bäumen Soldaten hervor.

»Gute Arbeit, gelehrter Krieger«, strahlte ein Feldwaibel. »Ihr habt zwei *laessceaweras* für uns gefangen.«

»Habt Dank, Meister«, erwiderte Dreorig grimmig.

Leassceawearas, leassceawearas ..., überlegte Mr. Leroux. Er war schon einmal irgendwo auf dieses Wort gestoßen. Schöner Mist. »Aber wir sind doch keine Spione.«

»Wir werden sie dort hinschaffen, wo die Grafen die Wahrheit aus ihnen herausprügeln können«, versprach der Feldwaibel.

»Ich habe euch gewarnt«, sagte Dreorig mit einem Achselzucken.

Als sie auf dem Kamm des Hügels angekommen waren, zeichnete sich vor ihnen gegen die sich rötende Sonne ein weiterer Hügel ab, der vor Fahnen und Wimpeln strotzte und von Männern in glitzernden Kettenpanzern belebt war. Es war das Lager von Byrhtnoth, dem Earl von Essex.

»Ich nahm an, daß es dort noch einen Hügel gäbe«, sagte Dreorig. »Das habe ich davon, daß ich lesen lernte, anstatt zu jagen.«

Während sie näherkamen, fing eine Meute von Lagerhunden an zu bellen. Von dem irren Gekläff angelockt, versammelten sich bald die Soldaten entlang des Weges.

»*Naefre ic geseah in selcuthum byrnum thonne sint git!*« rief einer und zeigte lachend mit dem Finger auf sie. Die anderen fielen lauthals in sein Lachen ein wie Betrunkene auf den Tribünen des Yankee-Stadions.

»Er sagt, ihm seien noch nie Burschen in solch seltsamer Rüstung unter die Augen gekommen«, erklärte Mr. Leroux.

»Er meint Ihren Overall«, sagte Dither.

»Soll ich etwa in meinem Tweedanzug Rosen besprühen, oder was?« fragte Mr. Leroux. »Sie glauben doch wohl nicht, daß Sie mit Ihren Konfektionsjeans und Tennisschuhen hier weniger auffallen würden.«

»Laufschuhen, bitte«, sagte Dither.

Der Feldwaibel trieb sie zu einem Spießrutenlauf durch die Reihen der gaffenden Soldaten. Zu beiden Seiten drängten sich Gesichter heran und verschwanden wieder; Finger stachen ihnen unter die Rippen und kniffen ihre Unterarme. Mr. Leroux verfiel in raschen und flachen Atem. Er litt an Hyperventilation. Einem

Beklemmungsanfall. Und wahrscheinlich gab es zwischen hier und London keine einzige Tüte, die er sich über den Kopf ziehen konnte.

Gerade noch rechtzeitig hielt der Feldwaibel an einer uralten Eiche inne, deren herbstliches Laubwerk sich prachtvoll golden gefärbt hatte. Ein Soldat, der ihnen durch die Reihen gefolgt war, griff sich unvermittelt Dither und streckte ihn nieder. Binnen eines Augenblicks hatte er sich rittlings auf seinen Rücken gesetzt und verdrehte sein rechtes Bein.

»Ist das nicht eine Verletzung der ...?« rief Dither.

Der Soldat zog seinen langen Dolch aus seinem breiten Gürtel.

»AHHH!« kreischte Dither.

Der Mann trieb ihm das Messer unter den Schnürsenkel des Schuhs und sägte los, bis der Senkel mit einem *zip-zong* nachgab. Dann lehnte er sich mit seiner Trophäe zurück, zog Dither den anderen Schuh auf die gleiche Weise aus und hielt beide hoch, damit alle ihn bejubelten.

»Ich habe die Vergangenheit gesehen«, sagte Mr. Leroux, ohne jemand Bestimmten zu meinen. »Und sie ist einfach unmöglich.«

4

Es war beinahe dunkel. Dreorig, der dazu abgestellt war, seine Gefangenen mit zu bewachen, bis sie verhört wurden, verlagerte sein Gewicht gegen einen Baum, kratzte sich, gähnte wie ein alter Hund und wartete auf eine Gelegenheit, seine Unterredung mit Mr. Leroux fortzusetzen, aber die anderen Wachen, obwohl sie vom zurückliegenden Marsch schläfrig waren, blieben wachsam.

Mr. Leroux versuchte sich selbst zu beruhigen, indem er seine kleine Leopolder Klassiker-Ausgabe von *Die Schlacht von Maldon* aus seinem Overall zog, aber beim

Herausholen zerriß er den gelben Umschlag, und überhaupt war es zu dunkel zum Lesen.

Ringsum glühten Lagerfeuer, als die Helligkeit vom Himmel schwand, und die Luft raschelte vom Stimmengewirr der Kameraden und dem Gemurmel der *ego te absolvos,* wenn die Geistlichen unter ihnen umhergingen, um ihnen die Beichte abzunehmen. Nahbei drängten sich in Byrhtnoths gestreiftem Zelt (oder wem es auch gehören mochte – ein Teil von Mr. Leroux wollte das Ganze noch nicht wahrhaben, so als hoffe er wie Ebenezer Scrooge aus Charles Dickens' *Ein Weihnachtslied* noch immer darauf, der Geist Marleys rühre nur von einem unverdauten Stück Käse her) vermutlich seine Stellvertreter zusammen. Mr. Leroux hätte nur hingehen und ihnen erklären brauchen, wie sie beabsichtigten, ihnen zu helfen, aber so nah das Zelt auch war, es hätte genauso gut tausend Kilometer fort sein können, so scharf wurde es von einer Sondertruppe blonder, blauäugiger Riesen bewacht. Wie er Dither zu erklären versucht hatte, konnte man nun einmal nicht so einfach zu einem angelsächsischen Earl gehen und ihm sagen, er solle die Wikinger nicht über die Brücke lassen. Oder sonst etwas.

Mr. Leroux' Blick tastete sich von dort zu den Lagerfeuern der Wikinger auf dem südlichen Hang am anderen Ufer. Würde es morgen wirklich zu einer Schlacht kommen, würden seit Jahrhunderten tote Männer wieder auferstehen, um ein zweites Mal zu sterben? Würde es wie eine Fernsehaufzeichnung sein, oder sollte dieses furchtbare Ereignis *tatsächlich* noch einmal stattfinden und all die wechselseitigen Auswirkungen sich als neue Möglichkeiten auftun?

Sein Blick wanderte zu den noch weiter entfernten Sternen hinauf. Wie klar sie hier waren, nicht von dem Hauch einer Lufttrübung oder den Widerschein einer Straßenbeleuchtung beeinträchtigt. Und wie ruhig, keine von ihnen stellten sich durch ihre Bewegung als die Landescheinwerfer eines vom Kurs abgekommenen Flugzeugs heraus. Sie waren ihm vertraut, doch etwas stimmte nicht ganz, sie standen zueinander in einer geringfügig anderen Beziehung, denn er sah den Himmel, wie er tausend Jahre vor seiner Geburt ausgesehen hatte. Schließlich konnte er den kastenförmigen Großen Wagen ausmachen. Nein, sogar er würde in diesem Jahrhundert anders sein; es würde der Wagen Artus' sein, der da schwerfällig über ihren Köpfen hinwegfuhr, oder der Karren Karls des Großen, wie man den Großen Bären auch nannte. Ja, da konnte er sogar den von den sieben hellen Sternen des Großen Wagens gebildeten Becher erkennen, nur war er etwas schmaler und tiefer.

Würde Mr. Leroux jemals wieder nach Hause zurückkehren? Er vermißte sogar schon die japanischen Käfer und die Krähen. Wenn er nur zurück könnte, würde er auf die Knie fallen und den Teppich küssen.

Natürlich nur dann, wenn die arme Donalbain nicht inzwischen draufgepinkelt hätte.

Sein Blick löste sich vom Himmel und fiel auf Dither. Er saß im rötlichen Lichtschein des Lagerfeuers und starrte auf seine bestrumpften Füße. Der eine Strumpf war am Knöchel von Donalbains winzigen Zähnen in einem halbmondförmigen Muster ordentlich durchlöchert worden, aber Mr. Leroux verweigerte sich jeglichem Mitgefühl. Wenn Dither nicht gewesen wäre, hätte Mr. Leroux jetzt zu Hause gesessen und den beruhigenden Geräuschen von Einbrechern gelauscht, die um sein Haus herumschlichen. Mr. Leroux faßte ihn mit einem starren Blick ins Auge.

»Sieht so aus, als säßen wir ganz schön in der Patsche.«

»Oh, ich habe das bei meinen Vorbereitungen alles vorausgesehen«, erwiderte Dither mit herausforderndem Gleichmut.

»Wie den Verlust Ihrer Schuhe?«

»Vergessen Sie doch diese Kleinigkeiten.»

»Wissen Sie, was passieren wird, wenn sie zu dem Schluß kommen, daß wir Spione der Wikinger sind?« fragte Mr. Leroux. »Möglicherweise wird man uns vierteilen.«

»So etwas sagen sie immer im Kino«, meinte Dither. »Was soll das überhaupt bedeuten?«

»Das bedeutet, daß Ihre Hände und Füße an vier Pferden festgebunden werden, die man dann in vier verschiedenen Richtungen auseinandertreibt.«

»Hey, vertrauen Sie mir, ja? Alles, was wir brauchen, um die Sache zu deichseln, habe ich gleich hier in meinem Rucksack.«

»Eine Pistole?«

»Viel besser.«

»Ein Maschinengewehr?«

»Einen Overhead-Projektor.«

»Was?«

»Schon gut, schon gut«, sagte Dither. »Ich sehe schon, daß für Sie das Fernsehen das ultimate informationsübertragende Media ist.«

»Medium.«

»Aber leider hat mein Vorgesetzter an diesem Wochenende die Videokamera der Abteilung für eine Tanzaufführung seiner Kinder oder so etwas ausgeliehen. Aber die hätte hier sowieso nicht funktioniert.«

»Ach?« Mr. Leroux spürte, wie ihm die Stirn heiß wurde.

»Man braucht einen Fernseher, um ihre Aufnahmen abzuspielen, und sogar Sie werden zugeben müssen, daß den Burschen hier nicht sonderlich viele Fernseher zur Verfügung stehen.«

Er tastete nach seinem Puls, um sicherzugehen, daß er sich nicht beschleunigt hatte. »Und was kann man mit einem Overhead-Projektor anstellen?«

»Das fragen viele Leute. Sie bemühen sich alle um die glanzvolleren Medien – Fernsehen, lokal begrenzte Computernetzwerke, Laser. Aber der Overhead-Projektor stellt eine *bewährte* Technologie dar.« Mit diesen Worten zog Dither so etwas wie eine langhalsige Metallgans aus seinem Rucksack. Glücklicherweise waren die erschöpften Wachen über ihren Speeren eingenickt wie Bauarbeiter über ihren Schaufeln, sogar Dreorig.

»Was haben Sie eigentlich im Sinn, Dither?«

»Wir werden unsere Botschaft dort drüben auf die Wand von Burnases Zelt projizieren – seitenverkehrt, so daß er sie von innen lesen kann – und *et voilà!* Schon ist eine Brücke der Verständigung geschlagen! Ich habe alles genau durchdacht.«

Mr. Leroux kaute auf den Lippen. »Was ist, wenn er nicht lesen kann?«

Dither lächelte triumphierend. »Er kann einen Priester zu Rate ziehen.«

»Ich verstehe«, sagte Mr. Leroux, indem er hinter den Projektor langte und einen dreipoligen Stecker hochhob. »Und was ist damit?«

Dithers Blick wurde stumpf wie ein Fünfcentstück, er rutschte auf den Hosenboden und wölbte den langen Rücken zu einem Buckel, um restlos enttäuscht ins Feuer zu starren. Mr. Leroux bedauerte es fast schon, es ihm auf diese Weise beigebracht zu haben, da sprang er wieder auf seine bestrumpften Füße. »Was ist denn eigentlich Elektrizität?« verlangte er zu wissen.

»Das ist das, was aus den Steckdosen in der Wand kommt.«

»Unter Kontrolle gebrachte Hitze. Und was, meinen Sie, ist die elementarste Form der Hitze? Schauen Sie nur direkt nach vorn, Kollege – Feuer!« Er zog ein Bündel transparenter Kunststoffolien und einen Filzschreiber aus seinem Rucksack. »Nun los, worauf warten Sie noch?«

»Ich soll da etwas draufschreiben?«

»Haben Sie noch nie einen Overhead-Projektor benutzt? Teilen Sie Burnase mit, er soll diese Wikinger angreifen, bevor sie den Fluß überqueren.«

»Aber ich habe seit den höheren Fachsemestern keinen altenglischen Satz mehr gebildet, und damals waren es auch immer nur Sachen wie ›Der Held macht dem Dänen den Garaus‹ oder ›Ach, der Gefolgsmann starb den Tod durch seinen Falken‹ ...«

»Tun Sie Ihr Bestes.«

Mr. Leroux seufzte, setzte sich und fing an, indem er zu verhindern bemüht war, daß der Stapel glatter Kunststoffolien von seinem Knie rutschte, als erster Mensch der Weltgeschichte mit einem Filzschreiber auf einem Stück transparenten Kunststoffs einen Satz in Altenglisch aufzuschreiben.

Und haderte schon beim ersten Wort.

Wie lautete der Imperativ von ›bleiben‹? Solang er geredet hatte, waren ihm die Worte leichthin zugeflogen, aber sie aufzuschreiben erforderte formal wesentlich mehr, und jede Ungenauigkeit in Stil und Syntax wirkte sich umso schwerer aus. Er sah im hinteren Teil seiner Leopolder Klassiker-Ausgabe nach, aber die Glossarseiten waren verschwunden, und außerdem enthielten sie ohnehin nur das Vokabular der *Schlacht von Maldon.* Wenn er nur die dritte Auflage von Klaebers *Beowulf*-Ausgabe oder sein zerfleddertes Exemplar von *Cooks durchgesehener altenglischer Grammatik nach Sievers* dabeigehabt hätte. Und selbst wenn er für ›bleiben‹ eine Lösung finden würde, war er bei ›Fluß‹ völlig unsicher. Waren *stream* oder *streamas* gleichbedeutend mit ›Strom‹ im modernen Sinne oder bezogen sie sich nur auf die Meeresströmungen? Er erinnerte sich an *streamwielm* und vielleicht war es das. Nur, mußte man es im Dativ oder im Akkusativ setzen?

Er atmete tief durch und faßte Vertrauen in sich.

Laetst, quietschte sein Filzschreiber, *thu* ...

Ganz plötzlich zerfiel der Kunststoff unter seinen tastenden Fingerspitzen zu Staub. »Dither, es hat sich zersetzt.«

»Es ist schon eine Weile her, seit irgendwer in der Abteilung das Zeug gebraucht hat. Könnte ein bißchen spröde sein.«

Er begann auf einem anderen Bogen von vorn.

Laetst thu nat thaet ...

Wie konnte er nur eine solche altenglische Standardvokabel wie das Wort für »Feind« vergessen? Vielleicht sollte er »Dänen« schreiben. Aber wenn dies hier Norweger waren? Im düsteren Schein des Feuers blätterte er *Die Schlacht von Maldon* durch. Der Dichter blieb ebenso undeutlich. Er nannte sie *lathe giestas,* die »verabscheuten Fremden«. Nun, wenn das gut genug für ein Heldenepos war, dann war es auch gut genug für Mr. Leroux.

Lieber Himmel, plötzlich wurde ihm klar, daß er im Begriff war, von *diesem Gedicht* als seiner wichtigsten Informationsquelle auszugehen. War das logisch überhaupt haltbar? Konnte es beeinflussen, was morgen geschehen würde? Und würde der Dichter der *Schlacht* selbst dabeisein? Was für eine tolle Sache wäre es, ihm zu begegnen. Aber woran sollte man einen anonymen Dichter erkennen?

Und was wäre, wenn sie den Ausgang der Schlacht ändern würden? Konnte der Sieg dieses angelsächsische Genie zu den gleichen Höhenflügen inspirieren wie Tragödie und Niederlage? Mr. Leroux warf einen Blick auf Dreorig. Vielleicht nicht. Aber was das Schlimmste von allem war, was wäre, wenn die Neuschreibung der Geschichte morgen für den Dichter das Todesurteil bedeuten würde? Wäre Mr. Leroux vielleicht dafür verantwortlich, daß eine der größten Dichtungen der altenglischen Literatur nie geschrieben werden würde?

Derweil beobachtete Dither Dreorig dabei, wie er ein weiteres Mal wie ein deutscher Schäferhund gähnte.

»Wohl zu spät für dich, was?« flüsterte Dither ihm zu und fing an, Brahms' *Wiegenlied* zu summen. Dreorigs Kinn sackte langsam auf seine Brust.

»Schlaf, mein Kind, und gut' Nacht«, sang Dither. »Paralinguistik«, sagte er leise zu Mr. Leroux. »Das bringt's.«

Durchs Dickicht von Dreorigs Schnurrbart drang gedämpftes Schnarchen.

»Fertig?« zischelte Dither zu Mr. Leroux.

»Nun, es ist nicht ganz dasselbe wie König Alfreds Übertragung des Boethius, aber ...«

Dither griff nach der brüchigen Folie, klatschte sie auf die Glasplatte auf dem Kasten des Projektors und stemmte das Gerät an die Hüfte. »Halten Sie ein Scheit unter den Kühler«, grunzte er.

Mr. Leroux nahm eins vom Stoß.

»Eins, das *brennt!* Das Licht, erinnern Sie sich?«

Vorsichtig zog Mr. Leroux das am ungefährlichsten wirkende Scheit aus dem Feuer, das er finden konnte, und hielt es so hin, wie ihm aufgetragen war. Fette schwarze Rauchfahnen stiegen von unterhalb des Projektors auf und hüllten Dither vollständig ein, während der blasse Schein des ersten geschichtlich verbürgten feuerbetriebenen Overhead-Projektors die Nacht durchirrte. Er fiel auf einen Baumstamm.

»Ahh, hch, hch«, kam Dithers Husten durch die Rauchsäulen. »Wo bin ich denn?«

»Kalt, ganz kalt.«

»Und – hch-hch – in welche Richtung muß ich denn?«

»Nach links.«

Der Strahl zitterte durchs Dunkel, bis das schwache Lichtviereck auf die gestreifte Außenplane des Zeltes fiel wie eine Filmprojektion aus dem All auf die Leinwand eines Autokinos in South Bend. Eine lange, fingerröstende Stille folgte.

»Halig God!« stieß im Zelt eine gedämpfte Stimme hervor.

»Wir knüpfen Kontakt!« jubelte Dither. Dann eine Pause. »Wissen Sie, ich überlege gerade ...«

»Überlegen was?« Die Flammen krochen über das Scheit auf Mr. Leroux' Finger zu.

»Wie alt dieses durchsichtige Zeug wohl ist.«

»Wie alt ist es?«

»Es ist – hch-hch – aus Zelluloseacetat.«

»Oh«, machte Mr. Leroux. »Und was heißt das?«

»Zelluloseacetat ist äußerst leicht entzündbar.«

Mit einem *Peng!* flog das Unterteil des Projektors auseinander, und ein großer Feuerball stob in die Luft.

5

Mr. Leroux fand sich einige Meter von dort, wo er gestanden hatte, auf dem Hosenboden wieder und blickte auf die sternförmig verstreuten Funken und verkohlten Scheite, inmitten derer, von Flammen umschlossen wie die schlummernde Brunhilde oder eher wie eine Weihnachtsgans, etwas lag, bei dem es sich um die schwelenden Überreste von ...

»Dither?« fragte er.

Keine Antwort. Er sah noch mal hin. Gott sei Dank, der Arm, der da steif in den Himmel ragte, gehörte nicht zu Dither. Es war die Linse des geborstenen Overhead-Projektors.

Aber wo war Dither?

Mittlerweile kamen von allen Seiten aus dem Dunkeln Soldaten heran, unbeholfen vor Schläfrigkeit und Furcht. Weitere eilten aus dem Zelt.

Dreorig taumelte hinter einer Wache hervor, die schwarz vor Ruß war. »Welch neuer Hexenzauber war das?«

»*Wiccas?*« schrie jemand. »Wo?«

»Keine Hexe hätte das vermocht!« sagte ein anderer. »Es war ein Dämon aus der Hölle!«

»Jene mit den schwarzen Gesichtern sind's gewesen!« rief ein dritter und deutete auf Mr. Leroux und die Wache mit dem verrußten Gesicht. In seiner Hand blitzte ein Messer auf. »Tötet sie!«

»Halt!« schrie die schwarzgesichtige Wache. *»He be halig!«*

Heilig? Dieser Gefühlsausbruch schmeichelte Mr. Leroux, aber ...

»Hie sint fro thaet selcuthe sterre!« fuhr die Wache fort, indem sie auf die Überreste des Overhead-Projektors zeigte. *»Of him comen i gastliche scinen!«*

»Von einem fremden Stern, der ein geisterhaftes Licht ausstrahlte?« fragte Mr. Leroux. »O nein, nichts derart Ungewöhnliches. Versteht doch, ich habe mich damals im Zwanzigsten Jahrhundert bloß um meine eigenen Angelegenheiten gekümmert – oder besser, ich werde mich darum kümmern, wenn ihr versteht, was ich meine ...«

»Woher wollt Ihr das wissen?« rief jemand der Wache zu. »Wir konnten Euch die ganze Zeit dort drüben schnarchen hören.«

»Der Stern belegte mich mit einem Bann, so daß ich so tief wie der biblische Jacob schlief«, antwortete die Wache. *»An sterre with anne sperre!«*

Ein Stern mit einem Speer? Hm, vielleicht war das eine der sogenannten *kennings,* jene poetischen Umschreibungen, wie sie in der angelsächsischen Literatur vorkommen, eine verrätselte Metapher, ähnlich als wenn man »die Straße des Schwans« (des Sternbildes) sagt und den Ozean damit meint, oder wenn man »Federviehs Wonne« für »Federkiel« setzt. Was konnte »ein Stern mit einem Speer« bedeuten?

»Thaet it ihate a Latin cometa?« rief eine Stimme.

»Danke«, sagte Mr. Leroux und wandte sich einem würdevollen älteren Herrn in einer schweren, üppigen Robe zu, ein Schlag von Mann, der im Speisesaal jeder Fakultät eine Zierde gewesen wäre. Er kam aus dem Zelt.

»Ich habe sie vorüberfliegen sehen, zwei von ihnen«,

bestätigte der zweite Soldat. »Seht, wo mein Haar angesengt ist!« Er trug Dithers graue Laufschuhe.

»Glaubt Ihr, dies habe mit den flammenden Lettern auf meinem Zelt zu tun?« fragte jemand, der ebenfalls aus dem Zelt kam, ein breitschultriger Mann um fünfundvierzig von stattlichem und selbstsicherem Auftreten. Es war ohne Zweifel Byrhtnoth, der Earl von Essex und Befehlshaber von Aethelraeds Armee. Er wirkte jung für einen Earl, aber alles, was die Historiker über ihn wußten, stammte aus der *Schlacht von Maldon,* und man konnte nicht erwarten, daß Dichtung historische Genauigkeit besaß.

»Ihr sahet dieselben feurigen Lettern, von denen die Heilige Schrift uns berichtet, daß König Belsazar sie sah, mein Herr«, fuhr sein Ratgeber fort.

Flammende Lettern, dachte Mr. Leroux. Wäre Dither nicht stolz darauf? Aber wo steckte Dither überhaupt?

»Verkünden sie denn auf nämliche Weise das Ende unseres Königreiches, weiser Wistan, mein verständiger Ratgeber?« fragte Byrhtnoth.

»So wie Belsazar Hilfe bedurfte, um die Bedeutung jener Worte zu enträtseln, müßt auch Ihr einen Propheten Daniel finden, der dasselbe tut«, erwiderte Wistan.

»Etwa Ihr?« fragte ein junger Gefolgsadeliger, der kaum älter als Mr. Leroux' Erstsemesterstudenten war.

»Schweig, Hrothfut«, sagte Byrhtnoth. »Aber es waren dunkle Worte, die Belsazar sah: ›Mene, mene, tekel, upharsin.‹ Welche sich mir zeigten, waren hingegen klar wie Euer Gesicht: ›Laßt die verabscheuten Fremden nicht über den *stream-wielm.*‹ Hat irgendwer von euch einen gesehen?«

»Von der Art, wie ihn das Seeungeheuer hinterläßt, wenn es unter die Walstraßen taucht?« fragte Hrothfut mit einem höhnischen Lachen. »Inmitten einer Weide?«

»Wenn Gott einen Fisch erschaffen kann, der groß genug ist, um Jonas zu verschlingen«, begann ein Priester, der zugesehen hatte, »dann vermag er auch ...«

Plötzlich erinnerte sich Mr. Leroux. *Stream-wielm* bedeutete nicht ›Strom‹, sondern ...

»... ein Strudel inmitten einer Weide.«

»Ich habe meinem Kollegen zu erklären versucht, daß es nicht so einfach ist, als wenn man sich mit Le Cercle Français aufs Niveau der Floskeln bei Tisch hinabbegibt, um seine französische Konversation aufzufrischen«, sagte Mr. Leroux. »Das Altenglische ist eine tote Sprache. Wird es sein, meine ich. Nicht, daß ich jemandem zu nahe treten wollte. Mit Ausnahme meines gegenwärtigen Begleiters. Hat ihn übrigens jemand gesehen?«

Dreorig warf ihm einen warnenden Blick wie aus der letzten Szene des *Hamlet* zu und schüttelte den Kopf. Polonius, Ophelia, Gertrude, Laërtes, Claudius, Hamlet und Dither – alle waren mausetot. Mr. Leroux biß sich in die Lippe.

»Bedenket, was der selige Augustinus uns lehrte«, sagte Wistan und wandte sich wieder Byrhtnoth zu. »Daß jedem Wort der Heiligen Schrift eine buchstäbliche, eine metaphorische, eine gleichnishafte und eine allegorische Bedeutung innewohnt. So muß jedes dieser Worte klug gedeutet werden, damit man es gründlich versteht. Folglich müssen wir unter ›Strudel‹ einen ›brausenden Schlachtsturm‹ verstehen.«

Der Mann war ein geborener Akademiker, dachte Mr. Leroux.

»Und ist dieses Geschöpf dort der verabscheute Fremde?« fragte Byrhtnoth und deutete auf Mr. Leroux.

Einige schicksalshafte Augenblicke lang dachte Wistan darüber nach. »Nein, dieser Mann ist ein Einzelner, und mit den ›verabscheuten Fremden‹ müssen viele gemeint sein – die Seekrieger von den Schiffen. Wir müssen die Stellung halten, so daß sie nicht in den Strudel der Schlacht eintauchen können.«

»Damit beweist Wistan wieder einmal, daß ihm mehr daran liegt, die Streitkräfte auf einem Hinterhof zusammenzuziehen, als Tapferkeit in der Schlacht zu erweisen«, schrie Hrothfut. »Er will, daß wir wie alte Damen warten. Der wahre Krieger aber schreitet kühn zum Stechen und Hacken, damit der Ruhm der Schlacht nicht Fremden in die Hände fällt und damit nicht von den Lippen ihrer Frauen der Gesang des Triumphes tönt. Besser noch, wir liegen alle kalt auf den Schlachtfeldern.«

»Was wißt Ihr schon darüber, der Ihr noch grün vom Klosterleben seid?« fragte Wistan. »Euer Schwert hat erst noch den Geschmack der Schlacht zu kosten.«

»Niemand hat mich gefragt, ob ich bei den Mönchen aufwachsen wolle«, entgegnete Hrothfut. »Aber den Weg, dem ein Held folgen muß, kenne ich ebensogut wie die dänischen Leibwachen, mit denen sich mein Herr umgibt.« Bei letzterem wies er andeutungsweise nahbei auf Byrhtnoths blauäugige Wachen. »Und dank der Mönche erkenne ich einen Dämonen, der auf einem Gefährt aus Schwefel herabfahren und Wistan dabei helfen will, uns in die Irre zu führen, sobald ich ihn sehe. Und ich sage Euch – verbrennt ihn!«

»Du lieber Himmel«, sagte Mr. Leroux.

Wieder sahen ihn alle an.

»Wenn dies ein Bote des Leibhaftigen wäre«, gab Wistan zu bedenken, »wäre er dann nicht schön und weise, um uns um so einfacher zu umgarnen? Nur der Allmächtige würde uns mit einem grinsenden Idioten prüfen.«

Mr. Leroux ließ das nervöse Lächeln von seinem Gesicht verschwinden.

Byrhtnoth schüttelte den Kopf. »Ich brauche ein Zeichen, um sicher zu sein.«

»Ein zweiter Schweifstern, und Ihr verlangt noch mehr?« fragte Wistan. »Waren die kälberlosen Kühe im April und die Hühner, die keine Eier legten, nicht Zeichen genug?«

Etwas daran ließ einen warnenden Gedanken in Mr.

Leroux' Hinterkopf aufblitzen, aber ehe er ihn dingfest machen konnte, fing der Priester mit der Hakennase und den unter dichten Brauen funkelnden Augen an, mit den Armen zu fuchteln.

»Verbrennt sie!« schrie er. »Verbrennt sie alle!«

»Ich bin zwar nur ein Freier, *hlavord*«, sagte Dreorig, indem er sich ehrerbietig verneigte, »aber auch ich kann lesen und schreiben, und ich weiß, daß er nicht vom Schweifstern stammt. Ich selbst habe ihn vor nicht einmal sechs Stunden gemeinsam mit einem anderen aufgegriffen, der so wunderlich gekleidet war wie er, aber ebenso ein menschliches Wesen wie Ihr oder ich.«

»Ihr lügt«, schnauzte Hrothfut und hob die Faust.

»Ich stehe unter dem Schutz der Kirche«, erklärte Dreorig, duckte sich und schlug hastig Kreuze in die Luft. »Ich habe auch bei Mönchen gelebt!«

»Eine Schande«, sagte der Priester. »Verzichtet auf ihn.«

»Halt!« befahl Byrhtnoth. »Ich will vor Beginn der Schlacht meine Gefolgsleute nicht in zwei Lager gespalten sehen!« Er ließ seinen Blick von Mr. Leroux zu Dreorig und zu seinen Vasallen und Leibwachen wandern. »All dies hat uns weit von der eigentlichen Frage entfernt. Sollen wir angreifen oder die Stellung halten?«

»Die Worte aus Feuer befahlen uns, die Stellung zu halten«, antwortete Wistan.

»Der schwere Weg übers Land von Eurem verräterischen Bruder her hat unsere Mannen zu sehr erschöpft, als daß sie Angriff um Angriff einem Feind standhalten könnten, der mit seinen Seebären frisch bei Kräften ist«, sagte Hrothfut. »Wir sollten zuschlagen, solang unsere verbliebene Kraft noch reicht.«

»Der unerprobte Krieger vergißt all die gemeinen *fyrd,* mein Herr«, bemerkte Wistan. »Sie stammen aus diesen Landstrichen, sind wohlgenährt und ausgeruht.«

»Und dazu unerfahren und ungeschickt im rauhen Kriegssturm.«

»Nicht weniger erfahren als Ihr mit der losen Zunge.«

»Nutzlose Bauern, denen noch der Dung an den Füßen haftet. Sehet, dieser dort hat nicht einmal Stiefel an, nur ärmliche Hausschuhe aus grauem Tuch.«

»In der Schlacht gewinnt jener, der über die größere Anzahl an Männern verfügt«, sagte Wistan, »und sie halten kann.«

»Euer Rat scheint mir der beste«, sagte Byrhtnoth. »Wir halten die Stellung.«

»Dann laßt mich ziehen, daß ich mich den *fyrd* anschließe«, bat Hrothfut mit rotangelaufenem Gesicht. »Es sind Freie, aber schließlich werden sie morgen schon den frohen Klang der Schwerter hören. Laßt mich meinem Namen alle Ehre erweisen und der Wrathful-Foot, der Zornige Fuß sein, der über die Antlitze des Todes hinwegschreitet. Die Gefallenen werden wenig Grund zur Freude haben!«

»Geht«, sagte Byrhtnoth. »Und nehmt den Rußgesichtigen und seinen Meister mit Euch.«

»Aber mein Herr«, stammelte Mr. Leroux, verzweifelt vor Angst, in Kampfhandlungen zu geraten.

Byrhtnoth wandte sich ihm erwartungsvoll zu, und auf einmal wurde Mr. Leroux klar, daß er hinter den Linien letztendlich nicht sicherer sein würde. Und so sehr er es vorgezogen hätte, das Leben dieses guten Earls zu retten, die klügste Vorgehensweise bestand darin, die Hände aus dem Spiel und sich so weit wie möglich aus allen Entscheidungen herauszuhalten, die die Geschichte so gestalten würden, wie er sie kannte, sie neu herbeiführen könnten, wenn niemand eingriff. Sein Schicksal einfach Hrothfut anzuvertrauen versprach die größten Chancen. Und wenn er sich um seine eigenen Angelegenheiten kümmerte und sich ganz, ganz ruhig verhielt, würde die Schlacht vielleicht über ihn hinweggehen, und morgen früh in der Dämmerung könnte er zur Klippe zurückschleichen und Dithers Schlupfloch finden.

»Verzeiht, Herr«, sagte er. »Es war nichts.«

»Es hat irgendeine Bewandtnis mit Euch«, sagte Byrhtnoth und musterte ihn. »Ich würde mit Euch reden, wenn das Schicksal des Königreiches nicht nach mir riefe. Nach der Schlacht vielleicht – wenn wir beide dann noch am Leben sind.«

»Wie Ihr wünscht, mein Herr«, erwiderte Mr. Leroux.

»Nun zaudert nicht länger!« knurrte Hrothfut und versetzte Mr. Leroux einen Stoß.

»Denkt nur daran, ihn nicht zu verbrennen«, warnte Byrhtnoth. »Wenn mir Anderweitiges zu Ohren kommt, wird sein Wergeld den Wert einer ganzen Kuh betragen.«

»Eine ganze Kuh!« stieß Dreorig Mr. Leroux entgegen. »Hätte man mich etwa so hoch bewertet?«

6

»Zählt Eure Feinde nicht, bevor sie nicht getötet sind«, sagte Hrothfut und warf Mr. Leroux über die Schulter einen bedeutungsvollen Blick zu, während er und der falkenäugige Priester vorangingen.

Mr. Leroux machte einen kleinen Hüpfer, um mit Dreorig Schritt zu halten. »Seid Ihr sicher, daß Dither tot ist?« flüsterte er.

»Ich erlebte einen solchen Donnerschlag zuvor nur ein einziges Mal, als die alte Sau der Brüder sich unter einem Baum am Rande des Waldes versteckte. Als der Rauch sich verzogen hatte, ging der Baum in Flammen auf, und im Umkreis von Meilen hingen Würste von den Bäumen. Ihr müßt sehr mächtig sein.«

»Ich?«

»Ich sah Euch Zaubersprüche über dem Feuer aufsagen. Bruder Ecgbert konnte Milch gerinnen lassen und Geschwulste mit Hilfe der Wasserlinse wegzaubern ...«

»Eigentlich beruhen Warzen auf einer Virusinfektion,

und mit der Zeit kann der Körper dagegen eine Immunität entwickeln, auch wenn meine Großmutter immer meinte, sie kämen daher, daß man sich nicht gründlich genug wäscht ...«

»... aber seine Hexerei war nichts verglichen mit Eurer.«

»Ich bin kein Hexer.«

»Wie erklärt Ihr Euch dann die Art, wie Ihr vom Himmel gefallen seid?«

Mr. Leroux blieb plötzlich wie festgewurzelt stehen.

»Der Hexer ist störrisch«, sagte der Priester.

»Weiter!« befahl Hrothfut.

Mr. Leroux ging weiter. »Habt Ihr uns ankommen sehen?« fragte er vorsichtig.

»Und mich auch aus Furcht vor den Seemännern im Gehölz versteckt, bis ich Euch sah, aber diese Dinge werde ich für mich behalten, damit Hrothfut und seine Priester Euch nicht ins Feuer werfen.«

Mr. Leroux' Knie wurden weich bei dem Gedanken, wie nah er dem schon gekommen war. »Ich danke Euch vielmals. Ich weiß nicht, wie ich es Euch jemals vergelten kann.«

»Ich weiß es schon.«

»Ja?«

»Ich habe geschworen, niemals Blut zu vergießen, aber Ihr könnt ein Zauberwort über mich sprechen, so daß ich morgen abend nach der Schlacht noch am Leben sein werde.«

»Das kann ich nicht.«

»Habe ich Euch nicht das Leben gerettet? Ach, rutscht mir den Buckel runter ...«

»Ich meine, ich habe die Macht nicht.«

»Das sagen alle Hexer, wenn man sie um etwas bittet, was der Mühe wert ist. Die Kuh eines Nachbarn fett werden lassen, einen Fingerhut finden, den Eure Frau verloren hat, einen Liebestrank brauen – keine Mühe! Bittet man sie aber um etwas Nützliches, so erzählen sie einem nur von der Beschränktheit ihrer Kräfte. Nun denn, zaubert mir zumindest einen Schatz herbei, um mir die Gunst der Höllenmönche zurückzukaufen, damit ich, wenn ich überlebe, wieder auf trockenem Stroh schlafen kann.«

»Ich werde versuchen, mir etwas zu überlegen«, sagte Mr. Leroux.

Sie stapften weiter, während ein Geruch nach Leder und Metall, beißend vor Schweiß, und Rauchfahnen von Lagerfeuern aus grünen Zweigen und feuchten Blättern, die die Augen tränen ließen, sie umgaben. Über Brotkrusten strahlten helle Augen sie verwundert an. Hier und dort hielten Priester inne, die von Gruppe zu Gruppe gingen und die Beichten abnahmen, um die kleine Prozession zu beobachten, und das Flüstern ringsum klang, als huschten Feldmäuse umher. Dort ist er, ja, jener, der den Blitz herabgerufen hat. Nein, ein *leassceaver,* sagen sie. Ein Teufel.

»Sagt uns, wer Ihr seid!« rief jemand.

»Ein Dozent für frühmittelalterliche Geschichte.«

»Wehe mir!«

»Aber ich stehe kurz vor der Beförderung.«

»Er ist ein Sternfahrer von einem Schweifstern.«

»Ihr sagtet, man habe diesen Schweifstern im letzten April gesehen?« fragte Mr. Leroux Dreorig.

»Zum Frühlingserwachen, ja.«

»Das habe ich befürchtet. Möglicherweise ist das gar nicht die Schlacht von Maldon.«

»Wie bitte, Meister?«

»Nichts, überhaupt nichts.« Wer sollte auch wissen, wie man eine Schlacht nennen würde, bevor sie ausgefochten wurde? dachte Mr. Leroux. Manchmal konnten sie sich selbst hinterher nicht darauf einigen. Man denke nur an Antietam. Die Südstaatler redeten noch immer von Sharpsburg. Aber keine Frage, bei dem Schweifstern mußte es sich um den Halleyschen Kometen handeln. Und Mr. Leroux wußte nur zu gut, daß er sich einmal im April der Erde genähert hatte – im Jahre 1066. In der *Angelsächsischen Chronik* dieses Jahres war davon berichtet worden und in den Teppich von Bayeux hatte man ihn sogar als Vorzeichen dafür eingenäht, daß Wilhelm der Eroberer König Harold II. schlagen würde. Konnte Dithers Computer sie nicht nur an den falschen Ort, sondern auch ins falsche Jahrhundert versetzt haben? »Welches Jahr schreiben wir?«

»Jenes gewiß, in das der Tag fällt, an dem der gute alte König sowohl am Leben wie auch tot war, und unser neuer König zum ersten Mal den Thron bestieg«, antwortete Dreorig. »Und in dem das Los des armen Mannes so elend wie seit jeher ist.«

Wenn man eine Frage zur Geschichte beantwortet haben will, dachte Mr. Leroux, sollte man nie einen Beteiligten fragen. Er hatte vergessen, daß die Menschen die Zeit nicht nach Jahrhunderten, sondern nach den Jahren der königlichen Herrschaft bemaßen. Dann blitzte ihm die Antwort durch den Kopf. Der Halleysche Komet bewegte sich auf einer Umlaufbahn, die ihn nach einem vorhersagbaren Zeitplan zurückbrachte, nämlich alle ... Wieviel waren es? Sechsundsiebzig Jahre! Nun, wohin kam man, wenn man 76 Jahre vom Jahr 1066 und der Schlacht von Hastings zurückrechnete?

Mr. Leroux hatte Mathematik immer gehaßt, insbesondere wenn Leute ihn in Verlegenheit brachten, indem sie fragten, was 21 minus 6, 10 plus 5, 14 plus 1 und der Name eines Gemüses waren, um zu sehen, ob er auf Karotte kommen würde. Diesmal aber stürzte er sich auf die Aufgabe und war gleich darin vertieft, sich von der 10 eine 1 zu borgen, um aus der zweiten 6 eine 16 zu machen, von der er 9 abziehen konnte, so daß er zunächst 12 und dann 990 herausbekam, aber wenn man einige Monate zeitlichen Spielraum in der einen oder anderen Richtung und Abweichungen durch den Gregorianischen Kalender zuließ, kam man nah genug an – 991. Damit war alles klar.

Sofern »alles klar« bedeuten konnte, tausend Jahre vor der eigenen Geburt am Vorabend einer Schlacht festzusitzen, die die eigene Seite im Begriff war, zu verlieren.

Hrothfut hielt an einem Lagerfeuer inne, in dessen gelbem Lichtkreis sich Männer zusammendrängten, die vor einigen Tagen noch Bauern gewesen waren. Sie sprangen auf, verbeugten sich und strichen sich die Locken aus dem Gesicht, umhüllt von einem wie seit Jahren angestauten stickigen, schweißigen Dunst und jenem unvergeßlichen Geruch der Oktobernächte, von dem Mr. Leroux noch wußte, wie er in seine Kleider gedrungen war, wenn er abends vom Spielen heimkam und seine Großmutter die Seite mit den Todesanzeigen weglegte, ihn am Elektroofen in eine Decke wickelte, Ovomaltine für ihn machte und ihm sagte, wenn er das nächste Mal so lang draußen bliebe, wäre sie vielleicht nicht mehr imstande, ihn vor dem Schlimmsten zu bewahren.

Hrothfut ging über diese Loyalitätsbekundungen hinweg und zog seinen Priester auf die Seite. Dreorig schloß mit irgendwem Freundschaft, indem er so etwas wie ein angelsächsisches Gegenstück zur Todesanzeigenseite seiner Großmutter austauschte. Mr. Leroux ließ sich ermattet neben einem Mann namens Wulf nieder. Er war nicht älter als neunzehn, hatte ein bleiches, feistes Gesicht und dicke, kräftige Arme. Er trug ein grobgewebtes Chorhemd unter einem Chorrock aus zwei grauen Fellstücken, der mit einem Lederriemen gegürtet war. Außer im Diorama über den »Kühlen Norden« im Naturwissenschaftlichen Museum hatte Mr. Leroux solche Felle noch nie gesehen, aber irgendein atavistischer Winkel in seinem Hirn ließ ihn unvermittelt wissen, daß es sich um Wolfspelze handelte. Wulfs Unterschenkel waren mit geflochtenen Strohschnüren umwickelt, und als Schuhe trug er um seine Knöchel gebundene Ledervierecke.

Nah bei ihm kauerte ein Junge, der noch nicht alt genug zum Kriegsdienst war, in den Schatten, gegen die zunehmende Kälte in einen Umhang gehüllt, die riemenumwickelten Beine und nackten Füße unter sich verschränkt, den Mantel gerade so weit über die Knie gezogen, wie es ging. Zwei vorstehende Zähne gruben sich in seine weiche Unterlippe wie die eines Kaninchens. Sein Name war Aelfwine und er hielt sich so nah bei Wulf, daß Mr. Leroux annahm, es seien Brüder.

»Gesund und munter?« fragte Mr. Leroux mit einem leisen, flüchtigen Lächeln, so wie er sich noch heute morgen in tausend Jahren nach dem Befinden des Jungen hinter der Theke erkundigt haben mochte.

»Die Seewölfe haben meinen Hof abgebrannt, als sie an Land kamen«, erwiderte Wulf düster. »Mein *hlavord* sagte mir, ich müsse mich der *fyrd* anschließen, sonst würde man mich aufhängen und die Raben würden mir die Augen aushacken.«

Aelfwine zitterte.

»Der Wind läßt einen bis in die Zehen frösteln, Vetter«, pflichtete Dreorig ihm bei.

»Es könnte schlimmer sein, nehme ich an«, meinte Mr. Leroux.

»Dann haben die Männer des Königs meine Kühe und Schafe verspeist«, sagte Wulf.

»Deo gratias«, murmelte ein fetter Priester mit glänzender Haut, der gerade vorübereilte, um sich der Gruppe von Heiligen Vätern zuzugesellen, die sich um Hrothfut zu versammeln schien.

Mr. Leroux sah sich im Umkreis des Lagerfeuers um. Welch namenloses Schicksal würde der morgige Tag diesen Menschen bringen? Er zog sein Exemplar der *Schlacht* hervor, um flüchtig durchzublättern, fand darin aber nicht mehr über diese Freien und Bauern als in den blutleeren Abstraktionen der historischen Texte, mit denen er seinen Lebensunterhalt bestritten hatte. Die Kunst und die Geschichtsschreibung waren immer etwas für und etwas über die bessere Gesellschaft gewesen.

»Ist das eine Schrift, Meister?« fragte Dreorig.

Mr. Leroux versuchte die Seiten mit der Hand zu verdecken. Obwohl sie nichts über Dreorigs Schicksal verrieten, stand darin doch genug über Byrhtnoth, und Mr. Leroux wollte nicht das Risiko eingehen, noch mehr in den Geschichtsverlauf einzugreifen, als er es ohnehin schon getan hatte. Aber Dreorig zog seine Hand begierig beiseite.

»Keine vergoldeten Majuskeln oder Illuminationen, aber sehet, wie dünn das Pergament ist, wie klein und zart die Schrift! Und zudem gleicht eine Letter der anderen, sogar die ›t‹s, die immer am schwierigsten waren. Glaubt einem alten buchkundigen Mann; dies hier ist ein Vermögen wert. Aber in welcher Sprache ist es geschrieben?« Er betrachtete die Spalte mit der Übersetzung im zweisprachigen Text.

»Das Alphabet dürfte fremd aussehen«, erklärte Mr. Leroux. »Ihr seid an die Handschrift von der britischen Insel mit ihren Dorn-Buchstaben und durchstrichenen ›D‹s gewöhnt und das hier ist acht Punkt Bodoni, aber es ist Angelsächsisch von der Art ... nun, wie es anderswo gesprochen wird.«

Dreorig schielte auf die linke Seite. *»Baersst bordes laerig«,* las er qualvoll langsam. *»and seo byrne sang* – es ist wahrhaftig Englisch!«

»Die kleine Schrift könnte Euch die Augen verderben«, sagte Mr. Leroux und deckte die Seite wieder zu.

»Eine Rübe?« fragte Aelfwine, darum bemüht, wieder aufzufrischen, was zu einem faden Gespräch verkommen war. Er hielt ihnen eine dreckverkrustete purpurrote Knolle hin.

Mr. Leroux lehnte ab. Er verabscheute rohe Rüben noch mehr als die gekochten Rüben seiner Großmutter. Und wenn es etwas gab, was er noch mehr haßte als ...

»Es gibt noch frischen Lauch«, bemerkte Wulf.

»Was hätte Bruder Cnut wohl über ein solches Wunder gesagt?« murrte Dreorig.

»Erhebt Euch, damit man über Euch richtet«, tönte Hrothfuts Stimme aus unbestimmter Richtung. Er kam näher, bis der Schein des Feuers auf ihn fiel, wie er furchterregend und mit rotangelaufenem Gesicht vor der Phalanx seiner Priester stand. »Ich habe diesen heiligen Männern alles berichtet. Einige sagen, man solle Euch verbrennen, einige nicht.«

Mr. Leroux fühlte sich von diesen Männern, die fast Kollegen im Lehrberuf waren, so hintergangen, als sei er vor den Disziplinarausschuß der Fakultät bestellt worden. »Aber hat man Euch nicht davor gewarnt ...«

»Was ist der Preis einer Kuh schon für einen Krieger?« Hrothfut stieß ihm mit der Faust gegen die Schläfe. »Doch dies dauernde Ja und Nein bringt meinen Kopf zum Schmerzen.«

»Dann laßt es mich doch für Euch beenden«, erbot sich Mr. Leroux mit zittriger Stimme. »Ich bin kein Dämon.«

»Ihr müßt es sein!« sagte Hrothfut.

»Und zu dieser Meinung habt ihr jedes Recht, welches ich zum Beispiel auch bereitwillig bis zum Tode verteidigen würde«, bemerkte Mr. Leroux eifrig. »Wenn es dazu käme, meine ich.«

»Laßt ihn beweisen, daß er kein Dämon ist«, schlug Dreorig vor.

»Wie wollt Ihr in seiner Grafschaft genug Begläubiger finden, die schwören, daß er die Wahrheit spricht, wo er doch ein Fremder ist?« fragte der Priester mit dem eindringlichen Blick.

»Ich habe ein ganzes Heer, das schwören wird, daß er lügt«, sagte Hrothfut.

»Habt Ihr je darüber nachgedacht«, erkundigte sich Mr. Leroux, »ob die Menschen nicht in vielen Jahren ein System der Rechtsprechung erfinden könnten, das sich mehr auf Tatsachenbeweisen denn auf beschworenen

Zwischendurch: [redacted] Der Computer hat sich verrechnet und Mr. Leroux versehentlich an einem falschen Ort und in einem falschen Jahrhundert abgesetzt. Und es wird ihm wohl nichts anderes übrig bleiben, als irgendwann mit einer rohen Rübe vorlieb zu nehmen, denn viel mehr scheint es dort, wo er sich befindet, nicht zu geben. [redacted] Falls der Leser es einrichten kann, in unserem Jahrhundert zu bleiben, hat er es wesentlich einfacher, etwas zu finden, was seinem Geschmack entspricht. Vielleicht hat er Lust, die Lektüre einen Augenblick zu unterbrechen und sich eine Mahlzeit für den kleinen Appetit zwischendurch zuzubereiten? Er braucht dazu nur fünf Minuten Geduld, heißes Wasser und … [redacted]

Behauptungen gründet und das sehr viel überzeugender ist?«

»Es gibt noch einen Weg«, sagte der fette Priester. »Wie für jeden anderen vorsätzlichen Lügner. Einen sehr einfachen.«

»Na, fein«, meinte Mr. Leroux.

»Die dreifache Probe durch ein Gottesurteil.«

»Ächz.«

»Aber es gibt hier ringsum kein kaltes Gewässer, das groß genug ist, um herauszufinden, ob er schwimmen wird, wenn man ihm Hände und Füße zusammenbindet«, bemerkte der falkenäugige Priester.

»Und für das zweite der drei Gottesurteile haben wir keine Zeit«, stimmte der andere zu. »Das Gesetz verlangt drei volle Tage, damit die Wunden heilen und Euch bestätigen können.«

»Wunden?«

»Nachdem Ihr mit bloßer Hand das glühende Eisen getragen und den Stein aus dem kochenden Wasser gegriffen habt.«

»Verzeiht uns, daß wir Euch nicht den Vorzug einer angemessenen Verfahrensweise gewähren können«, entschuldigte sich ein eichhörnchenartiger kleiner Priester, dessen Gesicht mit Eiterbeulen übersät war.

»Was ist mit dem Gottesurteil des Kreuzes?« fragte Dreorig.

»Das Kreuz, das Kreuz!« riefen die anderen im Chor.

Mr. Leroux erinnerte sich an dieses. Er und Hrothfut würden mit ausgebreiteten Armen in der Form eines Kreuzes dastehen müssen und wer als erster die Arme sinken ließ, wäre der Lügner. »Was habt Ihr mit mir vor?« flüsterte er Dreorig zu.

»Es war das Sicherste, was mir in den Sinn kam«, antwortete er.

Hrothfut legte indessen seinen Schwertgürtel und sein Kettenhemd ab. In den Augen vieler war er stark, beherzt und heldenhaft. »Habt Ihr Angst, Ihr Teufel?«

»Es gibt keinen anderen Weg, Meister«, sagte Dreorig, als er Mr. Leroux nahe zu Hrothfut hinschob, wobei er ihm die Schultern massierte wie ein Trainer, der einen Boxkämpfer in seiner Ecke vorbereitete. Dann blähte Hrothfut die Brust und warf die Arme zurück, so daß er wie ein Kreuz über dem Altar einer wohlhabenden Vorstadtkirche wirkte, all das voller Triumph und ohne Anstrengung. Es war Mr. Leroux' erste eingehendere Berührung mit Dr. Arnolds Muskeltraining. Dreorig faßte Mr. Leroux an den Armen und breitete sie auf dieselbe Weise aus.

»Erwartet keinen leichten Sieg, Ihr Teufel«, knurrte Hrothfut. »Ihr werdet wenig Grund zur Freude haben, wenn erst einmal das Feuer an Euren Zehen leckt!«

In der ersten Minute fand Mr. Leroux das Gottesurteil noch ganz erträglich. Fühlte man sich so vielleicht als Garderobenständer? Es war wie bei den Freiübungen, auf die alle Sportlehrer so versessen gewesen waren, als er noch zur Schule ging. Der Gedanke amüsierte ihn sogar ein wenig, wie sie wohl aussehen mochten mit vorgereckter Brust und zurückgeworfenen Köpfen und Armen, als seien sie zwei an ihren Schwanzenden angebundene Flugzeuge, die abzuheben versuchten.

»Ein Held wie Jesus am Kreuz«, sagte ein Priester in Bewunderung für Hrothfut.

Schließlich fingen Mr. Leroux' Arme an, sich immer schwerer anzufühlen. Das Gesetz der Gravitation verhieß ihm mit sirenenhaftem Gesang Entspannung und Erleichterung, und Mr. Leroux spürte die Versuchung des Odysseus, der an den Mast gebunden war. Seine Arme wurden noch schwerer.

»Er läßt nach«, grinste Hrothfut.

»Habt Mut, Meister«, flüsterte Dreorig. »Ich habe das immer wieder tun müssen.«

Der Gesang nahm einen grellen, durchdringenden und unnachgiebigen Charakter an. An Mr. Leroux' Fingerspitzen sprossen Bleigewichte. Von seinen Handgelenken hingen unsichtbare Vorschlaghämmer und von seinen Unterarmen Ambosse. Er knirschte mit den Zähnen.

»Wenn man schließlich erledigt war, prügelten einem die Höllenmönche vielleicht nicht einmal mehr das Hinterteil wund«, sagte Dreorig. »Nebenbei, darf ich jetzt mal das Buch aus Euren Gamaschen nehmen, nur für den Fall? Es wäre mir verhaßt, es verbrennen zu sehen.«

Mr. Leroux schluckte und kämpfte darum, die Arme oben zu halten, aber es schienen rotglühende Nadeln in seine Schultern getrieben worden zu sein, und seine Arme begannen zu zittern. Er konnte nicht lange mit einem Prachtexemplar an physischer Konstitution wie Hrothfut mithalten. Er wirkte wie ein Footballspieler der Universität vor dem ersten Spiel der Saison, wenn er auf der Höhe seiner Kondition war. Aber das war es! Sicher verfügte er über alle Vorteile eines Uni-Sportlers. Aber wohl auch über dieselben Nachteile. Er stand nicht auf Mr. Leroux' hohem Niveau. Er war nicht so listig wie er.

»Ihr werdet bald sehen, was in mir steckt«, sagte Hrothfut.

»Ich habe schon einen ganz netten Eindruck davon«, preßte Mr. Leroux zwischen den Zähnen hervor.

»Wahrhaftig. Und diese Kraft wird mich im Laufe der Schlacht beschützen.«

»Aber sehet!« stieß Mr. Leroux plötzlich hervor. »Sie haben schon ohne Euch angefangen!«

»Den Angriff?« schrie Hrothfut und machte einen Satz nach vorn. »Wie das?«

»Hrothfut ist als Lügner entlarvt!« sagte der kleine Priester. »Der Fremde ist ein Sterblicher.«

Hrothfut erstarrte mitten in der Bewegung. Von allen Seiten sahen ihn die gebeugt dasitzenden Männer der *fyrd* fassungslos an.

»Was sitzt ihr da?« rief Hrothfut und beförderte einen der Männer mit Fußtritten in den Lichtkreis, doch als dieser nichts tat, blickte er sich um. »Wo ist der Feind?«

Mr. Leroux rieb sich die Unterarme, um die Durchblutung wieder anzuregen, während Dreorig ihm den Rücken massierte. Runde und Sieg für den Historiker im blauen Overall.

»Ihr habt mich reingelegt, ihr Teufel«, schrie Hrothfut und versetzte seinem Kettenhemd einen Tritt, der es mit heftigem Klirren auf sein Schwert schleuderte.

»Tut ihm nichts, Meister«, rief Aelfwine.

Hrothfut streckte ihn mit einem Stoß zu Boden. Aelfwine rutschte die Kapuze vom Kopf und enthüllte langes, kastanienbraunes Haar, das mit einem Hanfstirnband zurückgebunden war.

»Ein Weibsbild«, sagte Hrothfut. Er zog sie am Handgelenk hoch und hielt ihr Gesicht einige Fingerbreit vor dem seinen. Mr. Leroux konnte seine Kiefermuskeln arbeiten sehen.

»Welch ein Frevel!« ereiferte sich der falkenäugige Priester. »Krieger müssen vor der Schlacht keusch bleiben.«

Hrothfut warf sie auf den Boden zurück. Im selben Moment war Wulf bei ihr, und sie sah unter ihrem Haarwust zu ihm auf, während er ihr den Schmutz von den Wangen strich. Helles Blut sickerte zwischen ihren Lippen hervor.

»Seht mich nicht mit den Augen eines Wolfes an, Freier«, sagte Hrothfut.

»Bleibt ruhig, Wulf«, flüsterte Aelfwine. »Weh dem, der sich gegen das Wort eines *hlavords* richtet.«

»Was tut Ihr hier, Weib?« verlangte der falkenäugige Priester zu wissen.

Plötzlich warf der verstaubte Hahn sich bis ans Ende seines Haltestricks, fiel zurück, schlug mit den Flügeln und krähte. Ein Horn, das hölzerner und derber klang, als Mr. Leroux es erwartet hatte, durchschnitt von der gegenüberliegenden Hügelseite her die Dunkelheit. In der Nähe antworteten andere Hörner. Der schreckliche Morgen brach an.

»Es ist Zeit für die Schlacht, Priester«, sagte Hrothfut. Er blickte von Aelfwine zu Wulf. »Seid gewiß, ihr werdet zahlen, was euch zukommt.«

Das Lager erwachte zum Leben. Die Männer eilten im blassen Licht auf die Krone des Hügels. Hier und dort sah Mr. Leroux einen fronterfahrenen Veteranen mit Narben quer über den Fingerknöcheln, einem mit Wildschweinen geschmückten Helm, der sich unter seinem Kinn verjüngte und mit einem Lederriemen festgemacht war, und einem mit Metallplatten und Nieten beschlagenen Lederwams ruhig in die Dunkelheit hinausblicken. Aber bei den meisten handelte es sich um junge, erschrockene Männer mit rohen Mistgabeln aus angespitzten Ästen, Steinäxten, die mit Lederriemen an Griffen aus gespaltenem Holz befestigt waren, und ledernen Steinschleudern. Er schämte sich für seine alten Ängste vor Menschenmengen, große Höhen, geschlossenen Räumen oder offenen Plätzen.

»Seid ihr Mann und Frau?« fragte Mr. Leroux. Aelfwine nickte, ihre Haare wieder unter der Kapuze versteckt. Aelfwine, dachte er, »Elfen-Freude«. »Aber warum seid Ihr nicht zu Hause?«

»Ich sagte Euch schon, sie haben unseren Hof abgebrannt«, sagte Aelfwine und deutete in Richtung des feindlichen Lagers. »Nachdem Wulf zur *fyrd* einberufen wurde.«

»Sie hätten sie mit verbrannt, wenn ich nicht zurückgeschlichen wäre und sie mitgenommen hätte.«

»Oder noch Schlimmeres getan«, sagte Mr. Leroux mitfühlend.

»Was kann schlimmer sein, als zu verbrennen?« fragte Aelfwine.

»Nein, ich meinte ... äh, nichts.« Mr. Leroux schloß sich den anderen an, als sie den Hügel hinaufstapften.

»Bewegt euch, ihr Schweine«, schrie Hrothfut.

»Ihr seid jung und empfindet die Dinge zu heftig«, sagte Dreorig. »Laßt die Welt vorüberziehen. *Lif is laene, eal scacath, leoth ond lif samod.*«

Das Leben ist eine Leihgabe, alles vergeht, das Licht und das Leben gemeinsam. Mr. Leroux gewann Trost aus den vertrauten Worten des *Beowulf.*

Gerade als sie die Reihe von Männern oben auf der Kuppe erreichten, krönte die Sonne die Hügel zu ihrer Linken mit einer orangefarbenen Glut, die ins Tal strömte und den Kamm der gegenüberliegenden Erhöhung durchschnitt, wo sich unter roten und weißen Bannern eine dunkle Schar formierte. Der Feind war zur schrecklichen Wirklichkeit geworden.

Mr. Leroux blätterte durch seine *Schlacht* und blickte auf, um zu sehen, ob er nicht Offas Blutsverwandten dabei ausmachen konnte, wie er seinen geliebten Falken in die Wälder fliegen ließ, um seine Hand zum Kämpfen frei zu haben, aber er entdeckte nur den staubigen Hahn, den man in einen Sack gestopft hatte. Er hielt danach Ausschau, wie Eadric seinen Speer schulterte, um seinem Gelübde gemäß vor seinem Herrn zu kämpfen, aber er sah nur die Reihen der Bauern mit ihren Mistgabeln und Hacken.

Von hinten klangen aufgeregte Geräusche und das Geklirre von Pferdegeschirr, und Byrhtnoth ritt in Begleitung von Wistan und seinen Gefolgsleuten vorbei. Über ihren Köpfen wehte das große gelbe Drachenbanner.

»Haltet Euch Eure Schilde vor«, rief er gerade. »Benutzt entschlossen Eure Speere. Dem Kleinmütigen wird kein Ruhm zuteil.«

Wenigstens etwas, was dem Gedicht entsprach. *Daraufhin machte sich Byrhtnoth daran, seine Mannen in Schlachtordnung zu bringen, ritt unter ihnen her und wies sie an, lehrte seinen Kriegern, wie sie dastehen sollten, und gebot ihnen, ihre Schilde recht zu halten, fest in ihren Händen, und sich nicht zu fürchten.*

Auf Höhe von Mr. Leroux angekommen, zügelte Byrhtnoth sein Pferd, als ob er etwas sagen wollte. Mr. Leroux war sich mehr denn je zuvor bewußt, wie real und endgültig all dies war. In wenigen Augenblicken würden Schwerter echte Muskeln und Sehnen durchschneiden, würden echte Augen ihren Glanz verlieren und Stirne kalt wie der Erdboden werden. Und auch diesen Mann würde es treffen.

»Habt Mut«, lächelte er Mr. Leroux zu. *»Wyrd oft nereth unfaege eorl, thonne bis ellen daeh.«*

Von Zeit zu Zeit verschont das Schicksal den Mann, den es nicht schon ereilt hat, wenn sein Mut groß genug ist. Wiederum etwas aus dem *Beowulf.* Diesen Menschen gefiel es offenbar, zu zitieren. Dither hätte so etwas wohl als negatives Denken bezeichnet, aber Mr. Leroux erschien es vornehm und edelmütig.

»Nein!« schrie er.

»Was?« fragte Byrhtnoth.

»Nichts, mein Herr«, erwiderte er, aber was er dachte, war das Gegenteil. Er fand keine Erklärung dafür, aber die Sehnsucht wallte immer heftiger in ihm auf. Selbst wenn es bedeuten würde, sich an seiner heiligen Verpflichtung der Geschichte gegenüber zu versündigen, wollte er es tun. Er würde diesen Mann retten. Er würde die Geschichte verändern.

7

Hörner riefen und antworteten. Goldfarbenes Licht streifte die grüne Hügelflanke, brachte Messinghelme und Kettenhemdbeschläge, gewölbte Schilde und tönendes Zaumzeug hell zum Glänzen. Vom taufeuchten Gras stieg ein bläulicher Dunst auf, und in der Ferne konnte Mr. Leroux leuchtend rot- und gelbgefärbte Bäume in den Oktobermorgen aufragen sehen, als seien es die struppigen Köpfe von Schuljungen, die gedankenlos nickten. Er dachte wehmütig an sein eigenes Klassenzimmer zurück.

»O Gott, o Gott«, sagte er.

Nun, da es hell war, hatte er einen klareren Eindruck von der Beschaffenheit der Landschaft. Sie befanden sich auf dem höchsten von mehreren aufeinanderfolgenden Hügeln, deren Flanken von Wasserläufen geschützt wurden. Auf dem tiefer liegenden Gelände vor ihnen weitete sich ein kleiner Bach zu einer spiegelglatten Wasserfläche, die aber nichts mit dem mächtigen Panta-Fluß gemeinsam hatte, den der Dichter der *Schlacht* beschrieb, denn die Wikinger konnten einfach dem Fahrweg drumherum folgen. Hatte sein Erscheinen etwa auf den Austragungsort der Schlacht Einfluß genommen?

Ungeachtet seiner Bemühungen war Mr. Leroux vom Druck der Körper in die vorderste Reihe quer über der Hügelkuppe vorangetrieben worden. Er war nie sonderlich gut darin gewesen, Zahlen abzuschätzen, und er hatte den Verdacht, daß die Polizisten und Reporter, wenn sie die Menschenmengen bei Abtreibungskundgebungen und Bürgerrechtsdemonstrationen schätzten, ganz einfach schwindelten. Hier mußten es jedenfalls Tausende auf jeder Seite sein, aufgestellt in zehn oder zwölf Reihen hinter ihm, weit mehr, als er in Maldon erwartet hätte. Das war geeignetes Material für eine glänzende kleine Monographie und er versuchte, alle Einzelheiten in sich aufzunehmen.

Die Männer neben ihm waren mit riesigen Doppeläxten an eineinhalb Meter langen Griffen bewaffnet und trugen schwere, runde Schilde aus Holz und Leder, von denen jedes in der Mitte mit einer großen Eisennabe versehen war, die an der Innenseite den Griff bildete. Der berühmte angelsächsische Schildwall. Hier und dort gingen noch immer Priester hinter den Männern auf und ab und flüsterten ihnen Mut zu, als auf einmal Schreie und Stimmengewirr die Reihen durchliefen.

Die Feinde, deren Helme wie die Flügeldecken japanischer Käfer glänzten, bewegten sich in drei Divisionen den Hügel hinunter. Die unberittenen Soldaten waren ebenso mit Bögen wie mit Schwertern und Speeren bewaffnet und trugen lange, rautenförmige Schilde auf den Rücken geschnallt. Mr. Leroux überraschte es allerdings, daß gut die Hälfte von ihnen ritt und Speere mit flatternden, hellen kleinen Wimpeln trug. Selbst der blutigste Anfänger im Geschichtsstudium wußte, daß Wikinger zu Fuß kämpften.

Er versuchte in der *Schlacht* nachzusehen, um sicher zu sein, aber irgendwer stolperte gegen ihn, und eine weitere Seite riß ab, ließ dort eine Seite als oberste zurück, vor der nun mehrere fehlten, als sei sie eine plötzlich entblößte Felswand voller Dinosaurierfossilien. Der Text war aber noch deutlich: die angelsächsischen *eorlas* schickten zu Beginn der Schlacht ihre Reiter los, und die Wikinger wurden ausdrücklich als Fußgänger beschrieben. Eine weitere Entdeckung für seine Monographie. Sie versprach eine Publikation zu werden, die nicht erst von Holländern gesetzt werden müßte. Vielleicht würde das sogar den Pulitzerpreis bedeuten.

Sie kamen immer näher, eingefangen von der Spiegelfläche des angeschwollenen Flüßchens, als ob sie den Todgeweihten eine letzte Widerspiegelung ihres Lebens bereiten wollte. Es war ein so deprimierender Gedanke, daß Mr. Leroux befürchtete, es würde ihm wie Dreorig ergehen.

Wieder erschollen aus dem Tal die Trompeten. Die unberittenen Soldaten rückten allmählich vor. Mr. Leroux fühlte sich unbehaglich. In dem Gedicht hieß es, daß ein Herold sie verspotten mußte, bevor Byrhtnoth die Wikinger höflich herüberlassen konnte. Wo war er?

»Fürchtet Euch nicht, Meister«, sagte eine Stimme. Es war Dreorig. Er hatte irgendwo einen Schild bekommen und streckte ihn aus, um Mr. Leroux abzuschirmen. Knapp hinter ihm standen Wulf und Aelfwine, deren

Gesicht verzerrt und bleich war. Er trug eine Mistgabel, sie nichts.

»... obwohl ich annehme, daß Ihr Euch mit einem Zauberbann umgeben habt, um die Speere abzuwehren.«

»Ich habe Euch gesagt ...«

»Ich weiß, ich weiß. Aber es macht Euch doch nichts, wenn ich nah bei Euch bleibe?«

Ein Stück weiter die Linie hinauf konnte Mr. Leroux die große Drachenstandarte erkennen, die sich in der morgendlichen Brise blähte und wieder zusammenfiel. Darunter standen Byrhtnoths grimmige, blonde Leibwachen, und in ihrer Mitte saß auf einem Pferderücken Byrhtnoth selbst, eine Hand an den Zügeln, die andere leicht an die Hüfte gestützt. Am Himmel über ihm zogen große schwarze Vögel weite Kreise.

Tha waes feothe neah
tir aet gethote.
Was seo tid cumen
thaet thaer faege menn
feallan sculdon.
Thaer wearth hream ahafen
hraefnas wundon
earn eases georn.
Waes on eorthan cierm.

Dann war nah der Kampf, der Ruhm der Schlacht. Die Zeit war gekommen, da die Todgeweihten fallen sollten. Rufe erhoben sich, Raben zogen ihre Kreise, der Adler war erpicht aufs Aas. Über dem Erdboden klangen Schreie.

»Die Bestien der Schlacht«, sagte Dreorig. »Was ist ein Soldat mehr als Fleisch zur Freude des Raben? Der Adler wartet darauf, uns zu verschlingen, und ebenso der graue Wolf, der unter den Toten einherschleichen wird, um sich sattzufressen, wenn die Nacht hereingebrochen ist.«

Mr. Leroux dachte an die Krähe auf seiner Dachrinne und erschauderte. Mr. Leroux' Grassaat aufzufressen war eine Sache. Mr. Leroux selbst aufzufressen eine andere.

Noch mehr Rufe. Ein Schwarm von Pfeilen löste sich und flog in hohem Bogen den Hang hinauf, regnete auf die Köpfe der Verteidiger nieder. Mr. Leroux zerrte instinktiv an seinem Schirm, aber Dreorig war schneller damit, seinen Schild hochzuheben, um Mr. Leroux zu schützen. Ein scharfes *Zack* folgte – ungewohnt, aber unmißverständlich. Mr. Leroux brauchte sich nicht erst zu vergewissern, daß sich ein Pfeil in das Lindenholz über seinem Kopf gebohrt hatte.

Dann noch ein *Zack,* diesmal aber hohler und weicher. Mr. Leroux erkannte auch dieses Geräusch, obwohl er es ebenfalls noch nie gehört hatte. Kaum imstande zu atmen, wandte er den Kopf und sah hinter sich seinen Mann zwischen den Schultern von Wulf und den anderen zusammensinken. Mitten aus der Brust ragte ihm wie ein Kleiderbügel ein fremder Pfeil, über dessen Schaftholz sich ein roter Fleck ausbreitete. Seine Augen starrten ins Leere und sein Mund bewegte sich, als rezitiere er irgendeinen stummen Katechismus. Dann färbte sich der Speichelfaden rot, der aus seinem Mundwinkel rann, und er verdrehte die Augen, bis das Weiße zu sehen war. Aber er war so eng von seinen Kameraden eingekeilt, daß er noch immer stand.

Ein weiterer Schwarm von Pfeilen und noch einer. Die Männer mit den Bögen versuchten es ihnen heimzuzahlen, aber es waren zu wenige, um irgendeine Wirkung auf die Masse auszuüben, die hinter den rautenförmigen Schilden den Hang des Hügels hinaufdrängte. Sie arbeiteten sich weiter und weiter hinauf, um schließlich die letzten paar Meter in klirrendem, von den Rüstungen schwerem Trab zurückzulegen.

Sie waren nun nah genug bei Mr. Leroux, daß er ihre Gesichter erkennen konnte, deren dunkle Augen unter

Metallbändern, die ihnen von den Helmen über die Nase hingen, im Schatten glänzten, während sie mit den breiten Schultern in etwas steckten, was wie ein lederner Mantel aussah, der fast bis zu den Knien reichte und mit breitköpfigen Nieten verziert war, die eher zu vollständig aus ineinandergehakten Eisengliedern gefertigten Westen gepaßt hätten.

Was hatte Dither sich nur gedacht? Eine Schlacht war wie ein Güterzug. Man konnte ihre Richtung genausowenig ändern, wie man zum Rangierbahnhof hinuntergehen und eine Lokomotive anhalten konnte, indem man mit erhobenen Händen vor ihr auf die Schienen trat. Es gab keine Möglichkeit für ihn, Byrhtnoth zu retten.

»Dex aide!« schrien die Wikinger durch den aufgewirbelten Staub, während sie heranstampften. *»Dex aide!«*

Was in aller Welt bedeutete das?

»Ut, ut!« antworteten die Angelsachsen. »Fort, fort!«

Und dann kam es zum Zusammenstoß, Schilde prallten gegen Schilde, Schultern gegen Schultern, große Schwerter und Äxte mit langen Griffen wurden hoch in die Luft geschwungen. Die Linie wich zurück, dann drängte sie nach vorn.

Ein schwerer Holzschild versetzte Mr. Leroux einen Stoß und schleuderte ihn gegen den Soldaten hinter ihm. Ohne darüber nachzudenken, schlug er mit seinem Schirm zurück, der aber wirkungslos vom Helm seines Angreifers abprallte, als der Mann mit seinem Schwertarm ausholte. Mr. Leroux schrumpfte regelrecht in sich zusammen und überlegte, wie es wohl sein würde, wenn man erstochen oder erschlagen wurde, wie lang es dauern und wieviel er davon schmerzhaft empfinden würde, als Wulf seine Mistgabel in die Brust des Wikingers trieb.

Noch mehr Männer riefen *»Dex aide«* oder *»Fort«*, noch mehr Staub wallte auf, und dann erklangen ferne

Trompeten. Der Druck schien nachzulassen, als sei ein Sturmwind allmählich im Abflachen begriffen. Die ungestümen Wikinger gingen einen und noch einen Schritt zurück, dann wandten sie sich um und rannten den Hügel hinunter.

Ganz am anderen Ende lief ein Bauer vorwärts und bedeutete seinen Kameraden mit einem Wink, dem geschlagenen Feind nachzusetzen, eine lächerliche Vogelscheuche, die nur aus Armen und Beinen bestand, mit Lumpen gekleidet und barfuß. Manche der Soldaten fingen an zu lachen, und selbst Mr. Leroux hatte Mühe, sich ein Lächeln zu verkneifen, aber gleichzeitig bewunderte er diesen armen Burschen für seinen Mut. Außerdem hatte er etwas unverkennbar Vertrautes an sich – nein, das konnte nicht sein!

Mit einem *Zong!* bohrte sich in der Nähe des Mannes ein Pfeil in den Boden, und als er sich umdrehte, stellte er fest, daß ihm niemand gefolgt war. Die Soldaten lachten derber, dann aber lenkten die Hörner der Wikinger alle Blicke auf den Fuß des Hügels, wo gerade berittene Edelmänner das zurückweichende Fußvolk beiseite trieben, als sie ihren Pferden die Sporen gaben.

Die Bauern zögerten einen Moment, betrachteten den heranstürmenden Reitertrupp und beeilten sich dann, den Hügel hinaufzuklettern wie eine Zeichentrickfigur, die gerade bemerkt hat, daß sie über den Rand der Klippe gelaufen ist und darum ringt, nicht abzustürzen. Im selben Moment trieb ein Reiter sein Pferd an die Spitze des Trupps und jagte unter dem Gelächter und den Beifallsrufen seiner Kameraden den Hang aufwärts, dem Mann hinterher. Er zog die Zügel an, als deutlich wurde, daß der Angelsachse wieder Schutz hinter dem Schildwall suchen würde, erhob sich in seinen Steigbügeln und salutierte vor dem Fliehenden, indem er seinen Speer in die Luft warf und wieder auffing. Dann warf er sein Schwert hoch, daß es hell blitzte, fing es genauso auf, um zu beweisen, daß er den Angelsachsen hätte haben können, wenn er gewollt hätte, rief den Männern hinter ihm etwas zu und peitschte sein Kriegspferd ungestüm die Steigung hinan. Seine Kameraden brachen in Jubelgeschrei aus und schlossen sich ihm im Galopp an, wobei die Lanzenfähnchen klapperten und schnarrten.

Er also war der Herold der Wikinger. M. Leroux sah seinen Text durch. Wiederum fand das Pferd keine Erwähnung, aber gleich schon würde er etwas sagen. »Ihr solltet rasch zu Eurer Sicherheit das Lösegeld entrichten, denn für Euch ist es besser, sich mit Geld vom Angriff unserer Speere loszukaufen«, oder etwas in der Art.

Wie auch immer, der Ritter sagte nichts. Nicht weit von dort, wo Byrhtnoth ihn aus dem Kreise seiner Leibwächter beobachtete, stürmte er mitten in die Reihen der Angelsachsen. Mr. Leroux sah ihn mit dem Schwert drauflos dreschen, während sein Pferd durchdrehte, sich auf die Hinterbeine stellte und stürzte, dann wurde er von einem Malstrom von Axthieben herabgezogen. Was für ein edelmütiger Mann, auch wenn er keine einzige Seele verspottet hatte! Und was für eine Schande, daß dieser Teil des Gedichts verlorenging! Aber es war anzunehmen, daß der Verlauf der Ereignisse von Mr. Leroux' Erscheinen geringfügig verändert worden war. Vielleicht gab es sogar Hoffnung für Byrhtnoth.

Die Hauptgruppe der berittenen Wikinger setzte ihren Weg den Hügel hinauf fort, folgte ihrem verlorenen Herald, hungrig nach Vergeltung. Für einen Augenblick vergaß Mr. Leroux sich selbst und verspürte einen Anflug von Erheiterung angesichts des bevorstehenden Zusammenstoßes. Wie hieß doch diese Phrase? Der »brausende Schlachtsturm«. Ja, als wenn Gewitterwolken über ein offenes Feld heranrollen, der Geruch von frischem Ozon in der Luft ist und elektrische Spannung, die einem die Haare im Nacken zu Berge stehen läßt.

Die Wucht, mit der die Reiter der Wikinger gegen den Schildwall stürmten, erschütterte die Linie auf ganzer Länge. Monströse Schatten zeichneten sich hinter dem Staub ab, schlugen mit Schwertern um sich, brüllten wie irr; große Pferde scheuten und wieherten, Augen rollten; helles, klares, die Nerven aufreibendes Klingen und Kreischen von Metall, das über Metall schrammte.

Mr. Leroux hielt sein Buch hoch wie einen Schild. *»Baerst bordes larrig«*, schrie er hinaus, *»and seo byrne sang gryreleotha sum.« Der Schildwall brach, und das Kriegshemd sang das Lied des Schreckens.*

»Ihr seid also ein Skop!« schrie Hrothfut, der plötzlich aus dem Nichts auftauchte. »Kein Wunder, daß ich Euch für einen Teufel hielt! Warum habt Ihr es mir nicht gesagt?« Er drosch wild auf die Rippen einer dunklen Fuchsstute los. »Dann seht zu, was ich vollbringe, damit Ihr meine Taten in Eure Lieder einflechten mögt.« Das Pferd schwankte, der riesige, gepanzerte Reiter geriet aus dem Gleichgewicht, und Hrothfuts Axt fällte ihn wie einen großen Baum. »Und ich werde unsterblich sein.«

Hoch droben zogen die schwarzen Vögel erwartungsvoll ihre Kreise.

Ein neuer Reiter erschien über ihnen und zielte mit seinem langen Streitkolben auf Mr. Leroux.

»Vergreift Euch nicht an meinem Skop!« brüllte Hrothfut und stieß dem Nächstbesten, dessen er habhaft werden konnte, den Streitkolben in den Weg. Es war Wulf. Aelfwine schrie, und Wulf drehte sich, aus dem Gleichgewicht gebracht, um die eigene Achse. Der Streitkolben zerschmetterte seinen Schädel von hinten. Sein Kopf wurde gewaltsam zur Seite geschleudert, sein Gesicht erstarrte im ungläubigen und erstaunten Ausdruck eines Neugeborenen, der zum ersten Mal das Licht der Welt erblickte, dann sank er hin.

Mr. Leroux schwang seinen Schirm mit beiden Händen. Das Pferd stellte sich auf die Hinterbeine, und das grobe Gesicht verzog sich zu einem erschrockenen, weiße Zähne entblößenden Grinsen, als plötzlich die Augen aus den Höhlen traten, der Körper erstarrte und im Sattel schwankte, bevor er in sich zusammensackte und herunterfiel wie ein Sack voll schmutziger Socken, der von der Arbeitsplatte einer Waschmaschine kippt. Dreorig trat zurück, ein Zinken von Wulfs Mistgabel war abgebrochen, der andere rot und feucht von Blut. Er sah Mr. Leroux an, Bestürzung schlug sich deutlich in seinem Gesicht nieder.

»Ich habe meinen Eid gebrochen«, sagte er.

»Schaut Euch das an!« rief Hrothfut, als er voranstürmte.

Aber Mr. Leroux drehte sich, um Wulf zu finden. Auf allen Seiten wurden die Toten zwischen den Schultern der Lebenden mitgeschleift, aber irgendwie ergab sich ein Zentrum des Sturms, in dem Wulf in einem Matsch aus Schlamm und zertrampeltem Gras auf dem Rücken lag. Seine Brust war eingesunken, und auf dem groben Tuch seiner Tunika begann sich ein Blutfleck auszubreiten. Sein Gesicht, das zu einem von Mr. Leroux' Studenten hätte gehören können, war kalkweiß, selbst die knabenhaften Hautunreinheiten zu einem kränklichen purpurroten Ton erbleicht, und die Augen starrten leer zu den kreisenden Krähen hinauf.

Aufrecht im Kampf
fielen die Krieger
von Wunden ermattet
schliefen sie unter den Toten

Und wo war Aelfwine? Verschwunden.

Durch das Geklapper und Geprassel von Pfeilen, die auf Helme und Schilde niederprasselten, tönten die Hörner. Zu ihrer Rechten zogen sich die Wikinger wieder zurück wie eine abebbende Welle, Pferde galoppierten und wirbelten durcheinander, als die Männer der *fyrd* ihnen, indem sie »Fort! Fort« riefen, den Hang hinab nachsetzten.

Ein Schauer der Vorfreude durchlief die Männer neben Mr. Leroux, und mit neuem Feuereifer drückten, stießen und hackten sie los, um es ihren Gefährten gleichzutun. Dann zog in dem Durcheinander etwas unterhalb ein pferdloser Ritter einen Kameraden aus dem Sattel und schwang sich auf den Rücken des Tieres. Er rief den vorbeiströmenden Männern etwas zu, aber als sie sich weigerten innezuhalten, erhob er sich in seinen Steigbügeln und riß sich den Helm herunter.

Ein ganz gewöhnlicher Kopf, vorne etwas kahl, so daß er wie das Oberteil eines Helmes im vom Westen fallenden Sonnenlicht glitzerte, die Rückseite des Schädels bis auf Höhe der Augen rasiert, massige Schultern und Arme und ein hervorgewölbter kleiner Bauch, der Mr. Leroux' eigenem nicht ganz unähnlich war.

Die Wirkung war ungeheuer. Rufe überschlugen einander und die Masse von Männern und Pferden verdichtete sich, wurde langsamer und erstarrte.

Was für eine Schande, dachte Mr. Leroux, daß der Name dieses Anführers nicht in dem Gedicht genannt wurde. Vielleicht konnte Dreorig die Schreiber in Winchester dazu bringen, ihn nachträglich einzufügen. Oder Mr. Leroux konnte ihn in seine Monographie aufnehmen.

In der Zwischenzeit formierte der Führer seine Männer und hetzte sie erneut gegen die in Unordnung geratenen Angelsachsen. Sie versuchten den Hügel hinauf zu fliehen, aber der Hauptmann der Wikinger war überall, schrie und teilte Hiebe aus, und binnen Augenblicken hatte auch der letzte Mann der *fyrd* im Staub und zwischen den Reitern die Orientierung verloren. Mr. Leroux schüttelte den Kopf. Selbst er konnte den Unterschied zwischen den kampferprobten Wikingern und den ungeschliffenen angelsächsischen Milizsoldaten erkennen.

Wieder die Hörner, wieder den Hang hinauffegende Reiter, wieder drehte sich der Magen um und zitterten die Knie vor dem Zusammenstoß, wiederum krachte und klirrte es, wirbelte Staub auf und waren Schreie und Wiehern zu hören. Und so ging es Stunde um Stunde weiter, die Frontlinie schwankte mal nach vorn und mal zurück. Müdigkeit fraß zwischen Mr. Leroux' Schulterblättern um sich. Er fürchtete, daß die Zeit aus den Fugen geraten sein könnte und sich in einer Art Kreislauf ständig wiederholte; die Schlacht mochte in alle Ewigkeit fortdauern, Wulf ins Leben zurückversetzt werden, um zu kämpfen und erneut zu sterben. Dann aber erzitterte unter »Fort! Fort!«-Rufen die Linie der Angelsachsen und buchtete sich aus, als die Wikinger zurückwichen.

»Worauf wartet ihr noch, Freie?« drängte Hrothfut, den die Kampflinie der Schlacht wieder einmal in der Nähe auftauchen ließ. »Selbst Schweinen gelüstet es nach Ruhm und Ehre!« Er warf einen bedeutungsvollen Blick auf Mr. Leroux, um sicher zu sein, daß seine heroischen Anfeuerungen auch beachtet wurden.

Und genau in diesem Moment erschien, ebenso plötzlich wie der Anführer der Wikinger unter seinen zurückweichenden Männern, unmittelbar vor Mr. Leroux' Nasenspitze ein Tankflugzeug auf der Suche nach einem B 52-Bomber. Ein schwarz- und gelbgestreiftes Tankflugzeug.

Eine Wespe.

Wie um alles in der Welt eine Wespe ihren Weg in eine Schlacht gefunden hatte, die mitten im Oktober stattfand, war unbegreiflich. Jedenfalls schwebte sie dort unter blitzenden Schwertern und umherschwirrenden Speeren und machte sich zum Stich bereit.

Und wenn es etwas gab, was Mr. Leroux noch mehr haßte als Menschenmengen, große Höhen, geschlossene Räume, offene Plätze, Kaumuskelkrämpfe, in einem Restaurant an Speisen zu ersticken, Polizisten mit Vergleichender Literaturwissenschaft als Studienfach, sich wie ein Kugelfisch aufzublähen und zu joggen, dann war es ein Stich in seine Nase.

Die Wespe war auf die Rose an seinem Revers aus. Er hatte sie über die Spanne von tausend Jahren völlig vergessen, aber sie war noch da, nur leicht angewelkt, und lugte so eben über den Kragen seines Overalls. Er zerrte daran, aber an der Unterseite hatte sich ein Dorn verhakt und machte es genau so schwierig, sie herauszuholen, wie es schwierig gewesen war, sie hineinzustecken. Er versuchte der Wespe den Rücken zuzukehren, während er am Stil zog, doch die Männer der *fyrd* drängten sich von allen Seiten so dicht zusammen, daß ihm kein Bewegungsspielraum blieb. Die Wespe schillerte, als sie eine Schleife aufwärts zog und mit einem *ssssss* wie ein Stuka, der eine russische Lastwagenkolonne verfolgte, in den Sturzflug überging. Mr. Leroux hüpfte aus der Reihe wie ein feuchtes Stück Seife.

»Seht den Ruhmsüchtigen furchtlos dem Gefecht entgegenschreiten!« schrie Hrothfut hinter ihm. »Wartet auf mich! Folgt, ihr Söhne des Abschaums, auf daß auch wir die Schlachtordnung des Ruhmes einnehmen mögen.«

Mr. Leroux, der gerade vor einer Wespe davonrannte, die es auf seine Nase abgesehen hatte, war zu sehr in Anspruch genommen, um zu bemerken, daß die Linie wie alte Tapete auseinanderriß und sich hinter ihm über den Hang verstreute. Er überlegte statt dessen, wie ihm, von seiner Großmutter abgesehen, jemals irgendwer hatte erzählen können, daß man nur stillhalten mußte, damit eine Wespe einen in Frieden ließ. Als er sich so dem tödlichen Wirrwarr am Fuß des Hügels näherte, zog er die Bremse an, und die Wespe schoß an ihm vorbei und flog in einer spitzen, aufwärts gewundenen Spirale davon. Mr. Leroux schluckte tapfer.

»Fort!« dröhnte das Geschrei der Angelsachsen hinter ihm wie Donnerhall herunter.

»Autsch!« schrie Mr. Leroux, als ein schrecklicher, pulsierender Schmerz seine Nase durchfuhr und sich über Stirn und Wangen ausbreitete. Seine Augen tränten, und hinter den Lidern brannte ein Feuerwerk ab.

»Dex aide!« schrien die Wikinger.

»Das ist kein Altnordisch«, rief Mr. Leroux, als ob der Stachel eine verschüttete Erinnerung in ihm angebohrt hätte. »Das ist Französisch!« Und gleichzeitig erkannte er den helmlosen Anführer, der von irgendwoher wieder auftauchte, um seine Falle zuschnappen zu lassen, seine fliehenden Krieger umzukehren und die Reiter loszuschicken, die er in den Gehölzen auf beiden Seiten versteckt hatte. Ein Schwarm von Pfeilen schwirrte über Mr. Leroux' Kopf auf die verbliebenen Angelsachsen auf dem Hügel zu.

Der Augenblick erstarrte. Selbst die Pfeile schienen sich zu verlangsamen, träge den Hang hinaufzusteigen.

Mr. Leroux wußte, was er sehen würde, und er versuchte wegzuschauen, aber er konnte nicht widerstehen. Oben auf dem Hügel drängten sich die Leibwächter unter der Drachenstandarte zusammen – die natürlich nicht zu Essex, sondern zum Königreich Wessex gehörte. Und der Mann, der da sein erschrockenes Pferd besänftigte, war nicht Byrhtnoth, sondern der König. Und schon traf der schicksalhafte Pfeil sein Auge, und er stürzte.

Ein wildes Lächeln entbrannte auf Hrothfuts Gesicht, während er seine Axt gegen die Feinde schwang, die von allen Seiten heranrückten. »Singt es, sie mögen mir meinen Herrn nehmen«, schrie er Mr. Leroux zu, »aber kein Mann darf verkünden, ich werde ohne meinen Herrn heimkehren.« Er holte erneut mit der Axt aus. »Sehet den ...«

Der unvermutete Hieb eines Breitschwertes ließ ihn zusammenknicken, durchtrennte die Glieder seines Kettenhemdes, zerbrach ihm die Knochen im Leibe, und so sank auch er zu Boden.

Zur Hölle mit Dither, zur Hölle mit seinem Computer und zur Hölle mit seinen Träumen. Aus Augen, die vor Tränen brannten, ließ Mr. Leroux seinen Blick von der Stelle, wo König Harold lag, bis dorthin wandern, wo jener Wilhelm ritt, aus dem Mr. Leroux verrücktes Vorwärtsstürmen den Eroberer gemacht hatte.

8

Ein Wolf heulte, aber es war kein romantisches Winseln wie in den zahllosen Wildwestfilmen, die Mr. Leroux' Großmutter ihn nie hatte anschauen lassen, sondern das Heulen eines Geschöpfes, das so von seinen Bedürfnissen getrieben wurde, daß es die Gefahr auf sich nahm, unter den lebenden Menschen umherzuschleichen, die es fürchtete, und dem es verhaßt war, sich an den Toten zu vergreifen, nach denen es hungerte. Mr. Leroux, der mit den anderen Gefangenen zusammenhockte, dachte an Wulf, der jetzt seinem Namensvetter als Nahrung diente, und preßte den Druckknopf am Trageriemen seines Taschenschirms fest und löste ihn wieder. Hrothfut war tot, Harold, sogar Aelfwine.

Ach, *ubi sunt*?

Und Dreorig. Mr. Leroux hatte ihn nicht mehr gesehen, seit er selbst von einem normannischen Kuhhirten in die Enge getrieben worden war, der mit wilder Stimme *»Se ceder, vache!«* brüllte und ihn mit einem Dolch durch die Vororte des Gefechts in diesen stillen Hinterhof scheuchte, der den Verwundeten und Gefangenen gehörte. Jetzt gab es für ihn keine Möglichkeit mehr, auf die Klippe zurückzugelangen, auch wenn er wußte, auf was er gefaßt sein mußte, wenn er sich dorthin begab. Er würde für den Rest seines Lebens in einem falschen Jahrhundert in der Falle sitzen, ohne Natron für den Magen, ohne Desinfektionsmittel, ohne ...

Ohne Dither. Allmählich kam ihm die Tatsache seines

Verlustes zu Bewußtsein und er spürte, wie sehr er ihn vermißte. Er hatte jene Art von Würde besessen, die ein Glaube sogar gegen ein tragisches Geschick behaupten kann. Mr. Leroux hatte nie darüber nachgedacht, aber jetzt wurde ihm klar, daß Dither unter der Oberfläche seines Kommunikationsgetues ein Romantiker gewesen war. Dort verbarg sich die Triebfeder seiner Importobstboykotte, Friedensmärsche und Anti-Bonzen-Petitionen. Und als der Overhead-Projektor explodierte, war er den Tod eines Romantikers gestorben, so wie Byron dem Fieber erlag, als er für die Freiheit Griechenlands kämpfte, oder Shelley auf See unterging.

Er versuchte die Tränen zurückzuhalten, die aus seinem linken Augenwinkel rannen. Armer, armer ...

»Als Verständigungsspezialist bin ich Weltklasse«, sagte Dithers Stimme aus einer unbestimmten Richtung. »Davon rede ich die ganze Zeit. Hey, Leroux, bin froh, daß Sie in Ordnung sind.«

»Dither!«

»Ja?«

»Sind Sie's wirklich?«

»Ja, klar.«

»Aber Sie sind am Leben! Warum s'nd Sie n'cht mit dem Proj'ktor 'n die Luft geflog'n?« Mr. Leroux bemerkte, daß er sich wie der Bursche hinter der Theke anhörte.

»Eine gute Frage«, sagte Dither. »Ich erinnere mich nur daran, daß ich unter dem Hinterteil eines Pferdes aufgewacht bin. Sie haben mich Heu tragen lassen und behandelt wie einen Idioten – mich, den Kommunikator schlechthin. Dann haben sie mich zur Front raufgeschickt, wo die Pfeile und das ganze Zeug rumflogen. Schönen Schlamassel haben Sie da angerichtet, die Leute in die Falle zu locken.«

»Dann war'n *Sie* das, der 'ngreif'n wollte«, stammelte Mr. Leroux. »Hab'n Sie heute früh d'n Männ'rn zugewunk'n, Ihn'n zu folg'n?«

»Ich habe Fäden der Verständigung zu knüpfen versucht.«

»Mich hat j'd'nfalls eine W'spe gest'chen«, bemerkte Mr. Leroux mürrisch. Er versuchte seine geschwollene Nase anzuvisieren, aber die Blickrichtungen seiner Augen überkreuzten sich andauernd, und er fürchtete, das könnte zu einem Dauerzustand werden. Seine Großmutter hatte ihn auf jeden Fall immer davor gewarnt. Aber sie hatte ihm damals auch erzählt, daß er rot anlaufen, sich wie ein Kugelfisch aufblähen und sterben würde, wenn er gestochen würde, und er war trotzdem nicht gestorben.

War die alte Dame etwa eine Psychopathin gewesen?

»Schätze, ich habe die falschen Engerlinge für alles verantwortlich gemacht«, sinnierte Dither und sah auf seinen Chronometer. »Jedenfalls bleiben uns noch zwei Stunden und sechzehn Minuten, um den Schaden zu beheben, den Sie angerichtet haben, und wieder auf die Klippe zu steigen, sonst hängen wir hier endgültig fest. Denn ich brauche Ihnen wohl nicht zu sagen, daß sich unser Gelegenheitsschlupfloch schneller zusammenschließt als ein von drei Seiten gestarteter Sturmangriff, wenn man durch die Abschirmung hochzustoßen versucht.«

»Abi! culvert, malvais hom de put aire«, rief eine der Wachen. Er stieß Dither das Ende seines Speers hart in den Rücken. »Schweigt!«

Sie gehorchten. Doch das Stöhnen der Verwundeten begann die Dunkelheit auszufüllen, und Mr. Leroux mühte sich, an etwas anderes als an die Wölfe zu denken. Er hörte dem Gemurmel der Wachen zu. Was für ein dürftiger Ersatz für echtes Französisch das war, so als ob sie in Aelfwines Rüben gebissen hätten. *Caval* für Pferde anstelle von *cheval,* wie es richtig hieß.

Gerade hatte ein einzelner hochmütig wirkender Ritter in einem fleckigen Lederwams seinem Pferd die Zügel angezogen und begutachtete die Gefangenen mit verachtungsvoller Miene. Wie alle übrigen Adeligen sah er wie ein Möbelpacker aus. Er trug keinen Vollbart, sondern einen Backenbart, zwei lange Büschel Haare, die von dem Schnurrbart auf seiner Oberlippe wuchsen und Mund und Kinn umrahmten. Ein weiterer Reiter hielt an, der noch kräftiger aussah – es war jener breitschultrige, schwellbäuchige Mann, der an diesem Nachmittag seine Truppen wieder mobilisiert hatte, indem er den Helm abnahm.

»Wilh'lm der 'rober'r«, sagte Mr. Leroux zu Dither.

»Er?« fragte Dither. »Vielleicht könnte ich ihn überreden, aufzugeben und nach Frankreich zurückzukehren ...«

»Sind Sie verrückt?«

»Die Möglichkeiten eines gerissenen Kommunikators sind unbegrenzt.«

»Warum verlieben Sie sich nicht einfach in jemand anderes? Es gibt durchaus junge Damen, die von einem Gentleman nicht verlangen, als Gegenleistung für ihre Zuneigung den Verlauf der Geschichte zu verändern, wissen Sie.«

Aber Dither hörte nicht zu. Er hatte wieder diesen Ausdruck im Gesicht. »Ich habe die ganze Zeit über gedacht, wir müssen in das Kräftespiel der angelsächsischen Kultur eingreifen. Das war bescheuert!«

»Allerdings«, bestätigte Mr. Leroux.

»Denn wenn die Normannen hier ans Ruder kommen, dann sind *sie* es, die wir umkrempeln müssen! Wir werden *ihr* Bewußtsein heben, verstehen Sie? Ich werde Selbsterfahrungsgruppen einrichten, Diskussionsrunden anregen, Gruppentherapiekreise, Gruppen für Gruppen, es ihnen völlig bequem machen, anderen ihre Gefühle ...«

»Dither, wir sind hier im Mittelalter. Niemand hat je über irgendwelche Bequemlichkeiten verfügt. Sie haben noch nicht einmal Zentralheizungen.«

»Und auch keine Ausschüsse, die sich mit ihren Ungerechtigkeiten befassen, bevor sie zur gesellschaftlichen Praxis werden«, fuhr Dither fort. »Sie könnten lernen, selbständig jeder Unterdrückung, Unterwanderung und Untergrabung vorzubeugen und Quoten aufzustellen, damit die Angelsachsen als gleichberechtigte Arbeitskräfte in der Bauindustrie vertreten sind, etwa beim ... Na, ich weiß nicht – beim Bau von Kirchen, Burgen und ... nun, was die Normannen auch immer fabrizieren.«

»D'lche.«

»Und damit meine ich keine Alibi-Angelsachsen, sondern ich rede von richtigen Jobs für männliche *und* weibliche Leibeigene. Auch im Büro und in der Verwaltung. Können Sie das für mich übersetzen?«

»Kein'sf'lls.«

»Ich habe den Bakkalaureus der Naturwissenschaften gemacht, damit ich keine Sprache belegen mußte, und lediglich einige Wochen Spanisch auf der weiterführenden Schule gehabt, bevor ich in diesen ungeheuren Alptraum geschlittert bin, aber im Gegensatz zu Ihnen habe ich keine Angst davor, es zu versuchen.«

Er ging zu Herzog Wilhelm und seinem Gefährten und hielt vor den Steigbügeln des Herzogs inne. *»Est usted la employer Action Affirmativ?«*

Ein ganzer Pulk von bewaffneten Männern warf sich auf den gefährlichen Dither und rang ihn zu Boden, als wären sie Leute des Geheimdienstes.

»Bitte tut ihm nicht weh!« wagte Mr. Leroux sich vor.

Der Herzog lehnte sich leicht zurück und musterte Mr. Leroux. »Wie ist Euer Name?« fragte er.

»Leroux.«

Der Herzog neigte den Kopf, dann öffnete er die Lippen zu einem breiten Grinsen. Er beugte sich vor und stieß einer Wache, die nah bei ihm stand, den Helm wie einen Flaschendeckel vom Schädel, wobei ein üppiger roter Haarschopf zum Vorschein kam.

»Le roux, aussi!« brüllte er und warf mit einem Lachen,

das nach einem verirrten Schleppkahn klang, den Kopf zurück. Es war das Lustigste, was ihm zu Ohren gekommen war, seit er den Bürgern von Alençon die Nasen aufgeschlitzt und die Ohren abgeschnitten hatte.

Mr. Leroux sah verdrießlich drein. Obwohl er gelegentlich über den Umstand nachgegrübelt hatte, daß sein Name französischen Ursprungs sein könnte, hatte er nie die Möglichkeit erwogen, von einem rothaarigen Normannen abzustammen. Und nun stand er einem Kerl gegenüber, bei dem es sich um seinen eigenen Urur ... großvater handeln mochte, der vor neunhundert Jahren lebte. Er betrachtete die Lücken zwischen den vergilbten Hauern, die helle Narbe, die sich wie die Spuren von Skiern über eine Skipiste auf einer Seite von der Wange über den Nasenflügel hinzog, ein blaßblaues, totes und ein funkelndes, lebendiges Auge.

»Ich hoffe, Ihr habt keine Söhne«, sagte Mr. Leroux.

»Le roux, aussi!« tönte Wilhelm wie ein Nebelhorn für den Fall, daß irgendwer es überhört hatte. Ein Aufruhr in der Dunkelheit unterbrach ihn und einige weitere Soldaten stolperten hervor, trieben ihre Gefangenen ins Licht des Feuers voran.

»Regardez la bonne chance!« jubelte einer und riß einem der Gefangenen den Helm vom Kopf.

»Aelfwine!« keuchte Mr. Leroux.

Sie starrte unbewegt auf den Boden.

»Une fille!« rief der Ur-Leroux.

»Aelfwine?« wiederholte Mr. Leroux.

Diesmal wandte sie ihm ein verweintes Gesicht zu, strich die kastanienbraune Haarflechte mit dem Handrücken beiseite. Irgendwie ließen das breite Gesicht und die Hasenzähne sie noch schutzloser aussehen. Der Rothaarige riß ihren Kopf an den Haaren herum.

»Hört auf damit!« krächzte Mr. Leroux, was ihn sogar selbst überraschte.

»Lehnsherr«, protestierte die rothaarige Wache. »Sie gehört uns.«

»Ich war dabei, als heute ihr Mann getötet wurde«, sagte Mr. Leroux.

Herzog Wilhelms Lächeln schwand. Er blickte wie aus großer Entfernung von der Wache zu Aelfwine, als dächte er an die Tochter des Gerbers in Falaise, die sein Vater ans Ufer des Teiches gebracht hatte, wo sie ihm beim Wäschewaschen aufgefallen war.

»Nehmt den Rest Englands«, sagte der Herzog und straffte sich im Sattel. »Überlaßt sie ihrem Schmerz.«

Die rothaarige Wache verneigte sich widerwillig mit einem Seitenblick zu Aelfwine.

»Wahrlich, ich proph'zeie Euch«, sagte Mr. Leroux in dem besten Französisch, das er aufbieten konnte, »daß man Euch von dies'm Tag an Wilh'lm der 'rob'r'r nenn'n wird.«

Der Herzog lächelte. »Alles ist besser als Wilhelm der Bankert.« Er bedeutete den Wachen, Dither aufstehen zu lassen, dann wendete er sein Pferd und ritt in die Geschichte zurück.

Mr. Leroux nahm einen Schlauch Wasser von einem Mitgefangenen entgegen und reichte ihn an Aelfwine weiter. Sie trank und wischte ihren Mund mit dem Handrücken ab. Sie hatte eine Kraft in sich, die er auf seltsame Weise anziehend fand. Er blickte an ihr vorbei auf die Röte des westlichen Himmels. Die Sonne hatte heute mehr als einen Tageslauf zurückgelegt. Die Welt hatte etwas Seltsames und Wundervolles verloren. Ungeachtet all seiner Überheblichkeit hatte sich Hrothfut durch einen unverwässerten germanischen Mut ausgezeichnet, den die Welt nicht wieder erleben würde, und Dreorig ungeachtet all seiner Schwermut durch tiefere Einsichten als die meisten anderen Menschen.

Er verspürte das Bedürfnis, dieser vergehenden Epoche ein Zeichen zu setzen. Sein poetischer Sinn fürs Altenglische war diesem Anlaß zwar nicht ganz angemessen, aber er hatte noch zur Verfügung, was von der *Schlacht* übriggeblieben war. Er holte den Rest hervor.

Die ersten Worte der obersten erhalten gebliebenen Seite lauteten: »*... brocken wurde*«, – *... waren zerstört.* Wie wahr. Er räusperte sich und fing im flackernden Licht des Feuers mit ruhiger, leiser Stimme an zu lesen – nein, eher zu singen.

... brocen wurde.
Het thea hyssa hwone
hors forleatan.

»Ein Skop!« flüsterte ein Gefangener. »Ein Wortflechter!«

Mr. Leroux errötete. Er war kein wirklicher Skop, er zitierte nur, trug die Zeilen von jemand anderem vor, aber auch die restlichen Männer wandten sich dem Trost der vertrauten Verse zu.

»Fabelhaft, Kollege«, sagte Dither leise. »Halten Sie die Leute bei Laune, solange ich mir etwas überlege.«

Irgendwo hatte irgendwer eine Leier und schlug feierliche Akkorde zu den vier Akzenten in jeder Zeile. Eins-zwei drei-vier, eins-zwei drei-vier. Wie die jungen Krieger von ihren Pferden befohlen wurden und sie davonschickten, wie Offas Blutsverwandter seinen Falken losmachte und Eadric seinen Eid schwor, wie der Herold der Wikinger spottete und Byrhtnoth sie herüberließ, wie Aelfnoth und Wulfmaer fielen. Ringsum glänzten Tränen in den Augen, als Mr. Leroux den Männern angesichts ihrer Niederlage den Spiegel einer anderen fünfundsiebzig Jahre zurückliegenden Epoche vorhielt. Er las von der letzten Seite, wie der alte Gefolgsmann Byrhtnoth seine Getreuen anhielt weiterzukämpfen, auch wenn ihnen klar war, daß sie unterliegen mußten.

Hyge sceal thy haerdra,
heorte the cenre
mod scael thy mare,
thy urge maegen lytlath.

Der Harte wird untergehen, der Weiche Mut gewinnen, die Menge Kühnheit, wenn unsere Stärke schwindet.

Es war ein weiteres Stück übrig über Godric, der seinen Speer dem heranrückenden Feind entgegenschleuderte, aber der Kloß in Mr. Leroux' Kehle war zu groß, um fortzufahren.

»*Thaet waes god sang*«, sagte Aelfwine.

Mr. Leroux blickte in ihr breites Gesicht, zutiefst geschmeichelt.

»Von wahrem Wert ist nicht zu kämpfen, wenn die Hoffnung groß ist«, sagte ein Zuhörer, »sondern standzuhalten, wenn es keine Hoffnung mehr gibt.«

Mr. Leroux versuchte den Schleimtropfen wegzuwischen, den die Kälte des Oktobers auf seiner Nasenspitze hatte gerinnen lassen, und er spürte einen stechenden Schmerz. Er erinnerte sich an den Anblick der Wespe aus nächster Nähe. Was für widerliche Gesichter diese verdammten Biester hatten. Es gab wahrscheinlich nichts Erschreckenderes als das Gesicht eines Insekts. Sie berührten irgendeine atavistische Angst in der Tiefe der menschlichen Seele. Er vergrub die Hände in die Taschen seines Overalls und fühlte etwas.

Lieber Gott. Wenn man einmal anfing, heroische Ideen zu verfolgen, dann konnte das zur Gewohnheit werden.

Aus dem Dunkeln tauchte die rothaarige Wache auf, das Gesicht zu einem begierigen Lächeln verzogen.

»Wissen Sie was, Kollege«, sagte Dither. »Dieses eine Mal bin ich ratlos. Wir könnten hier für immer festsitzen. Möglicherweise werde ich mein Gegenstück nie wiedersehen.«

»Verzage nicht, weiser Krieger«, flüsterte Mr. Leroux, indem er aus dem *Beowulf* zitierte. »Je schlimmer die Dinge werden, um so stärker müssen wir sein. Helfen Sie Aelfwine, wenn ich sage, daß es soweit ist.« Er wandte sich ab, damit die Wache nicht mitbekam, wie er in seine Tasche langte, aber der Mann war ohnehin zu sehr mit Aelfwine beschäftigt, um etwas zu bemerken.

»Kommt, Weib«, sagte er.

»*WIE BITTE?*« piepste Mr. Leroux, als er zwischen sie sprang.

Die Wache sah sich dem glotzäugigen Blick eines fliegenköpfigen Dämonen gegenüber, der mit einem schwarzen Stab auf ihn zeigte.

»Beelzebub!« schrie der Mann.

Der schwarze Stab platzte auf wie ein Kugelfisch, und die Wache stolperte hinterrücks über das ausgestreckte Bein eines Angelsachsen ins Feuer.

»Jetzt, Dither!« rief Mr. Leroux und hüpfte über den hingestreckten Rothaarigen.

Das sonderbare Gespann hastete durch die Finsternis – der schlaksige Dither, die angelsächsische Frau mit ihrem Sackleinenumhang und den hinter ihr her flatternden Haarflechten und Mr. Leroux in seinem Overall und der Gasmaske, verfolgt von einem Mann in einem schwelenden Umhang. Dann gelangten sie an ein zweites Lager, andere Männer in klirrenden Kettenhemden wedelten mit ihren Schwertern und Fackeln und schrien Verwünschungen in ganz schlechtem Französisch.

Der angesengte Rothaarige begann aufzuholen, insbesondere hinter Mr. Leroux. Er war kurz davor, sie umzubringen. Mr. Leroux war nur einmal in ähnlich enge Berührung mit einem solch rauhen darwinistischen Kampf ums Dasein gekommen, nämlich als er in Dithers Wagen gesessen hatte und ein brandneuer Saab auf ihre hintere Stoßstange aufgefahren war. Aber es gelang ihnen dennoch, ihn abzuschütteln und sich unter den Rindern und Ochsenkarren des herzöglichen Troß zu verlaufen.

»Das ist Malle!« rief Aelfwine und hielt inne.

»Ein Freund?« fragte Mr. Leroux.

»Unsere Kuh!« Ein großes Stück Vieh, das am Rad eines mit Fässern beladenen Wagens angebunden war, betrachtete sie ruhig.

»Los, weiter!« drängte Dither.

Mr. Leroux half ihr, die Kuh loszubinden. »Fällt Ihnen vielleicht eine bessere Tarnung ein?« fragte er. »Wir werden aussehen, als würden wir Proviant für die Armee transportieren.«

»Aber Sie gehen in die falsche Richtung«, sagte Dither und drückte auf den Beleuchtungsknopf seines Chronometers, um den eingebauten Digitalkompaß abzulesen. »Dieser Weg führt zum Meer.«

»Das würde stimmen, wenn dies Maldon wäre«, erwiderte Mr. Leroux. »Aber hier entlang geht es ins Lager zurück. Folgen wir Aelfwine. Sie kennt die Gegend.«

Wie auch immer, Mr. Leroux fühlte sich nirgendwo auch nur annähernd so tapfer, wie es sich anhörte; jeder Schritt war von schmerzhafter Anspannung begleitet. Aber irgendwie durchquerten sie das Durcheinander hinter den Truppen und tauchten in die stille Dunkelheit im Süden ein. Der Halbmond stieg hoch in den Himmel auf, hielt Schritt und verbreitete gerade genug Licht, um den Weg auszumachen. Weit hinter ihnen heulte ein Wolf.

Schließlich breiteten sich vor ihnen die Felder aus, und die Gehölze begannen denen zu ähneln, von denen Mr. Leroux noch wußte, wie er sich am Vortag darin versteckt hatte. Plötzlich ertönten hinter ihnen Rufe. Und da war wieder der helmlose Ur-Leroux, möglicherweise ein Vorfahr vieler noch ungeborener Lerouxes bis hin zu Mr. Leroux selbst, und rannte sich die Seele aus dem Leib. Er fuchtelte mit einem monströsen Breitschwert, vor Raserei blind für die rötlichen Flammen, die sein Lauf wieder auf der Rückseite seines Umhangs hatte auflodern lassen. Vielleicht wäre genug Zeit geblieben, die Bäume zu erreichen, wenn Malle nicht unterwegs ein Büschel frischen Klee entdeckt hätte.

Aelfwine zerrte am Strick, aber obwohl Malle den Kopf senkte und ihr Hals gestreckt wurde, weigerten sich ihre Füße, sich von der Stelle zu rühren. Mr. Leroux faßte mit ans Seil, um zu helfen.

»Sterbt!« schrie der Feuerteufel und kam nah genug heran, um sein Breitschwert zu schwingen.

Mr. Leroux duckte sich bloß und stieß mit seinem Schirm zurück. Es war einer dieser Momente, wenn sich alles zu verlangsamen scheint, und Mr. Leroux konnte jeden Winkel und jede Geschwindigkeit berücksichtigen. Die Spitze seines Schirms würde den Ur-Leroux an der weichen Stelle an seinem Hals treffen und ihn töten. Aber was dann? Wenn dieser Mann wirklich sein Vorfahre wäre, würde sich Mr. Leroux dadurch selbst auslöschen? Würde er Schmerzen empfinden, wenn sein Schirm sich in den Hals seines Ahnherrn bohrte? Oder würde er einfach verschwinden wie ein Stern, den eine Wolke verdeckte?

Und hatte er überhaupt das Zeug dazu, ein menschliches Wesen zu verletzen?

Er sollte es nie herausfinden. Kurz bevor die Spitze seines Schirms zustach, traf ein weiterer dieser Schläge, die Schädel und Schultern zerschmetterten und Augen verdrehten, und sein Schirm zielte ins Leere. Der rotschöpfige Kopf war einfach nicht mehr da.

Dafür stand Dreorig jetzt vor ihm, ein blutbeflecktes Aststück in den Händen. Vor seinen Füßen lag mausetot der Normanne, das Feuer breitete sich über seinen Umhang aus.

»Seid Ihr sicher, daß Ihr keine Hexe seid?« fragte Dreorig.

»Er ist da hinten ins Lagerfeuer gefallen«, erwiderte Mr. Leroux. »Wie seid Ihr hergekommen?«

»Wer immer sich vor Bruder Cnut und seiner Weidengerte verstecken kann, wenn er's auf ihn abgesehen hat, vermag auch ein paar betrunkene Normannen zu überlisten. Seid Ihr wohlauf?«

Mr. Leroux betastete sich am ganzen Körper. Er hatte sich nicht in Luft aufgelöst. Zuletzt befühlte er seine Nase. Sie war noch immer da, noch immer angeschwollen, aber nicht mehr so schlimm wie vorher. Er hatte also recht gehabt, als er Dither vor langer Zeit einmal gesagt hatte, daß keine einzelne Handlung die Geschichte verändern konnte.

Es sei denn, natürlich, daß der Mann überhaupt nicht sein Vorfahre gewesen war.

»Los, los«, sagte Dither. Er drückte einen Knopf, und ein grünes Leuchten ging von seinem Chronometer aus wie ein Schimmer aus einem Bottich voller verdorbener Austern. »Wir sind fast zu spät!«

Mr. Leroux legte hastig eine Hand auf die Uhr. »Wollen Sie, daß sie uns entdecken? Dreorig, helft Aelfwine, uns auf den Hügel zu bringen, wo Ihr uns gefunden habt.«

»Um noch mehr Zauber zu vollbringen?«

»Um heimzukehren.«

»Oh, gewiß«, sagte Dreorig mit einem Schulterzukken. »Ich schätze, man könnte uns genau so leicht töten, wenn wir hierblieben.«

Etwas weiter zogen sie die Kuh unter den Zweigen in eines der Gehölze, bevor sie das letzte Stück zur Hügelkuppe hinaufklommen. Schließlich blies ihnen der harte Seewind kühl ins Gesicht, während sie dastanden, und die weiße Brandung erstrahlte in einem magischen Licht, wo das Mondlicht sie beim Hinwegrollen über die Flanken des schwarzen Wassers einfing. Dreorig deutete stumm auf die Gruppen von Soldaten, die unten zwischen den gestrandeten Schiffen umhergingen.

»Wie wollen wir ein hohles Loch in der Luft erkennen?« flüsterte Mr. Leroux.

»Achten Sie auf das Lasergitter«, antwortete Dither. »Der Computer ist darauf programmiert, ihn anzuschalten, um den Zugang zum Versorgungstunnel kenntlich zu machen, wenn das Schlupfloch sich wieder öffnet.«

Mr. Leroux sah sich um. »Ich sehe überhaupt nichts.«

»Deshalb brauchen wir Feuer.«

»Werden wir damit nicht auf uns aufmerksam machen?«

»Es wird vor allem ein Brechungsmedium schaffen, damit wir den Strahl sehen können«, sagte Dither. »Mein Gegenstück hat das so gemacht, um uns aus Rom verschwinden zu lassen. Haben Sie Streichhölzer?«

Mr. Leroux besaß keine, denn er hielt nicht viel vom Rauchen, aber wie es sich so ergab, hatte Dither ein durchsichtiges Plastikfeuerzeug dabei, in das eine künstliche Fliege und ein Angelhaken eingeschlossen waren. Dreorig begann mißtrauisch zu werden, als er losgeschickt wurde, um ein paar Handvoll trockener Blätter zu sammeln. Als er zurückkam, ging Dither in die Knie und hielt das Feuerzeug dagegen, ohne daß ein Funke übersprang.

»Ihr geht besser«, sagte Mr. Leroux. »Sie werden das Feuer sehen, falls wir es überhaupt jemals anbekommen.« Er durchsuchte seine Taschen und fand die zerfetzten Überbleibsel der *Schlacht von Maldon.* »Hier«, fügte er hinzu und gab sie Dreorig.

»Ein solch kostbares Geschenk?« protestierte er.

»Kauft Euch damit Eure Unterkunft bei den Mönchen zurück. Ich kann jederzeit ein neues Exemplar bekommen.«

»Ja, ich könnte die Höllenmönche darum bitten, eine Abschrift für Euch anzufertigen.«

»Nein, nein, es fehlen die vorderen und die hinteren Seiten. Wenn es jemals Verbreitung fände, hätte das verheerende Auswirkungen auf das Textstudium.«

Dreorig wirkte verwirrt.

»Nun zu Euch, Aelfwine«, sagte Mr. Leroux. Er drehte die Rose aus seinem Revers und gab sie ihr. »Dante wird Beatrice mit einer weißroten Rose eine größere Freude machen, aber nehmt das als eine Allerheiligenherbstrose.«

»Wenn zwei Menschen sich kennen«, erwiderte sie, »sagen sie Du zueinander.«

»Ja, nimm *Du* sie.« Mr. Leroux errötete dabei und kramte in seiner Tasche. »Das ist auch für Dich.« Er gab ihr den Aureus.

Sie bekam große Augen beim Anblick des Goldes.

»Er würde mir die Tasche zerreißen, wenn ich ihn auf dem Rückweg dabeihätte, aber dir könnte er einen neuen Anfang bezahlen. Ich wünschte nur, du könntest dir damit auch Gerechtigkeit erkaufen.«

»Das Leben ist nicht gerecht«, sagte sie. »Es ist nur eine Leihgabe.«

»Ich hab's!« rief Dither, als ein ganz dünner Rauchfaden sich vom hellen Lichtfleck der Feuerzeugflamme hochringelte.

»Lauft!« befahl Mr. Leroux.

»Was die Warzen angeht«, bemerkte Dither und zögerte noch, um zu sehen, was passieren würde. »Ich habe den Zauber vergessen, aber das Geheimnis ist die Wasserlinse. Reibt sie drüber, dann verschwinden sie.«

Die Flamme griff rasch um sich, und der Rauch wurde dicker. Kein Schlupfloch tat sich auf.

»Es müßte irgendwo sein«, sagte Dither. »Mein Gegenstück macht keine Fehler.«

»Sind Sie sicher, daß Ihre Uhr richtig geht?«

»Natürlich geht sie richtig.« Dithers Gesicht zeigte im Lichtschein des Feuers einen besorgten Ausdruck. »Noch eine Minute. Wenn wir es verpassen und ohne den Mikrocomputer meines Gegenstücks neuberechnen müssen – o Mann, warum habe ich bloß keinen von diesen batteriebetriebenen Apparaten mitgenommen?«

Der Rauch stieg in nahezu unsichtbaren Säulen zum dunklen Himmel auf. Hinter ihnen und vom Strand her waren Rufe zu hören. Unmittelbar unter ihnen am Hang erschien eine Gruppe von Reitern. Auf einmal drehte sich der Wind, und der Rauch wurde unter die Höhe der Klippe gedrückt.

Und da wurden sie sichtbar – lange, ineinandergreifende rote Lichtbündel, die ihnen den Weg in die Gegenwart wiesen. Drei Meter unter dem Rand der Klippe.

Mr. Leroux schluckte. Wenn es etwas gab, was er noch mehr haßte als Menschenmengen ... dann waren das große Höhen. Die Reiter jagten den Hügel hinauf.

»Hier entlang«, sagte Aelfwine. »Ich kann dich verstecken.«

»Ich muß dorthin.«

»Um zu springen? Ds ist kein Ausweg.«

»Bringt sie in Sicherheit«, rief Mr. Leroux Dreorig zu. »Es könnte einen weiteren Lichtblitz geben.«

»Ich weiß, ich weiß«, sagte Dreorig und faßte Aelfwine am Arm. »Überall nur Hexer. Beeilt Euch, Kind! Ich sah schon, was der letzte anrichtete.« Er zog Aelfwine in die Dunkelheit. Sie warf Mr. Leroux einen letzten Blick zu, dann war sie fort.

Mr. Leroux zog seinen Schirm hervor und hielt sich mit Dither an den Händen, als die Reiter herankamen.

»Was ist, wenn wir vorbeispringen?« fragte Dither unglücklicherweise.

Ein rautenförmiger Schild traf ihn wie eine zusammengerollte Zeitung genau in dem Moment am Kopf, als Mr. Leroux entschlossen seinen treuen Schirm aufklappte und Dither in die Tiefe zog.

Während sie hinunterstürzten, versuchte Mr. Leroux den Schirm so auszurichten, daß sie den Rand des Schlupflochs so eben mit den Füßen an der Innenseite berühren würden. Er verrechnete sich, weil er es zum ersten Mal machte, aber in dem Moment, als er und Dither schon an der falschen Seite vorbeifielen, um sich unten den Hals zu brechen, drehte der Wind erneut und wehte sie ins gähnende Maul des Risses im Raum-Zeit-Kontinuum, wo ihr Schwung sie unaufhörlich umherwirbeln ließ und in den Strudel der Jahrhunderte hinabzog.

9

»Die halten auch nicht sonderlich viel aus«, bemerkte Mr. Leroux, als er untersuchte, was von seinem drittbesten Schirm übriggeblieben war. Er sah wie das beschädigte Skelett eines Flugsauriers aus. Sie waren seit gestern zurück, und noch immer behandelte Mr. Leroux die blauen Flecken, die er sich geholt hatte, als er im Versorgungstunnel wieder aufgeprallt war. Bislang hatte er schon dreimal die Stelle auf dem Teppich shamponiert, wo Donalbain fast geplatzt wäre. Außerdem hatte er entdeckt, daß die »Bestien der Schlacht« seinen Rasen in ein ausgetrocknetes Viereck aus saatlosem Dreck verwandelt hatten.

Nun gut, es waren Krähen.

»Auf alle Fälle hat er uns den Hals gerettet«, bemerkte Dither. »Sonst hätten wir die letzten neunhundertsoundsoviel Jahre tot am Fuß dieser Klippe gelegen. Es ist nicht zu leugnen, daß Sie da einmal verdammt schnell geschaltet haben. Für einen Historiker.«

»Danke.« Mr. Leroux rückte seine Krawatte zurecht und dachte an Aelfwine. Keine Rose heute. Der Busch sah noch schlimmer als sein Schirm aus, sogar die Käfer hatten weitergemacht. Genauso gründlich. Wahrscheinlich hatte dieses Jackett auch kein Knopfloch. »Haben Sie Ihr Gegenstück gesehen?«

Dither schüttelte den Kopf wie der alte Dreorig.

»Nun«, sagte Mr. Leroux freundlich. »Warum gehen wir nicht ein wenig spazieren?« Es war Zeit fürs Frühstück, und er würde Dither in der Cafeteria der Neu-Athenischen Buchhandlung ein Croissant und einen Kaffee ausgeben.

Sie gingen schweigend voran, Dithers Blick war starr auf den Gehsteig unmittelbar vor seinen Füßen gerichtet.

»Ich habe sie angerufen«, sagte er schließlich. »Sie sagte, als sie versuchte, neue Berechnungen für eine

Zeitreise anzustellen, habe der Computer ein Kriegsspiel geladen und außerdem sei die CPU voller Dellen gewesen.«

»Erstaunlich.«

»Und Washington macht ihr Vorwürfe, weil das FBI behauptet, zwei Burschen seien in das Labor eingebrochen und bei irgendeinem Auftreten extremer Gravitation zerquetscht worden. Sie suchen noch immer nach den Überresten.«

»Du lieber Gott«, sagte Mr. Leroux.

»Deshalb meinte sie, daß sie mir so bald nicht mehr über den Weg laufen wird, wenn überhaupt. Und wenn ich nicht jedem Ausschuß austrete, dem wir gemeinsam angehören, will sie einen alten Freund aus dem Untergrund bitten, mir eine Bombe in den Kassettenrekorder zu legen.«

»Sie wird darüber hinwegkommen.«

Sie gingen an dem Polizisten vorbei, der gerade eine gebührenpflichtige Verwarnung ausschrieb, einen Fuß dabei auf der Stoßstange irgendeines Wagens. »Ich sehe Sie im Kurs«, sagte er zu Dither.

Dither lächelte betrübt. »Ich hoffe«, sagte er schwach.

»Ich bin nämlich wirklich dabei, Neuland zu erschließen«, sagte der Beamte. »Ich habe nachgewiesen, daß der Wolf eine ganz auf sich selbst bezogene Figur ist.«

»In der altenglischen Dichtung?« fragte Mr. Leroux.

»In den *Drei kleinen Schweinchen.* Bisher hat noch niemand diese Geschichten einmal eingehend gelesen.«

»Wenn wir wenigstens *etwas* verändert hätten«, sagte Dither, als sie weitergingen.

»Und wenn, wie sollte Ihr Gegenstück davon wissen? Wir wären in eine Gegenwart zurückgekehrt, in der diese Veränderungen schon immer vorhanden gewesen wären. Aber ich behaupte immer noch, wenn man den Triebkräften der Geschichte nahe kommt, erweisen sie sich als zu umfassend, als daß man sie durchschauen, geschweige denn in sie eingreifen könnte. Man kann

Napoleon nicht mal etwas Natron für den Magen geben. Die Kaiserliche Garde würde einen nicht nah genug an ihn heranlassen. Um auch nur eine Chance zu haben, das ist eine Tatsache, müßte man Jahre vor Waterloo anfangen, ihn während seines Aufstiegs kennenlernen ...«

»Augenblick!« rief Dither. »Das ist es! Oh, sie wird mir in kürzester Zeit aus der Hand fressen. Als Person respektiere ich sie natürlich immer noch.«

»Warum kommen Sie nicht einfach mit rein und trinken einen echten kolumbianischen Kaffee und essen ein knuspriges Croissant?«

»Keine Zeit«, sagte Dither. »Aber das ist genau das Richtige, um welche einzusparen ... Zeit, meine ich. Ich muß mich nur *früh genug* hinbegeben, solange noch alles im reinen ist.« Er wandte sich zur Straße, dann hielt er inne. »Übrigens, wer ist unser lokaler Experte für den Urknall?«

»Dither, ich ...«

»Macht nichts, mein Gegenstück weiß das sicher. Bis dann, Kollege!« Und schon war er mit langen, raumgreifenden Schritten davon. Dither jedenfalls, seufzte Mr. Leroux, war ganz der Alte. Er zog die Tür auf und trat ein.

Dieselben wirrmähnigen Irrenhausflüchtlinge drängten sich vor den Rubriken Religion und Philosophie auf den hinteren Regalen und dieselbe Kellnerin hatte dieselbe Auseinandersetzung mit dem Burschen hinter der Theke. Niemand blickte auf, als er auf die Theke zuging, und wenn es etwas gab, was Mr. Leroux noch mehr haßte als ... Ach Quatsch, was soll das?

Er drehte sich zur Seite, als ob er wirklich nur hereingekommen sei, um etwas zu schmökern, und stellte fest, daß er nah bei dem Leopolder-Klassiker-Regal stand. Dieselben Eisenbahnbildbände und Sehenswürdigkeiten der Luftwaffe auf beiden Seiten, dieselben unverkauften Exemplare der *Schlacht von Maldon.* Vielleicht sollte er sich eins besorgen, um jenes zu ersetzen, das er Dreorig gegeben hatte. Er zog ein Buch aus dem Regal und schlug die erste Seite auf.

... brocen wurde.

Wo war der Anfang? Dieser Text fing genau an derselben Stelle an wie sein beschädigtes Exemplar. Er warf einen Blick auf die Fußnote.

»Nach der von John Elphinston 1724 angefertigten Abschrift des Manuskripts aus dem elften Jahrhundert, Cotton Otho A. XII, 1731 verbrannt, das anscheinend auf einem fehlerhaften oder auf andere Weise unvollständigen Manuskript älteren Ursprungs beruht, möglicherweise der Handschrift des anonymen Verfassers selbst. Bodleian Bibliothek, MS Rawlinson B. 203, S. 7–12.«

Das Manuskript der *Schlacht,* das der Schreiber hätte kopieren sollen, war verloren gegangen – vielleicht handelte es sich um das Gedicht, das die Höllenmönche Dreorig anvertraut hatten – und die zerfledderte Leopolder-Klassiker-Ausgabe, die Mr. Leroux Dreorig geschenkt hatte, war später an seiner Stelle abgeschrieben worden. Er hatte also doch die Geschichte verändert. Nur ein Manuskript, eine literarische Schöpfung, aber doch *ein bißchen!*

Er ging nach hinten an die Theke.

»Berücksichtige das mal«, sagte die Kellnerin. »Nach Leibniz«, fuhr sie fort, »kann Zeit nicht unabhängig von den Sachen existieren.«

»K'ndsch'ft«, schnaubte der Bursche hinter der Theke widerwillig.

Mr. Leroux knallte das Exemplar der *Schlacht* auf die Theke. Die Verrückten an den hinteren Regalen machten einen Satz. »Ich bin gerade von einer langen Reise zurückgekommen«, sprach er mit machtvoller Stimme. »Ich möchte eine Tasse frischen kolumbianischen Kaffee und ein knuspriges Croissant, und zwar *sofort.* Oder ihr werdet bald schon auf den Schlachtfeldern der Ehre liegen und wenig Grund zur Freude haben.«

Sie starrten ihn für einen Augenblick an. Dann begann der Junge vor Mr. Leroux die Theke abzuwischen. Die Kellnerin machte sich daran, ihm den Kaffee aufzugießen.

»Hören Sie«, sagte er zufrieden und schlug das Buch auf. »Hat Ihnen schon einmal jemand altenglische Dichtung laut vorgelesen?«

Originaltitel: »Saving Time«

aus: »The Magazine of Fantasy & Science Fiction«, February 1987
Aus dem Amerikanischen übersetzt von Michael K. Iwoleit

Kate Wilhelm

Der Demontierer

Als Herman und Joey die Wohnung der Walkers fertig hatten, fiel dichter Schnee. Grauer Schnee; bevor er auf der Straße lag, war er schwarz.

Joey lud schweigend die Gerätschaften ein und bemühte sich, die Stimme seines Onkels zu überhören.

»Vergiß nicht: Als ich klein war, war der Schnee weiß, verdammich! Haste gehört? Weiß! Und so blieb er auch fast den ganzen Tag; lang genug, verdammich, daß man Schlitten fahren konnte!«

Mit einem Auge schien er seinen Neffen anzustarren; das andere musterte die Straße, die Skyline und die fallenden Flocken. Er war sechzig, gebückt, mager und groß, und bezeichnete sich als kleinen Krauter. Ein Wangen-Tic verzog seinen Mund in den verrücktesten Momenten zu einem unfreiwilligen Lächeln. So wie jetzt; er lächelte das Wetter und Joey an. New York war in der Ferne verschwunden, eine Wand aus Schneewolken hatte die Stadt verschluckt. Hier, in Hoboken, waren die Straßenlaternen angegangen, und der sich schwärzende Schnee roch nach Chemie. Oder ich, dachte Joey. Er knallte die hintere Tür des Lasters zu. Die Werbung, die dort stand, besagte: Herman Giono. Wir sind die Kammerjäger. Unter den Buchstaben lag eine zwölf Zentimeter lange Kakerlake auf dem Rücken und streckte zahlreiche Beine starr in die Luft; dort, wo ihre Augen gewesen waren, befanden sich zwei Ixe. Herman hatte sie selbst gemalt.

Als Joey fertig war und neben ihm im Wagen Platz nahm, ließ Herman gerade den Motor an. Herman sagte, sie würden die Wohnung der Getzners für heute vergessen und nach Hause fahren. Dann fuhr er los. Sie rutschten und schlitterten während des gesamten Weges.

Die Gionos hatten in den fünfziger Jahren ein Haus gekauft, doch obwohl auf dem Gelände damals eine Unmenge identischer Gebäude gestanden hatten, waren die Unterschiede nun sichtbar: Hier hatte man aufgestockt, dort einen Anbau oder einen Garagenaufbau hingesetzt. Herman hatte die Garage vergrößert und am hinteren Ende eine Dusche eingebaut. Ethel würde sie erst ins Haus lassen, wenn sie geduscht und umgezogen waren. Es zog kalt durch die Garage und die blecherne Duschkabine. Herman ging immer als erster duschen, und wenn Joey fertig war, saß er meist mit einem Bier im Wohnzimmer. Heute fand Joey ihn vor der Wohnzimmertür, wo er Ethel und ihre Freundin Mamie belauschte.

»Bring ihn dazu, mit dir hinzufahren, Liebste. Er kann es sich doch leisten. Zum Schwimmen ist es zwar nicht warm genug, aber der Strand ist wunderbar, und erst Sonnenschein! Wir hatten den kleinen Bungalow ganz für uns allein, direkt am Strand; die Kinder waren jeden Tag draußen, wenn die Sonne aufging; sie waren den ganzen Tag in der Sonne, und erst die Fische! Mein Gott, die Fische, die Frankie gefangen hat! Manche waren so häßlich wie die Sünde! Keine Ahnung, was das für welche waren, nicht die geringste Ahnung.«

»Er wird's nicht wollen. Du weißt doch, wie er ist. Immer nur das Geschäft, nichts als das Geschäft. Er denkt doch an nichts anderes.«

»Es würde ihm gefallen! Wir hatten zwei Mülltonnen, sie standen neben dem Bungalow. Ich hab immer die Müllsäcke rausgebracht, aber vorher mußte ich eine Muschel gegen die Tonnen werfen. Ich habe so lange keinen Muskel gerührt, bis die Kakerlaken wegliefen. Wenn man was gegen die Tonnen wirft, laufen sie weg; dann stürzen sich die Eidechsen auf sie; es ist wie im Zirkus oder so. Jedesmal. Manche sind so groß wie Ratten. Nachts kann man sie hören, es ist, als würden sie ums Haus galoppieren. In der ersten Nacht, als wir da waren, gehe ich ins Bad, und da sitzt eine in der Wanne; sie guckte genau aus dem Abfluß raus, füllte das ganze Ding aus. Ich wäre beinah tot umgefallen! Frankie sagt immer, für einen Mann wie Herman wäre es das Paradies. – Riechst du auch was?«

»Wahrscheinlich sind sie heute früher zurückgekommen. – Hermie, bist du da?«

Joey machte Mücke und verzog sich in den Keller, wo er sein Zimmer und ein kleines Labor hatte. Es war von der Waschmaschine durch einen Vorhang getrennt. An Dienstagen und Donnerstagen ging er in die Abendschule; an den anderen Abenden büffelte er für sein Fernstudium oder arbeitete an seinem Projekt.

Am nächsten Freitag sah Joey seinen Onkel ungläubig an. »Florida? Du willst mich wohl auf den Arm nehmen!«

»Joey, ich hab mich überall erkundigt. Es ist so, wie Mamie sagt! Es stimmt wirklich. Hier ist das Geschäft nicht gerade großartig, das weißt du doch. – Großartig? Zum Teufel, es ist *lausig*. Das war 'n Witz, Joey. – Lausig, kapierste?«

»Und meine Schule? Du weißt doch, daß ich nicht ewig in deiner Branche bleiben will. Ich will nur so lange bleiben, bis ich die Schule hinter mir habe. Ich arbeite doch nur für Kost und Logis für dich. Ich möchte nicht nach Florida ziehen.«

»Wo ist denn da der Unterschied?« Glaubst du, in Florida gäb's keine guten Schulen? Da gibt's haufenweise gute Schulen; echt tolle Schulen, Joey. Kuck mal, wir ziehen dort runter und machen einen Haufen *Mäuse*. Das war 'n Witz, Joey. – Mäuse, kapierste?«

»Aber ich arbeite doch an diesem Projekt. Ich hab dir doch gesagt, daß ich die Instrumente nur benutzen darf, weil ich sie auch wieder saubermache. Nur deswegen vertraut man mir. Anderswo müßte ich wieder ganz von vorn anfangen. Es dauert Jahre, bis die Pauker einen wirklich kennen und einem soweit vertrauen. Jahre!«

»Joey, du bist doch noch jung. Glaub mir, du bist jung. Du bist so jung, als wärst du gestern erst aus dem Ei gekrabbelt. Wir können da unten echt gute Geschäfte machen, und 'n paar Jahre später geh ich in Rente. In 'n paar Jahren, Joey, häng ich alles an den Nagel. Dann hast du genug Knete, um auf 'ne Ganztagsschule zu gehen. Auf 'ne Tag-und-Nacht-Schule, wenn du willst.«

»Aber ...«

»Joey, sag mir eins: Wie lange dauert es, bis du Arzt bist, wenn du so weitermachst? – Zehn Jahre?«

»*Physiker.* – Sieben Jahre. Und so jung bin ich auch nicht mehr. Ich bin siebenundzwanzig!«

»Du bist 'n Baby, Joey. Immer noch feucht hinter den Ohren. Und so jung. Du brauchst doch nur 'n paar Fernkurse mehr zu machen. Denen ist es doch wurscht, wo sie das Zeug hinschicken. Ob hierher, nach Florida, oder zum Südpol, verdammich! Wen kümmert das schon? Statt zwei Abendkursen könntest du doch drei machen. Du arbeitest dann nur noch dreißig Stunden statt vierzig und machst drei Klassen. Ist das 'n Angebot?«

»Ich weiß nicht, Onkel Herman. Du brauchst mich doch nicht. Du kannst dir doch da unten einen Helfer anheuern.«

»Ja, sicher, kann ich, verdammich. Ich könnt mir dort einen anheuern, aber ich hab's deiner Mutter doch versprochen. Und das war 'n heiliges Versprechen, Joey. Du arbeitest für mich, und ich sorg für dich. Kriegst du hier 'n anderen Job? 'n Dach überm Kopf? Wenn ja, schön. Wenn nicht, auch schön, Joey. Ich mein, du hast alles gekriegt, was du haben wolltest, und mir hat's Spaß gemacht. Aber Tatsache ist, ich zieh hier weg. Ich zieh da runter.« Er boxte Joey spielerisch in die Rippen. »Verdammich, Junge, Mathe ist Mathe. Die da unten haben doch keine andere, und auch keine andere Wissenschaft oder 'n anderes Englisch oder so was, soweit ich weiß. Das ist doch gehüpft wie gesprungen.«

Es gefiel Joey nicht, wenn sein Onkel so über seine Mutter sprach – als wäre sie tot und begraben. In Wirklichkeit wohnte sie mit ihrem zweiten Mann in Montana; es ging ihnen gut, sie bauten Weizen an. Sie hatte oft gesagt, er könne ewig bei ihr bleiben, aber sein Stiefvater ... Sie hatte Joey bis zuletzt verteidigt. »Es kommt nicht darauf an, wie schnell einer lernt«, hatte sie mit vor der Brust verschränkten Armen und sturem Gesicht erklärt, »sondern was einer lernt. Und er wird es lernen – früher oder später.«

Und das war die Wahrheit, dachte Joey oft. Früher oder später schnallte er immer alles. Schon ganz am Anfang, während seiner ersten Jahre auf dem Weg zu einer höheren Bildung, hatte er begriffen, daß die Fragen, deren Antworten er erfuhr und die Probleme, die er zu lösen lernte, nicht unbedingt die gleichen waren, die auch in den Arbeiten vorkamen. Und er hatte erfahren, daß die meisten seiner Lehrer immer nur drei oder vier verschiedene Arbeiten schreiben ließen, also kriegte er ziemlich gute Noten. Er mußte seinem Onkel zwar recht geben, daß es kaum eine Rolle spielte, wo er an seine höhere Bildung kam, denn das meiste spielte sich sowieso per Korrespondenz ab, aber der Umzug war trotzdem ärgerlich. Es war sein Sonderprojekt, das er unter allen Umständen zu Ende führen wollte.

Joey hatte nicht von Anfang an Physiker werden wollen. Zuerst hatte er Chemiker werden wollen. Als kleiner Junge hatte er gern verschiedene Sachen zusammengemischt, um zu sehen, was dann passierte. Als er erstmals ernstlich krank geworden war, nachdem er an einer seiner Mixturen gerochen hatte, hatte er stets einen Hund oder eine Katze an seinen Projekten riechen lassen. Wenn der Hund gestorben war, hatte er so getan, als hätte er ihn tot in der Einfahrt gefunden – wahrscheinlich von einem Nachbarn vergiftet. Dann war er zu simplen Sprengstoffen übergegangen und hatte einen Wiesenbrand entfacht, der außer Kontrolle geraten war. Vierhundert Freiwillige hatten ihn schließlich eingedämmt. Dann hatte Joey sich mit Archäologie befaßt. Ein Farmhelfer hatte sich in dem Loch, das er gegraben hatte, ein Bein gebrochen und seinen Stiefvater auf fünftausend Dollar verklagt. Dann hatte er die Physik entdeckt – speziell die verschiedenartigen Kräfte, die alle Materie band. Seither hatte er in seinen Intentionen nicht mehr geschwankt. Er würde die Geheimnisse der Schwachkräfte entdecken und kontrollieren.

Vor fünf Jahren war er nach Hoboken gekommen, um bei seinem Onkel zu wohnen und für ihn zu arbeiten, bis er seine Bildung vervollkommnet hatte. Als er einen Einwand gegen die Verwendung von Chemikalien gemacht hatte, hatte sein Onkel gelacht.

»Joey, Joey, würd ich dich bitten, was Gefährliches zu tun? Dich, das Fleisch des Fleisches meiner Familie, das Blut des Blutes meiner Familie? Du bist wie ein Sohn für mich, Joey. Die Schutzanzüge und Masken sind doch nur Schau, Joey. Die Kunden erwarten so was, das ist alles. Schau. Weißt du, vor Jahren hab ich den Pullman-Typen mal was demonstriert. Du kennst doch die Autos, wo sogar 'n Bett drin ist? Also, der Obermotz von denen ist nicht pünktlich, und da sagen die anderen Typen, machense mal los, und weißt du, was ich tu, Joey? Also paß auf, Junge: Ich nehm 'n Mischbecher und schütt das Zeug da rein, blubb-blubb. So einfach ist das.«

Eins seiner Augen war auf Joey gerichtet, das andere war auf Wacht und schweifte pausenlos umher. Sein Muskel machte Tic; und er grinste und kicherte, als Joey einen Schritt zurücktrat.

»Dann kommt der Obermotz doch noch, und ich mach das Ganze noch mal. – Joey, würd ich das machen, wenn's gefährlich wäre? Na, komm schon, Junge, denk doch mal nach.«

An dieser Stelle hatte Joey begriffen, wie weit er es mit seinen Forschungen bringen konnte. Am nächsten Tag hatte er einen Lehrer gefragt, woraus eigentlich Kakerlaken bestanden. Der Lehrer hatte ihn eigenartig angesehen und etwas gesagt, das Joey nicht sehr hilfreich gewesen war: Protein, Wasser, Chitin ... Nein, hatte Joey darauf bestanden, woraus waren sie *im wesentlichen* gemacht? Aus Dingen wie Kupfer, Sauerstoff, Stickstoff und Kohlenstoff? Der Lehrer hatte sich rasch umgesehen, als suche er jemanden, und Joey hatte gewartet, bis sie allein gewesen waren, denn er wollte nicht, daß jemand mitbekam, um was es bei seinen Forschungen ging. Ähm, ja, hatte der Lehrer dann zugegeben. So ist es, Joey. Damit hatte er die Bestätigung, ›Mach weiter‹, Grünes Licht. Nicht die Schwachkräfte allein waren zu seinem Ziel geworden, sondern jene Schwachkräfte, die lebendige Organismen zusammenhielten.

Joey wußte, daß eine bestimmte Tonhöhe Glas zerbrechen läßt, und er wußte auch, daß der Ton nicht durch den Raum greift und das Glas körperlich zerbricht. Er zerstörte bloß die Schwachkräfte, die das Glas zusammenhielten. Er wußte auch, daß Sonnenlicht bestimmte Materialien zerstören kann, wenn man sie herumliegen läßt. Manche Kunststoffe lösten sich schon nach ein, zwei Monaten auf. Auch hier werden die Schwachkräfte zerstört, dachte er. Dann nahm er die Arbeit an einer Methode auf, um Licht und Ton zu kombinieren. Er wollte ein Gerät bauen, das man nach Belieben ein- und ausschalten konnte, um Schwachkräfte in Nullkommanichts zu zerstören. Es war so etwas ähnliches wie Weißer Lärm, doch unhörbar für menschliche Ohren, und so etwas wie Laserlicht, das vom menschlichen Auge nicht wahrgenommen wurde. Ihm schwindelte zwar vor der großen Bedeutung der Aufgabe, die er sich gestellt hatte, aber er nahm sie in Angriff. Und jetzt, Jahre später, war er fast fertig; er stand kurz davor, einen Test zu machen.

Es gab aber auch noch Lunamoth, die in Wirklichkeit Martha hieß; aber wie jede Frau namens Martha, hatte sie erklärt, habe sie nicht nur das Recht, sondern sogar die Pflicht, sich einen anderen Namen zu geben.

»Joey«, hatte sie bei ihrer letzten Begegnung klagend gesagt, »wir müssen uns trennen, so sehr es auch schmerzt. Wir müssen auch an die Kinder denken, nicht nur an uns, mein geliebter Schatz.«

»An welche Kinder denn?«

»Unsere ungeborenen Kinder, die Nachkommen, die wir nicht zu empfangen und auszutragen wagen. Joey, ich habe da eine Geschichte gelesen, in der sich ein junger Deutscher in eine Kakerlake verwandelt. Es ist eine Warnerzählung, und sie ist so klar ausgesprochen worden, daß ich mich frage, wieso die Chemiekonzerne sie noch nicht an die Bundesprüfstelle weitergereicht haben. Ich glaube, die meisten Leute halten sie nur für lustig oder so; aber wenn man zwischen den Zeilen liest, versteht man die Botschaft.«

»Ähm ...«

»Er ist mutiert, wegen der vielen Chemikalien. Er wird zu einer Kakerlake, nicht mehr und nicht weniger.«

»Aber ...«

»Es war wunderschön mit dir, Joey. Ich hätte nie geglaubt, daß es so schön werden würde – besonders im Freien, als du im Abwind gestanden hast, der dein Haar glatt zurückwehte, wie bei einem Indianer, der auf den ersten betrügerischen weißen Pelzhändler wartet. Trotzdem, Joey, wir müssen uns der Realität stellen. Irgendeines Tages muß der Wind aufhören zu blasen. Hilf mir, Joey. Bitte hilf mir, daß ich einen sauberen Bruch machen kann. Laß mich einfach gehen, und ruf mich nicht an. Häng dich nicht an mich, auch ich werde nicht zurücksehen. Ich gehe jetzt einfach mit erhobenem Kopf raus; ich werde dein Bild in mir behalten, wie du mit wehendem Haar dastehst.«

Sein Problem, schloß er eine Woche später, bestand darin, daß er als Physiker in der Ausbildung noch nicht viele andere Fertigkeiten erlernt hatte. Es gab zwar andere Jobs, in denen man ein Minimum verdienen konnte – als Tellerwäscher, Ladenausfeger und so weiter –, aber er konnte nicht von einem Minimum leben und gleichzeitig zur Schule gehen, essen, sich mit Lunamoth treffen und sein Projekt beenden. Joey zog die Schultern hoch, warf den Kopf zurück, um den Wind durch sein Haar wehen zu lassen, und stellte sich seiner öden, einsamen Zukunft. Hinter ihm bewegten sich die Leute dahin und dorthin. Und schlagartig überwältigte ihn die große Bedeutung seiner Entdeckung; ihm war, als hätte er zuvor nur ein Fitzelchen verstanden, doch jetzt war plötzlich das ganze Bild in seinem Kopf. Ihm wurde klar, daß er dieses Interludium, diesen reinigenden Prozeß des Verletzt- und Aufgegebenwerdens, gebraucht hatte, damit sein Geist sämtliche Einzelheiten verarbeiten konnte, die er im Laufe der Jahre in ihn hineingestopft hatte. Er kam sich vor wie der Typ, der den Kreis berechnet hatte, als er in den Bus stieg, oder wie der Typ, der den ganzen Song schon in seinem Kopf hörte, bevor er auch nur in die Nähe der Kapelle kam. Ihm war, als wären die beiden Humpen, die seit einer Ewigkeit vor ihm standen, plötzlich zu Gesichtern geworden, mit Nasen, Augen und allem anderen. Er war bisher nur zu blind gewesen, sie zu sehen.

Von da an hatte er sich fieberhaft in die Arbeit gestürzt. Er hatte sich immer mehr Gerätschaften aus dem Labor ausgeliehen und arbeitete stets weiter in die Nacht hinein. Jetzt war er nur noch Wochen von einem echten Test entfernt.

An dem Dienstag, als Onkel Herman seine Absicht bekanntgab, nach Florida zu ziehen, war Joey knapp mit der Zeit. Sie waren in der Wohnung der Saracens aufgehalten worden. Mrs. Saracen hatte Hunderte von toten Kakerlaken gesammelt und behauptet, sie nach ihrem letzten Einsatz getötet zu haben. Was glaubten sie eigentlich, wofür sie bezahlte? Für Kakerlaken, die auf wunderbare Weise wiederauferstanden, wenn sie gegangen waren? Sie hatte ihnen bei der Arbeit zugeschaut, hatte beobachtet, wie sie die Abfälle unter den Schränken hervorgeholt, ihn eingesprüht und wieder unter die Schränke plaziert hatten. Sie hatte ihnen beim Durchtränken der Böden, Türrahmen, Fensterbretter und Fußleisten zugesehen, bis es für Joey zu spät gewesen war, das Zeug zusammenzupacken, das er noch am späten Abend ins Labor hatte zurückbringen wollen.

Joey dachte über die Papiertüte mit den Kakerlaken nach, die Mrs. Saracen seinem Onkel zugeworfen hatte. Onkel Herman hatte sie zwischen ihnen auf den Sitz gelegt, auf dem Heimweg das Fenster heruntergedreht und sie hinausgeworfen. »Junge, bin ich froh, daß wir endlich 'ne Fliege machen können«, hatte er gesagt. »'ne *Fliege.* – Das ist 'n Witz, Joey, kapierste?«

»Sie waren resistent, was?« fragte Joey.

»Wer weiß? Beim nächsten Mal versuchen wir es mit 'ner neuen Mischung.«

»Und auch dagegen werden sie resistent, und dann gegen die nächste und übernächste, stimmt's?«

»Verdammich, Joey, es gibt schneller ein neues Mittel, als die Kakerlaken sich dran gewöhnen können. So war's immer. Mach dir keine Sorgen; die Jungs im Labor und wir von der Front teilen die Mücken schon gerecht unter uns auf. *Mücken.* – Das ist 'n Witz, Joey, kapierste?«

Aber Joey wußte, daß die Kakerlaken siegen würden. Als er an diesem Abend in die Schule ging, dachte er konzentriert darüber nach. Irgend jemand hatte gesagt, wenn die Bomben alle Menschen erledigt haben, bleiben nur noch Ratten und Kakerlaken übrig. Die sich dann gegenseitig auffraßen, nahm er an; doch sogar in diesem Wettstreit würde er auf die Kakerlaken setzen.

Die Kakerlaken-Killerei ist ein gutes Geschäft, hatte sein Onkel immer gesagt, weil man sich auf die Viecher verlassen kann; nächsten Monat sind sie wieder da. Das war auch okay, denn jeder rechnete damit – aber nicht in den nächsten zwei Tagen oder nächste Woche. Die Kunden drehten durch, wenn sie zu früh wieder da waren.

Joey ging gern zur Abendschule; die Ungezwungenheit des Erwachsenenbildungsprogramms gefiel ihm. In der Abendschule waren sie nicht so pingelig, und man legte auch keinen großen Wert auf Hausaufgaben, den letzten Schulabschluß und Aufnahmeprüfungen. Joey wußte, daß er irgendwann an eine Technische Universität oder so gehen mußte, um wirklich fortgeschrittene Studien zu betreiben, aber bis es soweit war, konnte er die Grundlagen der Physik in aller Ruhe hinter sich bringen. Bei seinem Eintreffen kam es ihm nicht komisch vor, daß keiner in den Gängen herumlungerte, denn er kam zu spät, aber als zwei Männer in Anzügen aus einem Büro traten und ihn anhielten, wußte er, daß etwas nicht stimmte.

Sie führten ihn in ein Klassenzimmer, dessen Tische man nach hinten geschoben hatte. Er sah einen langen Tisch. An dem Tisch saßen mehrere der Lehrer, die er inzwischen persönlich oder vom Sehen her kannte. Einer von ihnen winkte ihn näher heran und nickte den beiden Männern zu, die ihn hereingebracht hatten. Sie tasteten ihn gründlich ab und versetzten ihm einen kleinen Schubs.

»Was ist denn los? Ist irgendwas nicht in Ordnung?«

»Ihr Name, bitte?«

»Joey. Joey Doyle. Was ist denn passiert?«

Der Mann beriet sich mit dem Physiklehrer. Dann warfen sie beide einen Blick in eine Akte und sahen Joey wieder an. »Wir möchten bitte Ihren Ausweis sehen.«

Joey zückte seine Brieftasche, zeigte ihnen seinen

Führerschein und seinen Hörerausweis und sah die Lehrer der Reihe nach verdutzt an. Sein Klassenlehrer schüttelte in Richtung auf den anderen Mann den Kopf, dann winkte er Joey hinaus.

Man eskortierte ihn durch den Korridor in einen Hörsaal, in dem es so aussah, als hätten sich sämtliche Abendschüler hier eingefunden. Ein halbes Dutzend Männer stand am Rand des Raumes und beobachtete sie.

»He, was ist denn los?« fragte Joey den Mann, neben dem er zu sitzen kam.

»Nicht so laut. Es gehen Gerüchte um, daß jemand Zeug aus der Physikabteilung hat mitgehen lassen, um eine Bombe oder so was zu basteln. Die Typen da sind von der Polizei und vom FBI.«

»Vielleicht ein Spionagefall«, flüsterte jemand hinter ihm. »Ihr wißt doch, Rutherford aus der Physik hat einen dicken Geheimvertrag. Der Typ hat das Zeug vielleicht nur mitgehen lassen, damit es wie ein Diebstahl wirkt.«

»Aber warum haben sie mich beim Reingehen gefilzt?« fragte Joey.

Ein anderer mischte sich in das geflüsterte Gespräch ein. »Weil der Irre das Zeug mitnimmt und wieder zurückbringt, wie bei 'ner Leihbibliothek oder so. Immer dienstags und donnerstags.«

»Das macht der doch nur, um sich zu tarnen. Um sie von seiner Spur abzulenken.«

Von hinten sagte jemand: »Ich wette, es ist ein Terrorist. Er bastelt eine Bombe, und zwar eine verdammt große; vielleicht bei sich im Keller oder in einem Lastwagen, wer kann das schon wissen?«

Sie redeten weiter über Terroristen, Bomben und Spione, und Joey versuchte sich daran zu erinnern, wieviel Zeug er gerade zu Hause hatte, das wirklich – beziehungsweise im juristischen Sinn – der Physikabteilung gehörte. Er hatte seinen Onkel zwar nicht direkt belogen, aber er hatte ein paar Dinge ausgelassen, als er ihm erzählt hatte, er sei ein vertrautes Gesicht in der Abteilung und man erlaube ihm, die Ausrüstung für sein Projekt zu benutzen. Vor ein paar Jahren war er eines Abends mit einem Besen in der Hand in die Abteilung marschiert, ohne daß ihn jemand beachtet hatte. Seitdem war er sehr oft dort oben gewesen, stets mit einem Besen in der Hand. Meist hatte er niemanden gesehen; manchmal hatte er sogar ein bißchen saubergemacht; er hatte sich alles angesehen, was weggeworfen werden sollte. Da oben wurden viele nützliche Dinge weggeworfen; Dinge, die er anderswo nur unter großen Schwierigkeiten aufgespürt hätte. Und dann und wann hatte er sich etwas aus den Regalen ausgeliehen – oder aus dem Lagerraum. Er hatte schon sehr früh herausbekommen, daß niemand einen Aufstand machte, wenn das, was er sich auslieh, später an irgendeinem anderen Platz wieder auftauchte. Er hatte angenommen, die Physiker gingen davon aus, daß verschwundene Gegenstände irgendwann schon wieder auftauchten. Er hatte sich drei Jahre lang alles mögliche ausgeliehen, und in dieser Zeit hatte sich niemand beschwert. Bis jetzt.

Nach einer Weile schickte man sie in ihre Klassenräume. Jede Klasse wurde von ihrem Lehrer angeführt, dem ein FBI-Mann oder ein Polizeibeamter folgte. Dann wurden sie neu sortiert – die, die mit dem Wagen gekommen waren, gingen auf die eine Seite des Raumes, die Fußgänger auf die andere. Dann wurden die Autofahrer der Reihe nach hinausgeführt; wahrscheinlich wollte man ihre Fahrzeuge durchsuchen. Joey war mit dem Bus gekommen; er und zwei andere waren die letzten, die gehen durften. Als er wartete, konnte er Dr. Thorntons Stimme vom Korridor her hören. Er sprach mit einem der Cops.

»Sie glauben nicht, wie lächerlich das ist! Sie sollten sich lieber auf die Studenten konzentrieren, die tagsüber hier sind. Die Abendschüler haben doch kein Interesse an unseren Geräten.«

»Sie studieren doch Physik, oder nicht?«

»Wissen Sie überhaupt, was das heißt? Sehen Sie, vor zwei Jahren hatte ich eine Klasse, die ungefähr so war wie meine jetzige. Es ging um Physik im Fernsehen. Wir haben uns die alten Folgen von *Raumschiff Enterprise* angeschaut, und ich habe darüber gesprochen, wie unmöglich man da mit der Naturwissenschaft umgeht. Eigentlich habe ich über Physik gesprochen, die es gar nicht gibt. Diesmal schauen wir uns *Superman* an! Ich erkläre den Schülern, warum Superman gar nicht fliegen kann, warum man die Entfernung zwischen den Sternen nicht überbrücken kann und so was. Ist das Physik? Diese Klasse versammelt in Wirklichkeit Leute, die Wissenschaft für Zauberei halten; Leute, die das, was sie im Kino und im Fernsehen sehen, glauben. Ist das Wissenschaft? Etwa ein Drittel der Schüler dieses Semesters sind hier, weil sie die *Enterprise* noch mal fliegen sehen wollen. Wenn ich über die Physik in *Yogi Bär und seine Freunde* rede, kommen sie wieder. – Na, wissen Sie! Was sollte einer von denen mit einem Oszilloskop anfangen? Oder mit einer Zentrifuge? Oder einem ...«

»Yeah, Professor, ich verstehe, was Sie meinen. He, McCloskey, immer noch nichts? Hier drin habe ich nur noch die Busfahrer.«

Die Stimmen entfernten sich; kurz darauf betrat der Lehrer das Klassenzimmer und schickte die verbliebenen Schüler nach Hause.

Im Laufe der nächsten Tage schaffte Joey sich alles vom Hals – außer dem Demontierer natürlich. Er packte das Zeug in die leeren Behälter, die für die Giftmülldeponie bestimmt waren. Er bedauerte es, daß sein Projekt so abrupt zu einem Halt gekommen war, denn er hatte schon seit langem ein Auge auf ein Laserenergierohr geworfen. Glänzend, schwarz, schlank – in so eine

Hülle sollte seine Erfindung verpackt werden, dachte er, aber jetzt mußte er sich mit einem leeren Sprühtank zufriedengeben. Er nahm ihn auseinander, baute sein Ding ein und setzte alles wieder zusammen. Wenn sie kamen – die Cops, die FBI-Agenten und so weiter –, würden sie nichts finden. Doch niemand kam, und er machte mit der Abendschule weiter. Nach und nach verstummten auch die Gerüchte über den mitternächtlichen Spion. Die meisten Leute schienen die ganze Geschichte schon vergessen zu haben. Bei der Zwischenprüfung kriegte Joey eine Zwei.

»Was meinst du damit«, fragte sein Onkel ungefähr eine Woche später mit ziemlichem Mißtrauen, »ob ich ein paar Kakerlaken habe?«

»Ich meine solche, an denen ich was demonstrieren könnte. Vielleicht welche aus den Fallen.«

Herman stierte ihn finster an und wandte sich wieder dem Fernseher zu. Joey wußte, daß die häuslichen Kakerlaken gegen alles, was sein Onkel entwickelt hatte, so resistent geworden waren, daß er den Eindruck nicht los wurde, sie kamen zum Duschen heraus, wenn Herman etwas versprühte.

»Na, komm schon, Onkel Herman«, sagte Joey. »Vielleicht habe ich auch das richtige Rezept für Mrs. Saracen.« Sie waren während der letzten vierzehn Tage zweimal in ihrer Wohnung gewesen; die Kakerlaken waren gesünder und zahlreicher als je zuvor.

»Yeah, so siehst du auch aus.«

»Okay, dann glaub mir eben nicht; aber werf wenigstens einen Blick in die Fallen.«

Herman verwendete Glasfallen mit einem Zuckersirupköder. Sie standen unter den Abflüssen, hinter den Schränken und in den Wandschränken. Ein- oder zweimal pro Woche nahm er sie mit zum Grill hinaus, schüttete sie hinein, kippte Benzin über sie und steckte sie mit finsterem Gesicht an. Es gelang Joey schließlich, ihn zu überreden, die Fallen zu inspizieren, aber sie enthielten keine Kakerlaken. Sie mußten zu den Mülltonnen hinausgehen, um Lebendige zu finden, und dort demonstrierte Joey dann seinen Demontierer, der sich immer noch in dem Sprühtank befand. Die Kakerlaken lösten sich in einem kurzen Flackern auf – Phosphor trifft auf Luft, sagte Joey – und hinterließen nur matte Staubhäufchen. Joey kratzte sie vorsichtig zusammen und deponierte sie in einem Reagenzglas, das er sich für diesen Zweck aufgespart hatte. Herman glotzte ungläubig.

Sie unterhielten sich bis tief in die Nacht hinein, und als ihr Gespräch zu Ende war, war Joey Hermans gleichberechtigter Partner. Sie hatten vor, nach Florida zu gehen, wie geplant; dort würden sie das große Killen veranstalten und alle Aufträge an sich reißen, bei denen die Konkurrenz versagt hatte – beziehungsweise jene, an die sie sich nicht heranwagte. Ameisen, Holzameisen, Spinnen. Was auch immer.

»Mix ein bißchen Wasser mit Alkohol und Pinienduft zusammen. Die Leute müssen irgendwas aus der Düse kommen sehen, verdammich.«

Lunamoth nahm Joeys Angebot an und ging mit ihnen nach Florida. Sie gestand ihm, den leichten Pinienduft zu mögen, der ihm anhaftete. Manchmal war es auch Flieder oder Nelke. Hin und wieder latschte ihnen zwar eine Katze oder ein Hund in die Feuerlinie, aber Joey gab sich die größte Mühe, den Staub einzusammeln, den sie hinterließen. Im Herbst wollte er wieder zur Schule gehen. Wenn er an eine Zentrifuge herankam, meinte er, würde es ihm auch gelingen, die Elemente voneinander zu trennen: Das ergab dann reines Gold, Silber, Kupfer und so weiter. Sein momentaner Demontierer funktionierte bei Ungeziefer, kleinen Tieren, Vögeln, Alligatoren, und wahrscheinlich sogar bei kleinen Jungen. Zumindest hatte ihn noch niemand gefunden, und er war an dem Tag verschwunden, als die Kammerjäger das Haus gereinigt hatten. Natürlich hatte ihn niemand in Verdacht, da Mrs. Willowby sie bei der Arbeit keine Sekunde aus den Augen gelassen hatte. Außerdem hatte der Junge im Innenhof gespielt, hinter den Glastüren – man hatte ihn ausgesperrt, damit er nicht in die Nähe der Sprühtanks kam.

Herman ging oft zum Angeln; Joey lernte Golfspielen. Tante Ethel und Lunamoth waren Clubs beigetreten und leisteten gute Arbeit. Sein Onkel hatte recht gehabt, dachte Joey manchmal; das Leben in Florida war schön. Egal, welche Ungeziefermengen sie auch vernichteten – wie viele Eidechsen, Hunde, Katzen, Vögel, Alligatoren oder Kinder –, es gab immer wieder Nachschub. Aber er kam nicht zu früh, so daß es keine Beschwerden gab.

Joey musterte die Ansammlung von Reagenz- und Bechergläsern in den Regalen – manche waren voll, andere halbvoll – und nickte. Es war Leben, geheiligtes Leben, ihm fehlte nur ein bißchen Gas und etwas Wasser. Jeder Biologe, der seinen Titel wert war, mußte fähig sein, die Rohmaterialien so zusammenzufügen, daß lebendige Organismen aus ihnen wurden. Er war sich dessen sicher: So kompliziert war das Leben nicht; nicht mal die Beherrschung der Schwachkräfte hatte sich als kompliziert erwiesen.

Plötzlich verspürte er so etwas wie einen elektrischen Schlag; er hatte eine Gänsehaut auf den Armen und merkte, wie sein Haar sich aufrichtete. Die Erleuchtung kam so plötzlich und total, daß er sich nicht mehr bewegen und kaum noch atmen konnte. Wie der Typ, der per Anhalter fuhr und schlagartig das Universum und alles andere begriff, wurde es ihm klar. Alles, was er bisher getan hatte, war nur die Basis für seine wirkliche Arbeit gewesen. Er kam sich wie ein Heiliger vor, als er das Rohmaterial auf den Regalen ansah, und dann griff er äußerst munter nach dem Katalog der Volkshochschule.

Dort gab es genau den Kurs, den er brauchte: ›Biologie verstehen – Eine Einführung ins Leben‹.

Originaltitel: »The Disassembler«

aus: »The Magazine of Fantasy & Science Fiction«, October 1987
Aus dem Amerikanischen übersetzt von Ronald M. Hahn

Barry N. Malzberg & Jack Dann

Melancholie und die abstrakte Wahrheit

Dies hier ist kein geistlicher oder medizinischer Rat. Eine präzise Diagnose ist es aber doch.

Ertrag sie mit mir. Damit wir's ein für allemal klären.

Und so fängt's an: Wir haben 1963, und du bist mit einem Mädchen namens Mollie zusammen. John F. Kennedy ist vor drei Wochen (du kannst es nachschlagen) auf der 22. umgelegt worden, und LBJ sagt uns, wir werden weitermachen ... Weitermachen, womit? »Dankeschön« und »Call Me Irresponsible« sind Tag und Nacht im Radio zu hören, Gott steh uns bei. Du warst in einer College-Bar in Hempstead, Long Island, wo ein Typ eine bombige Jazztrompete spielt, und du hast das Mädchen aufgegabelt, das sein erstes Semester an der Hofstra macht und von irgendwo aus dem Norden stammt, wahrscheinlich aus Cohoes. Mollie sagt, sie war das *einzige* jüdische Mädchen auf der High School, und jedes weitere Wort aus ihrem Mund klingt wie »aou«.

Du hast sie mit in dein möbliertes Zimmer im zweiten Stock von Mr. Seitmans Gästehaus in East Meadow genommen. Du hast gedacht, du würdest sie ins Haus schmuggeln müssen, aber der herrschsüchtige, halbblinde Mr. Seitman ist ausgegangen, um Bingo zu spielen, und jetzt hältst du dich sicher hinter geschlossenen Türen auf und beeindruckst Mollie auf Teufel komm raus mit deinem Jazz-Fachwissen. Du studierst Musik am gleichen College wie sie (Mollie hat ein Theaterwissenschaftsexamen gemacht) und bist dir völlig sicher, daß dein Name eines Tages im jährlichen Jazz-Poll des *Playboy* stehen wird. Und clever bist du auch, denn du studierst Musikwissenschaft; wenn also das Schlimmste eintritt, kannst du tagsüber den Pauker mimen und nachts in Clubs auftreten. Der Barras juckt dich nicht, denn du hast es mit der Magenschleimhaut, und im Augenblick läßt du gerade die klassische Aufnahme von Louis Armstrongs »A Monday Date« laufen, auf der er nach dem Trompetensolo mit einer brillanten Gesangseinlage weitermacht.

Mollie hat offenbar gerade angedeutet, daß sie so etwas wie eine Jungfrau ist. Sie meint zwar, Keuschheit sei in diesen Zeiten die einzig gültige Option für eine Frau, aber gegen oralen Sex hat sie nichts. Jedenfalls ist sie nicht streng dagegen. 1963, vor und nach Kennedys außergewöhnlicher Pechsträhne, war es in College-Kreisen ziemlich schick, Jungfrau zu sein (selbst dann, wenn man keine war), also ist ihr Bekenntnis keine Überraschung für dich. Es ist dir auch nicht unangenehm.

»Sicher«, stimmst du ihr verständnisvoll zu. »Sicher.«

Mollie sieht so aus, als hätte sie ein ansehnliches Paar Brüste unter ihrem hautfarbenen Mohairpullover, und du rechnest hoffnungsvoll damit, sie bald nackt zu sehen, aber (und das macht die Sache wirklich spannend), auf dieser Zweierparty bist *du* die echte Jungfrau. Du weißt nicht, wie du es ihr beibringen oder deine Unerfahrenheit verschleiern sollst.

Zum Glück jedoch weiß sie, daß du sie haben willst; sie spürt deine Unbeholfenheit und holt dich gekonnt vom Haken, indem sie den ersten Schritt macht.

Das Wichtigste ist, du wirst einen Abgang haben.

Abgänge sind keineswegs Routineereignisse in deinem Leben – jedenfalls nicht solche, müßte man hinzufügen, die von Frauen ausgelöst werden. Du hast den ganzen Abend darüber nachgedacht. Jetzt ist das Licht gedämpft, und der rotierende Glitzerglobus, den du an die Decke gehängt hast, bewegt sich. Die Plakate an den Wänden leuchten wie Neon: Friedenssymbole, astrologische Zeichen und jede Menge fantastische Lebewesen und Nereiden erwachen plötzlich zu radioaktivem Leben, während der Raum den Eindruck erweckt, als drehe er sich in allen möglichen Farben um seine eigene Achse. Mollie und du, ihr raucht den sagenhaft guten roten Panamesen, den ein Kumpel aus der Band bei dir gebunkert hat. Mollie hat ihre Kleider abgelegt – sie ist fast nackt –, jetzt seid ihr zwar so *stoned,* daß ihr die Musik schon mit euren Gedanken verwechselt, aber du kriegst es auf die Reihe; du läßt deine Finger über ihre Gänsehaut gleiten, schmiegst dich an sie und reibst dich an ihr, kostest ihren nach Nikotin schmeckenden Mund, denkst auf musikalische Weise an dies und jenes (und keineswegs mehr an JFK, den armen Hund, den ein Texaner gerade umgenietet hat), und dann bist du

Umgewandelt.

Es hebt dich hoch und raus, mein Alter, es hebt dich so hoch, wie die Kugeln JFK aus dem Wagen hochgehoben haben, es *reißt* dich förmlich hoch, und dann ...

Ertragen wir's zusammen. Ich tue mein Bestes, um es zu erläutern. Die Sache geht weiter und weiter, aber es ist lebenswichtig, sie auf die Reihe zu kriegen; ohne Erinnerungen gibt's kein Verstehen, Mollie, noch jetzt spüre ich deine Arme, die mich umschlingen, und deine Zunge, und dann

Jetzt bist du anderswo.

Du bist *hier*.

Du bist an *diesem* Ort.

Es ist, als würde der Wind dich eine Treppe hinunterwerfen.

Es ist, als würde ein elektrischer Schlag dich aus dem Tiefschlaf reißen.

Und du bist hier, mein Alter, ohne Übergang – Reiß! Peng! – und du sitzt in einem großen Büroraum, den man in kleine Nischen unterteilt hat. Die Pinnwandoberfläche der einsfünfzig hohen Nischenteiler ist pulverblau, der Warenhausteppich zeigt ein trübes Braun. Die Nischenteiler stehen rechts von dir, und in den Nischen hocken sechs Leute, jeder in einer, sie telefonieren, bis sie sich plötzlich alle umdrehen und dich ansehen, dich anstarren, auf eine Erklärung warten. Du hast offenbar *irgendein* eigenartiges Geräusch erzeugt, und wer kann's dir verübeln, wo doch gerade noch Mollies Gesicht in deinem Blickfeld war. Und jetzt siehst du das ...

Du siehst die sechs Leute an und würdest am liebsten »Scheiße, was geht hier vor?« sagen. Doch damit würdest du deine Einstellung sofort preisgeben. Nicht ohne Grund verfügst du über die Gerissenheit der sechziger und einen Rest der Verschmitztheit der späten fünfziger Jahre. Dir brummt die Birne jetzt noch von der Kifferei (vielleicht war das Zeug *zu* gut), deswegen sagst du, dein cooles Ego an die Lage anpassend: »Weitermachen, Leute. Der Computer hat mir nur 'n Schlag verpaßt.«

Das Aussprechen dieses Wortes fällt dir leicht. *Computer.* 1963 war es noch ein Fachausdruck, wie *Astronaut* und *Satellit,* aber irgendwie hast du Zugang zu ihm gehabt. Wie dem auch sei, dennoch ist dir alles hier neu, und als du deine Hände ansiehst, weißt du, daß du älter geworden bist. Du bist keine zwanzig mehr, das steht fest. (Ich wünsche dir, daß du's wärst!). Deine Hände sind stabil und weisen die harten Zeichen der Zeit auf, und du weißt, jetzt weißt du's wirklich, wenn du eine Hand vor die Augen hebst, wirst du Falten und einen borstigen, steifen Schnauzbart fühlen.

So stürmt die Zeit voran. Sie versetzt einen nicht nur körperlich. Viel mehr hat sich verschoben.

Doch den Umständen gemäß zeigst du dich erstaunlich gelassen.

Inzwischen hast du natürlich genug Zeit gehabt, um darüber nachzudenken: über deine Gelassenheit, deine Fusion, deine *Anpassung* an das Unmögliche. Weil du natürlich zweigeteilt bist: Da haben wir den abgewürgten, gelähmten Teil deines Ichs, der *hier* gelandet ist, und dort den entfernten und kalten Teil, mit dem du gerade verschmolzen bist. Es ist das entfernte ›Ich‹, das Computer versteht und über den genauen Zweck dieses Büros informiert ist: Das Büro dient dazu, unter Vorspiegelung falscher Tatsachen etwas zu verkaufen, das niemand braucht und keiner haben will.

Du verkaufst ›Unterhaltung‹.

Dies hier ist die Abonnentenaufreißabteilung eines Kabel-TV-Senders.

Aber der junge – verlagerte – Teil deines Ichs fragt sich, wie, zum Henker, du ausgerechnet *hier* gelandet bist. Im absoluten Nichts. Du hattest doch vor, ein gottverdammter Musiker zu werden. Eigentlich müßtest du jetzt einen Auftritt im ›Metropol‹ oder in der ›Halbnote‹ haben. Im schlimmsten Fall müßtest du einen Lehrauftrag haben, vielleicht nicht gerade in Juillard, aber gegen eine annehmbare Universität wäre ja auch nichts einzuwenden. Aber ganz bestimmt dürftest du nicht den Chef von sechs Halbtagskräften spielen, die am Freitagabend arbeiten. Und dein entfernter, älterer Teil – das Ich, das du immer schneller kennenlernst, das Ich, das sich aufgrund seiner zweiundvierzigjährigen Erfahrungen und Frustrationen bis zum geht nicht mehr angepaßt hat – hat dir überhaupt nichts zu sagen.

Weil du durchblickst, Alter. Du blickst voll *durch*.

Eine junge Frau von etwa zwanzig sagt mit einem plumpen Lächeln: »Yeah, das passiert mir auch schon mal, wenn ich was eingebe. Da kriegt man echt das Flattern, nich?« Ihre Haut ist tief gebräunt, und sie hat rehbraune Augen. Es ist offenkundig, daß ihre lange, weißblonde Haarmähne gefärbt ist; die Spitzen sind von zahllosen Bleichaktionen abgebrochen. Der Teil deines Ichs, mit dem du verschmolzen bist, das ausgebrannte, zynische ›Ich‹, das sich mit Computern auskennt, weiß, daß sie Franny heißt. Sie ist jetzt seit sechs Monaten hier – für diese Branche ist das lange. Vor kurzem hast du sie gefragt, ob sie mit dir essen gehen würde, und sie hat gesagt: »Nein, nicht mit verheirateten Männern; das hab ich einmal mitgemacht; ich hab die Nase voll.« Auch das: eine Demütigung, obwohl *du* der Boß bist und den Laden hier beherrschen solltest.

Jetzt kennst du also den einen oder anderen Zwischenfall aus dem Leben dieses Mannes. Obwohl alles neu und aufregend ist, *weißt* du jetzt, daß ungefähr zwanzig Jahre vergangen sind und du mit deinem älteren Ich verschmolzen bist, aber ob er wirklich du ist oder ein Faksimile, das sich geschlagen gegeben hat, weißt du noch nicht genau. Die Hoffnung rankt noch immer in deinem Herzen. *Dir* hätte so etwas eigentlich nicht passieren können. Doch zusammen mit der Verlagerung kommt die sofortige Reife, und du erfährst die reine Wahrheit, wenn dir auch klar ist, daß es einer Art Tod gleichkommt, sie in ihrer Gänze hinzunehmen.

Langsam und zaghaft, schnell und verzweifelt, hast du die Antworten. Und hast doch wieder keine.

Das Dröhnen der Droge ist verklungen – bestimmt hat das Reißen es hervorgerufen –, und du befindest dich dermaßen eiskalt und klar auf der Ebene der reinen Funktion, daß es dich entsetzt. Obwohl du an den Schalthebeln sitzt, hast du die Kontrolle verloren. Du kapierst, daß JFK schon halb so lange tot ist, wie er gelebt hat, und Phil Spector ist auch nicht mehr da.

»Na, los«, sagst du so freudlos, wie du dich in deiner Aufsichtsposition fühlst, »jetzt wird *weitergearbeitet.*« Und als wüßtest du, was du hier machst, als gehörtest du dazu (Und du gehörst dazu! Du gehörst dazu!), widmest du dich wieder dem Computer. Während ein Teil deines Ichs verwundert gafft, sieht sich der andere die Liste der PR-Vertreter des Senders an, tippt im gleichen Atemzug Namen und Adressen und beantwortet die auf dem Bildschirm erscheinenden, geheimnisvollen Fragen mit *J* und *N*. Der Bildschirm erinnert dich an die leuchtenden Plakate in deinem abgedunkelten Zimmer in East Meadow, an das Zimmer, in dem du vor ein paar Sekunden Mollies Mund geküßt hast; er war noch feucht und süß und rot und schmeckte nach Erdbeeren, denn sie hatte ihn erst kurz zuvor bemalt.

Draußen sein und reinschauen ... Drinnen sein und rausschauen; das ist mein Mantra.

Da bin ich gerade zwanzig und geb mir Mühe, einen Treffer zu landen, und im nächsten Moment bin ich zweiundvierzig und beaufsichtige den Verkauf von Kabelanschlüssen in der Provinz, die Mollies Heimatstadt Cohoes mit einschließt. Ich bin mit einer Frau namens Ellen Aimes verheiratet; für mich ist es die erste Ehe, für sie die zweite. Wir sind seit achtzehn Jahren verheiratet und haben eine Tochter: Mollie. (Aufgrund eines irrwitzigen Zufalls und eines boshaften, aber dämlichen Schicksals, heißt Ellens Mutter ebenfalls Mollie). Einmal pro Woche üben wir behutsam Geschlechtsverkehr aus, immer im Bett und in der Missionarsstellung. Ellen ist Mathematiklehrerin an einer Realschule. Ich verdiene ungefähr fünfundzwanzigtausend im Jahr, Ellen verdient dreißig. Ich fahre einen 83er Pontiac Catalina und sammle Schallplatten – Bebop und Modern Jazz. Aber ich trete nirgendwo auf. Ich habe nicht mal ein Instrument im Haus. Ich brauche kein achthundert Pfund schweres Piano, das mich an mein Versagen erinnert. In der Zeit vor meiner ... Verschmelzung, Rückkehr, Fusion (nenn es wie du willst) war ich in drei ehebrecherische Beziehungen verwickelt, die eine Gesamtzahl von acht Geschlechtsverkehren ergeben haben; keine davon war besonders erfolgreich, und alle betrafen jüngere Mitarbeiterinnen. Ellen weiß nichts davon; sie weiß auch nicht, daß ich gerade aus meiner Vergangenheit gerissen und in meine Zukunft geschleudert worden bin; das Dazwischen habe ich nicht erlebt.

Aber eins weiß ich: Würde ich es jemandem erzählen – irgend einem –, ich käme in ernsthafte Schwierigkeiten. Es brächte Unruhe ins Leben; es würde das Leben auf den Kopf stellen. Mein Leben würde gefährlich werden, ich wäre schlecht beraten. Ich kriege es nicht in den Griff. Ich muß Rechnungen bezahlen. Ich muß ein Leben – ja, ein Leben – führen. Mollie braucht einen Vater. Sie ist elf Jahre alt und fängt an, mich auf eine heilsame, stumpfsinnige Art zu hassen.

Wie, frage ich dich, kann ich jemandem davon erzählen? Wie kann ich, außer in dieser Rückbesinnung, mein Schicksal und auch meine Verfassung deutlich machen?

Nur dies: Ich war mal zwanzig; der Schuß, der JFK umgebracht hat, muß mich irgendwie in mein neues Leben hineinkatapultiert haben; jahrelanges Schauen von draußen nach drinnen, und dann bin ich selbst drin und schaue hinaus, und dann, und dann ...

Dann noch ein Schuß, ein weiteres Katapultieren – und ich bin vierzig, verheiratet, Vater; ein erfolgloser Ehebrecher (vielleicht kann man es als Erfolg bezeichnen, daß ich nicht erwischt worden bin); der traurige Fall eines sich abrackernden Mannes am Rande der mittleren Jahre; und mir ist *klar,* daß ich drinsitze und hinausschaue. Gewaltsam vertrieben sitze ich in der Falle; ich habe keinen Augenblick, keinen einzigen Augenblick in der Mitte erlebt.

Aber ich habe die Verschmelzung mit großer Leichtigkeit aufgenommen. Ich hätte sie doch auch in den ersten Momenten der mittleren Jahre verlieren können – doch ich habe mich in die Zukunft eingeklinkt, sie gerettet.

Eingeklinkt ...

Und ich nehme den Auftragsschein für eine Neuabonnentin in Cohoes (der all dies nämlich ausgelöst hat), und starre ihn nur an, starre ihn nur an.

Bist du es, Mollie?

Bist du es, was ich da sehe – erster und zweiter Vorname, neuer Nachname? Habe ich das aus dir gemacht? Einen Namen und eine Adresse auf einem Auftragsschein?

Ich werde dich nie anrufen. Es wäre eine Katastrophe.

Ich werde dich anrufen. Es *wird* eine Katastrophe.

Ich werde dich nie anrufen. Es wäre eine Katastrophe.

Du hast vor, sie anzurufen, nicht wahr, Alter?

Wenn du's tust – ach, du armer Hund –, wenn du's tust: *Bringt es dich dann wieder zurück?*

Glaubst du das?

Glaubst du das?

Glaubst du das?

Originaltitel: »Blues and the Abstract Truth«

aus: »The Magazine of Fantasy & Science Fiction«, January 1988
Aus dem Amerikanischen übersetzt von Ronald M. Hahn

Kim Stanley Robinson

Rückkehr von der Regenbogenbrücke

Als ich fünfzehn Jahre alt war, besuchte ich das Navajo-Reservat nördlich von Flagstaff, Arizona, um den Indianern bei der Feier des 4. Juli zu helfen. Noch bevor ich dort ankam, dachte ich, wie komisch es doch war, derlei zu tun. Aber bevor ich wieder abreiste, passierte mir dort oben noch etwas viel Komischeres; etwas so Sonderbares, daß ich von diesem Tag bis heute nicht die kleinste Einzelheit habe vergessen können.

Als wir an einem späten Sonntagnachmittag ankamen, stieg ich aus dem blauen VW meines Vetters Luke, und mein jüngerer Bruder David folgte mir. Meine Großtante Miriam, eine große, grauhaarige Frau in einem Kattunkleid, begrüßte uns mit dem netten Lächeln eines Mädchens und nahm uns an die Hand.

Zufällig fiel unsere Ankunft mit dem Einsetzen eines sommerlichen Gewitters zusammen. Über uns, am westlichen Himmel, hingen dichtgedrängt große, dunkle Marmorwolken. Die untergehende Sonne quoll unter dem Rand dieser Front hervor und überzog alles mit einem grellen, rötlichen Glanz. Wir standen auf breitem, hohem, kahlem Tafelland; der Horizont war ungeheuer weit entfernt. Die Asphaltstraße verschmolz im Osten und Westen mit dem dunklen Land und war nur ein Schattenfaden unter vielen.

Winzig inmitten all dieser Weitläufigkeit, stand die Inscription House Mission vor uns: eine Kirche, ein Haus und ein paar grob gezimmerte Nebengebäude, die alle gekälkt waren und nun ausnahmslos im engen Band des Sturmlichts leuchteten. Das Weiß der Wände hatte einen erdfarbenen Ton angenommen und war mit festen, schwarzen Schatten durchsetzt, doch sie schienen äußerst hell in der uns umgebenden Finsternis – wie Laternen in der Dämmerung. Vor den von der Sonne gefärbten Wänden leuchtete der Wagen meines Vetters – der schon bei normalem Licht ein glänzendes, metallisches Blau aufwies – wie die Schale eines glitzernden Skarabäus; wie ein Botschafter aus einer anderen Welt.

Als der Boden um uns herum sich mit dunklen, nassen Flecken übersäte, trugen wir unsere Taschen ins Haus hinein. Als wir es betraten, schaute ich zurück und sah unter den grauen Schleiern des strömenden Regens eine Gestalt, die im Norden, nahe am Horizont, auf einer offenen Anhöhe stand. Einsam, vom Himmel umrahmt, irgendwie eher eine Wappenfigur als real, hob sie beide Arme hoch, als wolle sie den sich ankündigenden Wolkenbruch ermutigen. Mein erster Indianer, dachte ich, und fragte mich, ob ich eine Art Regentanz gesehen hatte. Ich schloß die Tür.

»Der Typ da draußen wird naß«, sagte ich altklug.

»Wen meinst du?« fragte Luke erstaunt.

»Der Indianer, da draußen im Regen.«

Luke schüttelte den Kopf. »Ich habe nirgendwo einen gesehen.«

Ich machte die Tür wieder auf und sah hinaus. Ich sah niemanden unter den Wolken, nicht mal auf dem ganzen breiten Plateau. Und es gab dort kein Versteck. »Was ...?« Eine Windböe stieß gegen die Tür, als wolle etwas ins Haus eindringen. Ich fröstelte.

So fing es an.

Während die Regentropfen auf die Schindeln von Tante Miriams Haus trommelten, unterhielten wir vier uns miteinander. Ich erwähnte die Gestalt, die ich gesehen hatte, nicht mehr. Tante Miriam brachte uns ein Milchpulvergetränk. Ich trank es zum ersten Mal; sein Geschmack behagte mir nicht. »Es schmeckt komisch«, sagte ich.

Tante Miriam lächelte. »Wir haben hier nichts anderes.«

»Man gewöhnt sich daran«, sagte Luke und lachte.

Nach etwa einer halben Stunde hörte der Regen auf, und weil Sonntag war, gingen wir die paar Schritte bis zur Kirche, um am Abendgottesdienst teilzunehmen. Gelbes Licht fiel aus den Kirchenfenstern über die Pfützen auf dem Vorplatz unter dem niedrigen schwarzen Himmel. Das Innere der Kirche bestand aus einem mittelgroßen Raum, der mit Navajo-Indianern vollgestopft war; etwa vierzig von ihnen saßen in Reihen auf Klappstühlen vor einem schmalen Lesepult und einem Klavier, das vor ihnen stand.

Es überraschte mich, so viele Leute zu sehen; ich hatte nicht geglaubt, daß so viele Indianer Christen waren. David und ich nahmen auf Stühlen Platz, die an der Seitenwand standen, nahe der ersten Reihe.

Ein älterer Navajo sprach vom Pult aus zu den Leuten in seiner Sprache. Währenddessen blätterte ich in der Bibel und dem Gesangbuch, die auf meinem Stuhl gelegen hatten. Mir fiel auf, daß die Navajo-Sprache eine erstaunliche Menge an Vokalen hatte; ich hörte Worte, die wie Aanapalaooaa, Liineaupoonaa und Kreeaiioo klangen ... Es erinnerte mich an das Brabbeln eines Säuglings.

Als der alte Mann fertig war, sangen die Leute Hymnen, wobei Tante Miriam sie auf dem Klavier begleitete. Sie sangen die alten Lieder von Luther, Wesley und Watt, aber die Texte waren übersetzt. Mit all den Vokalen und dem wilden Flattern der Frauenstimmen wurden die vertrauten Lieder – »Ein' feste Burg ist unser Gott«, »Weiter, christliche Soldaten« – verwandelt und verklärt. Sie klangen völlig anders und waren keiner Musik ähnlich, die ich je gehört hatte. Ihre Schönheit verblüffte mich, und meine Wangen brannten, als ich zuhörte. Ganz vorn sang Tante Miriam mit, sie hatte einen Ausdruck des reinen Entzückens auf ihrem erhobenen Gesicht. Mir fiel ein, daß sie bei den Chicagoer Symphonikern Flöte gespielt hatte; aber das hätte sie nie so begeistern können wie das Hier und Jetzt.

Während die Navajos die seltsamen Hymnen sangen, sah ich mir ihre Gesichter an. Ich war ein Junge, der als Leseratte galt, und ich hatte mein ganzes Leben in einem südkalifornischen Vorort verbracht, einer Hochburg des weißen Kleinbürgertums, die quasi per Gesetz homogen blieb. Um die Wahrheit zu sagen: Noch nie im Leben hatte ich Gesichter wie diese gesehen – dunkelhäutig, sonnenverbrannt, adlernasig, schwerlidrig, vom Leben gezeichnet. Jedes Gesicht war eine Weltkarte, jedes einzelne wurde von glattem, tiefschwarzem Haar und von Schmuck aus Silber und Türkis umrahmt und veredelt ... Es waren ungewöhnliche Gesichter: Visionen aus meiner Lektüre, aber Wirklichkeit. Plötzlich erlebte ich ein krampfhaftes Erröten, wie bei der Musik, nur stärker – weil mir an Ort und Stelle klar wurde, daß dies über die Erzählungen in den Büchern hinausging: die Welt war Wirklichkeit. *Die Welt war Wirklichkeit.* Mann, dachte ich, ohne zu verstehen, wie mir zumute war – das sind echte Indianer!

Am nächsten Morgen ging ich früh aus dem Haus, um mich ein bißchen mit der Gegend vertraut zu machen.

Das große Plateau des Navajo-Reservats liegt mehr als zweitausend Meter über dem Meeresspiegel. Vermutlich war dies eine teilweise Erklärung dafür, daß an diesem Morgen alles anders aussah. Der Himmel zeigte ein dunkles, reines Blau, und in diesem Blau erschien die Federung einer Zirruswolke strahlend weiß. Die kühle Luft war so hart und klar wie ein Fernglas, das die Sehkraft verstärkt. Der Wolkenbruch hatte das Land überspült, und der Boden war dunkelrot oder hatte die Farbe von nassem Sand. Chaparrals und vereinzelte Pinien waren über das Land verstreut. Die Chaparrals wiesen eine glänzende silbrige Farbe auf, wie Olivenblätter. Ihre Farbe paßte zu den Erdtönen, aber die Pinien strotzten vor Farbe, als enthielten sie mehr Grün, als sie vertragen konnten. Jede einzelne Piniennadel stach in die Luft und war deutlich zu erkennen; dunkel mit hervortretendem Grün. Ich ging zu einer Pinie – und hielt sie für Wacholder – und hatte das Gefühl, in Farbe zu schwimmen: rote Erde, grüne Bäume, schwarzer Asphalt, weiße Wolken, blauer Himmel ...

Ich war schon mehrere Minuten damit beschäftigt, die kleinen dichtgepreßten, grünen Zapfen meines Baumes zum bloßen Zeitvertreib einzusammeln, als ich aufschaute und kaum drei Meter von mir entfernt einen Indianer sah, der mich beobachtete. Ich sprang entsetzt zurück. Ich hatte nicht gehört, wie er sich mir genähert hatte.

Er hatte ungefähr meine Größe und schien irgendwo in den Vierzigern oder Fünfzigern zu sein. Es fiel mir schwer, sein Alter zu schätzen. Er trug alte Jeans, ein kariertes Baumwollhemd und einen Cowboyhut. Sein Gesicht ähnelte den Gesichtern der Menschen, die ich am Abend zuvor in der Kirche gemustert hatte (ihn hatte ich jedoch nicht gesehen): breit und gelassen, wie eine Maske ...

»Hallo!« sagte ich nervös. Ich kam mir vor, als würde ich seine Pinienzapfen klauen oder so etwas.

»Hallo.« Er sah mich ganz ruhig an. Schließlich, nach einer langen Pause, sagte er: »Stehst du auf Pinienzapfen?«

»Äh ... klar! Ich meine, sie sind ... ganz interessant!«

Er sah mich an. Später sollte ich diesen Blick noch viel besser kennenlernen ...

Ich wurde immer nervöser. Endlich sagte ich, um das Schweigen zu brechen: »Wohnen Sie in dieser Gegend?«

»Etwas weiter im Norden.« Er deutete kurz auf die Straße. Dann herrschte wieder Schweigen. Ihm schien es nichts auszumachen, aber mir wurde es mit jeder Sekunde peinlicher.

Vielleicht fiel es ihm auf. Er neigte seinen Kopf zur Seite und beobachtete mich. »Spielst du Basketball?«

»Yeah!« sagte ich überrascht. Ich erzählte ihm von unserer Mannschaft in der 9. Klasse.

Er nickte ausdruckslos. »Komm mit.«

Ich folgte ihm verwirrt und unsicher zur Mission zurück. Wir umrundeten eins der grob gezimmerten Nebengebäude, und ich sah am anderen Ende des Hofes ein großes Basketballfeld. Ein Trupp von Navajo-Jungen und Männern drängte sich unter dem Korb und suchte den besten Platz, um den Ball abzufangen.

Der Mann hielt neben mir an. »Wir spielen Einundzwanzig. Wenn du Lust hast, kannst du mitspielen.«

Also machten wir mit, er und ich. Jeder kämpfte um den abgeprallten Ball. Wer es schaffte, ihn zu kriegen, hatte die ganze Gruppe gegen sich. Konnte man einen Punkt erzielen, hatte man die Möglichkeit, von der Freischußlinie aus weiterzuschießen, bis man danebentraf. Die Punkte wurden wie beim normalen Basketball gezählt; der erste, der einundzwanzig erreichte, war Sieger.

Es war ein wildes Spiel, eher ein Gerangel, und ich hechtete am Rande etwas ratlos hin und her. Der Spielfeldboden bestand aus nassem Lehm und war mit losem Kies bestreut. Es war nicht gerade die beste aller Spielflächen. Ein magerer Baumstamm hielt ein Brett hoch, das nicht ganz parallel zum Feld lief, und der Korb erschien mir ungewöhnlich hoch, fast dreieinhalb Meter. Aber vielleicht sah es nur deshalb so aus, weil das Brett so klein war. Insgesamt gesehen war ich an all dies nicht gewöhnt, und als ich den Ball bekam, verlor ich ihn gleich wieder. Ich stürzte mich frustriert in die Menge und wurde, als wir zwischen den Füßen der Männer nach dem Ball suchten, mit den anderen Jungen hin und her gestoßen. Es war unmöglich, ihn zu halten, wenn sechs oder sieben Hände an ihm herumklatschen. Ich ging entmutigt wieder raus und schaute die meiste Zeit zu, bis mein neuer Bekannter einen abgeprallten Ball abfing und sich in die Menge stürzte. Als man seinen Weg blockierte, spielte er mir den Ball über die Schulter zu. Ich riß die Arme hoch, fing ihn im letzten Moment auf, war einen Augenblick ungedeckt, schoß. Unglaublich! Der Ball traf das Brett und fiel durch das Netz nach unten.

Als ich an der Freischußlinie stand, schaute ich auf. Ich wußte, daß ich danebenschießen würde. Auch zu Hause hatte ich stets Pech mit Freischüssen, und hier war der Korb offenbar doppelt so weit entfernt. Ich hoffte nur, daß ich wenigstens das Brett traf.

Aber davon konnte keine Rede sein. Der Ball verpaßte alles um einen halben Meter. Ich schrie unwillkürlich: »Ahhh!« Die Männer und Jungen lachten, aber auf freundliche Weise. Es kam ihnen lustig vor, daß ich das Gefühl, das jeder erlebte, wenn er danebenschoß, laut ausdrückte. Ich lachte mit und entspannte mich dabei. Beim dritten Spiel hatte ich gerade sechs Punkte erzielt, als der Sieger auf einundzwanzig kam. Dann kamen noch ein paar Männer dazu, so daß es ausreichte, ein richtiges Spiel zu organisieren. Die Jungen wurden vom Spielfeld gejagt. Mein Indianer ging langsam zu seiner Mannschaft hinüber, ohne noch einmal in meine Richtung zu schauen. Er schien vergessen zu haben, daß es mich gab.

Ich setzte mich hin und schaute zu, und Luke gesellte sich zu mir. »Basketball gefällt ihnen«, sagte ich.

Luke lachte laut. »Stimmt! Sie sind sogar ganz wild darauf. Basketball und Kleintransporter – das haben die Navajos mit Begeisterung vom weißen Mann übernommen.« Er lachte erneut. »Die Männer haben alle so viele Kinder, daß sie ihnen tagsüber die Schafe überlassen können. Deswegen kann Papa hierherkommen, um mit seinen Freunden ein, zwei Stunden Ball zu spielen. Sie spielen fast jeden Tag.«

Ich wies auf meinen Bekannten hin und fragte, wer er war.

»Das ist Paul. Warum fragst du?«

»Er hat mich mitgenommen und eingeladen, Einundzwanzig zu spielen.«

Luke lächelte. »Er ist ein guter Mann. Ich hätte ihn gern dabei, wenn wir nach dem Vierten zur Regenbogenbrücke wandern. Ein guter Mann.« Er runzelte die Stirn und warf ein paar Kiesel auf das Spielfeld zurück. »Paul hat einen Sohn, der ungefähr in deinem Alter ist. Aber er ist nach Flagstaff gezogen.«

»Das ist doch gut, oder? Wenn man die moderne Welt kennenlernt ...«

Luke schüttelte den Kopf. »Weißt du, Alkohol ist im Reservat noch immer gesetzlich verboten. Er ist einfach zu problematisch für die Indianer. Deswegen ziehen die Leute, die ... Alkohol haben wollen, nach Flagstaff. Und dort sind sie dann bald in Schwierigkeiten, weil sie ihn dort leicht kriegen können.«

»Aber du hast doch gesagt, er ist nicht älter als ich!«

»Stimmt.«

Ich verstand ihn nicht. Er war doch nicht einmal alt genug, um Alkohol überhaupt *kaufen* zu dürfen ...

»Komm«, sagte Luke und stand auf. »Wir suchen deinen Bruder und machen eine Rundfahrt. Ich muß zur Handelsstation.«

Luke gehörte zu den Menschen, deren innerer Antrieb um ein Vielfaches schneller arbeitet als der aller anderen. Er machte zwar Urlaub und war gerade zu Besuch bei Tante Miriam (sie war auch seine Großtante, aber von der anderen Seite der Familie her), doch er hatte jeden Tag ein großes Programm. Und dieses Programm zog er durch, bis alle anderen um ihn herum vor Erschöpfung umfielen: Kleintransporter mit Vorräten beladen, Leute über ungepflasterte Landstraßen zu den Bergen mitnehmen, Häuser bauen, Zäune anlegen, Schafe suchen, die sich verlaufen hatten – alles machte ihm Spaß. Ich hatte angenommen, daß er sich dadurch eher unbeliebt machen würde, aber das war nicht der Fall. Im Gegenteil, er wußte ganz genau, was den Navajos gefiel und wie man sie für etwas begeisterte. An diesem Nachmittag fuhren wir zum Beispiel dreimal an einzelnen Navajo-Männern vorbei, die die zehn Kilometer zum Laden zu Fuß zurücklegten. Luke hielt jedesmal an, auch wenn der VW schon nach dem ersten Halt voll war. »Wollen Sie mitfahren? – Wohin?«

Sie stiegen alle ein, so daß David und ich nach dem dritten Mann in eine Ecke des Rücksitzes gequetscht waren. Das unnahbare Schweigen der Männer machte mich nervös; es sah so aus, als würde Luke keinen einzigen von ihnen kennen. Aber er lachte über die Enge und stellte eine Frage nach der anderen: Wo wohnen Sie? Wie viele Schafe haben Sie? Wie viele Kinder? Haben Sie schon mal mit den Entwicklungshelfern geredet? Sind die Typen nicht komisch? (Die Navajos grinsten.) Hat der Sturm euch gestern abend erwischt? Und bevor wir vor dem Laden anhielten, redeten die Navajos sowohl mit Luke als auch miteinander, aber stets auf englisch, damit wir uns nicht ausgeschlossen fühlten. Jeder nahm Lukes Angebot an, sein Zeug in den Wagen zu laden und sich von ihm nach Hause fahren zu lassen. (Und wie passen *wir* da rein? wollte ich fragen.) Als wir den Käfer mit den schweren Kartons beluden, fanden sie irgend etwas, das Luke gesagt hatte, lustig – ich weiß nicht genau, was –, und ihre stoischen Gesichter hoben sich dem Himmel entgegen und zersprangen in zigtausend Lachfalten, als sie losgackerten. Luke grinste nur. Er hatte, wie immer, sein Späßchen. Ich beneidete ihn um diese Spontaneität und sein Können.

Am Abend gab es bei Tante Miriam Hammelfleisch mit Brot. Mir war schon aufgefallen, daß die Navajos immer das gleiche aßen: Brot und Kaffee zum Frühstück; Hammel, Brot und Kaffee zum Mittagessen; Hammel, Brot und Kaffee zum Abendessen.

»Junge«, sagte ich, »die Navajos müssen echt wild auf Hammel, Brot und Kaffee sein!«

Die Anstrengung, mit der meine Tante so schön lächelte, ließ mich zwar erkennen, daß ich dummes Zeug geredet hatte, aber ich wußte nicht, was. Doch als ich weiterkaute, fiel bei mir der Groschen. »Oder haben sie nichts anderes?«

Meine Tante schüttelte den Kopf. Ihr Lächeln war verblaßt.

»Sie haben einiges in Dosen«, sagte Luke. »Aber Hammel, Brot und Kaffee – das sind ihre Grundnahrungsmittel.«

Ich aß weiter und stellte mir vor, dieses Essen jeden Tag vor mir zu sehen; es schmeckte irgendwie anders.

Dann kam der vierte Juli. Paul holte uns in der kühlen Morgendämmerung mit seinem Kleintransporter ab. Luke stellte David und mich vor. Paul nickte mit einem winzigen Lächeln in meine Richtung. Wir fuhren zu einer Kiesgrube in einem trockenen Flußbett, nahmen riesige Schaufeln und füllten die Ladefläche des Kleintransporters mit Kies. Dann fuhren wir zur Mission zurück und bestreuten das Basketballfeld.

Eine frische Ladung für den großen Tag. Als ich den Kies gleichmäßig über das große Feld verteilte, rätselte ich darüber nach, wieso auch die Indianer den 4. Juli feierten. Mußten sie diesen Tag nicht hassen? Sollten sie nicht lieber Scheiterhaufen anzünden, um Flaggen – möglicherweise auch den erstbesten Weißen – zu verbrennen?

Offenbar hatten sie keinerlei derartige Gefühle. Eine Familie nach der anderen fuhr im Kleintransporter heran. Die Frauen stellten große Proviantkörbe auf die Picknicktische rund um den Hof. Sie brieten halbe Schafe über dem Feuer, das in Feuerstätten aus Ziegelstein glühte. Es duftete, weißer Rauch stieg zum wolkenlosen Himmel auf. Die Navajos unterhielten sich lebhaft mit der großen Gruppe der weißen Missionare, die einen Tagesausflug gemacht hatten. Neben dem Essen lagen Pappteller, und wir standen Schlange, um unsere Portionen abzuholen: Hammel, Brot und Kaffee – aber auch Chili, Wassermelone und Cola. Es war wirklich ein Fest. Es waren bestimmt hundert Menschen da, vielleicht sogar zweihundert. Ich ging ziellos herum, schaute ihnen beim Essen und Trinken zu, und genoß die Szene.

Erst als die Missionare die Indianer zu einer Reihe von Spielen animierten, konnte man erkennen, daß an diesem Tag doch nicht alles in Ordnung war. Als die Spiele losgingen, zogen sie sich in sich zurück und nahmen sie gleichmütig hin. Eine Freundin meiner Tante, die ebenfalls Missionarin war, rief mir zu: »Komm mal her, wir brauchen dich für diese Runde!« Ich war schon mittendrin, als mir klar wurde, um was es hier ging. Ich stöhnte auf. Bei dem Spiel ging es nämlich um folgendes: Ein Missionar wandte uns den Rücken zu und warf über seinen Kopf eingewickelte Bonbons in unsere Richtung, auf die wir uns dann stürzten.

Es war kaum zu glauben. Kein Wunder, daß alle um mich herum zwischen fünf und zehn Jahre alt waren. Kein Wunder, daß die Navajo-Jungen in meinem Alter ausnahmslos abgesagt hatten, jetzt im Zuschauerkreis standen und mich beobachteten. Wie *würdelos* ... Dann warf der Mann die Bonbons; ich biß die Lippen zusammen und hechtete hinter einigen her. Verflixt! Ich erwischte kein einziges. Die kleinen Bengel nahmen das Spiel todernst. Sie waren so flink wie Eichhörnchen. Kaum waren die Bonbons am Boden gelandet, verschwanden sie. Als die Quälerei mehr oder weniger zu Ende war, kam ich mit einem Stück Toffee hoch, das ich aus der geballten Faust eines Sechsjährigen gerettet hatte, und sah, wie mich die Jungen meines Alters anstarrten. Ich spürte, wie ich errötete, so gedemütigt kam ich mir vor. Ich sah auch Paul, der am Rande der Gruppe stand und ausdruckslos zusah. Er sagte etwas auf navajo, und die Zuschauer zerstreuten sich. Die Kinder gingen, um ihre Beute zu zählen; es blieb keiner zurück, den der Missionar erniedrigen konnte. Paul entfernte sich, und ich sah dankbar hinter ihm her. Ich fragte mich, was er wohl gesagt hatte.

Sofort danach riefen mich die Missionare zu einem Volleyballspiel mit den Jungen meines Alters. Aha, dachte ich, jetzt weiß ich, wie ich meinen Gesichtsverlust ausgleichen kann. Ich hatte zu Hause ziemlich viel Volleyball gespielt, also sprang ich herum und schlug zu, so oft ich konnte. Einmal hatte ich die Möglichkeit, den Ball über das niedrige Netz zu stoßen, und ich sprang leicht angeberisch hoch und schlug kräftig an. Der Ball flog über den Hof hinweg; ein klarer Punkt für unsere Mannschaft. Dann sah ich die Gesichter der anderen. Sie waren gelassen, aber absolut verächtlich, und ich kam zu der blitzartigen Erkenntnis, daß man hier anders spielte. Es war wie das Spiel, das man am Strand mit einem flachen Schläger spielt, wo es gilt, den Ball so lange wie möglich in der Luft zu halten. Erneut gedemütigt, überließ ich meinem Bruder meinen Platz und verließ das Spielfeld. Erst dann sah ich, daß Paul auch diesmal zugeschaut hatte: Er stand ein Stück vom Spielfeld entfernt und hatte die Arme vor der Brust verschränkt. Ich knirschte verzweifelt mit den Zähnen.

Dann kam es zum richtigen Basketballspiel, und die Navajo-Männer wurden wieder munter. Jetzt gab es ein echtes Spiel, nun wurde richtig gefeiert.

Das Spiel fing vor zwei Uhr nachmittags an und endete nach fünf, und die ganze Zeit über spielten sie so wahnsinnig schnell, wie ich es noch nie erlebt hatte. Nach jedem Schuß oder Abpraller raste alles zum anderen Korb: Kies flog, die Bälle wurden wie von Kanonen abgefeuert. Man spielte sich den Ball ein-, zweimal zu, machte einen schnellen Schuß, kämpfte um den Abpraller und stürzte sich schon in die andere Richtung. Es ging ohne Pause hin und her, den ganzen Nachmittag hindurch. Ich saß, gefesselt vom Tempo dieses wunderbaren Spiels, am Ende einer Bank und versteckte mich vor den Missionaren. Ich wollte die Demütigungen vergessen, die sie mir zugefügt hatten, aber sie gingen mir nicht aus dem Sinn. Dann, nach etwa einer halben Stunde, kam Paul vorbei und fragte: »Spielst du mit?«

Ich sprang auf und ersetzte einen seiner Mitspieler. Ich war der einzige Weiße auf dem Feld, und spürte sehr genau, daß die Blicke der Zuschauer auf mich gerichtet waren. Meine Mannschaft hätte mich offenbar am liebsten ignoriert, doch Paul spielte mir den Ball mehrmals zu, und es gelang mir, ihn ohne Panne zu dribbeln und weiterzugeben. Einmal nahm ich ihn und stürzte mich auf den Korb, dann gab ich ihn an Paul ab, so wie er es mit mir beim Einundzwanzig-Spiel getan hatte. Er fing ihn problemlos auf und warf ihn mit der Kraft von zweien.

Paul war, wie die anderen Männer auch, ein notorischer Scharfschütze. Er fing den Ball in der Spielfeldmitte ab und warf ihn beidhändig hoch in die Luft. Der Ball flog zwei-, dreimal bis in die Höhe des Korbes, fiel dann herab und riß beinahe das Netz vom Ring. Paul interessierte sich nicht für das Brett. Wenn er danebenschoß und der Ball gegen den Ring abprallte, krachte es eisern, als würde er abbrechen, und der Ball sprang so weit weg oder so hoch, daß die Spieler, die auf den Abpraller warteten, nie Bescheid wußten. Aber ich schätze, daß ungefähr sechzig Prozent seiner Bomben durchkamen, und viele andere waren fast ebenso erfolgreich. Diese Vorgehensweise führte zwar zu einem hohen Punktstand, aber um die Wahrheit zu sagen, ich glaube nicht, daß jemand mitzählte.

Ich spielte ungefähr zwanzig Minuten mit, dann stieg ich aus dem Spiel aus und war so kaputt, daß ich kaum noch laufen konnte. Nach einer Pause und mehreren Colas hatte ich mich erholt. Ich unterhielt mich mit Luke, David und Tante Miriam. Dabei verfolgten wir den weiteren Verlauf des Spiels. »Die Jungs könnten jede Liga-Mannschaft schlagen!« sagte ich lebhaft. Luke grinste und fügte hinzu: »Wenn man vergißt, daß der Größte von ihnen einsachtzig groß ist.« Ich lachte, denn ich freute mich; die vorherigen Unannehmlichkeiten waren vergessen. Der 4. Juli war trotz alledem ein Erfolg. Erst später, als ich im Bett lag, fiel mir ein, wer dafür verantwortlich gewesen war.

Ein, zwei Tage später fuhr ich mit Luke nach Norden, um Paul zu besuchen. Wir wollten den Termin für unsere Wanderung zur Regenbogenbrücke – »dem größten natürlichen Bogen der Welt« – festlegen und dafür sorgen, daß Paul mitkam. Luke war sich dessen nicht ganz sicher: »Paul hat viele Pflichten; wir müssen halt sehen, ob er noch frei ist.« Wir fuhren über einen holprigen Feldweg, wo die Felsen zwischen den sie umgebenden Brauntönen rosa schimmerten, und gelangten in die helle Ebene eines flachen Cañons. An den hohen, anmutigen, weißberindeten Bäumen leuchteten die Blätter im Sonnenlicht. Dicht an der Felswand des Cañons befanden sich Zäune, Pauls Kleintransporter und eine niedrige, ovale Hütte. Wir hielten vor der Hütte an und stiegen aus. Rote Hühner stoben vor uns auseinander. Vor der Hüttenwand standen gestapelte 25-Liter-Plastikfässer; die Hütte selbst sah irgendwie *geflochten* aus: Holz, Weiden und Lehm; es war ein komplexes Muster. Das Haus war bestimmt *echte* Handarbeit.

Luke klopfte an die Holztür und wurde hereingerufen. Ich stand im Türrahmen und starrte in die Dunkelheit, unsicher, ob ich ihm folgen sollte. Paul erhob sich aus einem alten Polstersessel. Ein paar andere Männer saßen vor einem bauchigen schwarzen Ofen um einen Tisch herum. Paul begrüßte uns höflich und schüttelte uns die Hand, vermutlich deswegen, weil wir ihn in seinem Heim aufsuchten. Luke sagte etwas, und alle lachten. Die beiden Männer unterhielten sich, doch die Augen der Leute am Ofen blieben auf mich gerichtet. Die Innenwände der Hütte waren mit buntgemusterten Teppichen bedeckt, in denen Erdtonfarben von hellweißen Blitzstreifen durchkreuzt wurden. In der Ecke lagen irgendwelche Masken; jedenfalls hielt ich sie dafür. Paul und Luke unterhielten sich weiter, und ich ging rückwärts hinaus, weil die Blicke der Familie mich verlegen machten und verstörten.

Neben dem kleinen Haus hinter den Zäunen waren Schafe eingepfercht – nein, eher Ziegen. Ziegen. Sie sahen schmutzig aus und stanken fürchterlich. Der ganze Hof war schäbig und klein ... Armut, dachte ich: das ist die Armut. Wahrscheinlich wäre auch ich nach Flagstaff gegangen ...

Luke kam durch die niedrige Tür wieder heraus. »Alles klar«, sagte er. »Er will schon morgen aufbrechen. Ein paar Leute im Hopi-Reservat brauchen seine Hilfe. In ein paar Tagen wäre er sowieso aufgebrochen. Es paßt ihm gut, wenn er so früh wie möglich loszieht.«

Auf der Rückfahrt fiel es mir schwer, mich zu sammeln. Luke bemerkte es. »Das Haus, in dem sie wohnen, ist ein Hogan«, sagte er. »Das traditionelle Haus der Navajos. Du kannst dich freuen, daß du eins gesehen hast.«

Ich konnte mich nicht beherrschen. »Aber es war so klein. Und ... schmutzig!«

»Schmutzig war es nicht. Sie sind eigentlich ganz sauber. Klein, ja. Aber so heizt man billiger.«

»Aber wir sind doch hier in der Wüste!« Selbst bei heruntergedrehten Scheiben schwitzten wir.

»Ja, aber im Winter schneit es. Hier gibt es Schneestürme, die du dir nicht vorstellen kannst. Im Sommer ist es heiß, und im Winter kalt – so ist es nun mal in der Hochwüste. Es ist nicht einfach, ein Haus zu bauen, in dem man in diesen Extremen bequem wohnen kann – besonders dann nicht, wenn man keinen Strom hat. Viele von Pauls Freunden bauen sich Häuser aus normalem Holzrahmen und Rigipswänden. Sie sehen aus wie die Häuser in Flagstaff. Dir würden sie wahrscheinlich besser gefallen, aber im Winter friert man, und im Sommer schmort man, und nach zehn Jahren fällt das ganze Ding auseinander. Zum Wohnen sind die Hogans eigentlich besser.«

Ich fand es interessant, und zum Teil war es auch eine Erleichterung, aber der Anblick des kleinen, dunklen, primitiven Hogans, in dem der Mann wohnte, den ich für mächtig und einflußreich gehalten hatte, hatte mich erschüttert. Der Schock ging tiefer als Lukes sanfte Vernunft.

Luke weckte uns am nächsten Morgen, als es noch dunkel war. Als wir nach Norden fuhren, nahm der Himmel allmählich die satte, samtblaue Färbung an, die vor der Dämmerung kommt. David schlief auf dem Rücksitz, und ich schaute zu, wie die Scheinwerfer inmitten der gelben Schatten des Bodens den Asphaltstreifen der Straße beleuchteten. Paul fuhr in seinem Wagen hinter uns her. Wir fuhren bergauf, und die niedrigen knorrigen Pinien, die hier und da wie verstreute schwarze Felsblöcke standen, wurden häufiger, bis wir mehr oder weniger durch einen Wald aus Felsen fuhren.

Wir hielten auf dem kiesbestreuten Parkplatz neben der Handelsstation am Navajo Mountain an. Es war ein einsames Holzgebäude und noch geschlossen. Wir waren die einzigen auf dem Parkplatz. Luke war zufrieden. »Das heißt, daß wir den ganzen Wanderweg für uns allein haben.« In der morgendlichen Kälte aßen wir Äpfel; ihr fruchtiger Geruch vermischte sich mit dem harzigen Duft der Pinien.

Paul und Luke hatten Rucksäcke mitgenommen; David und ich trugen zusammengerollte Baumwollschlafsäcke auf den Schultern. Wir machten uns auf, dem Weg zu folgen, einem flachen weißen Streifen, der durch das dichte Baumgeflecht führte. Die Bäume gingen von Schwarz in Grün über. Rechts ging die Sonne auf, und im Westen sprangen die Schatten den Berg hinunter. Über uns, im Osten, sahen wir abwechselnd Festungen aus Sandstein und steile, pinienüberwucherte Schluchten. Der Navajo Mountain, erklärte uns Luke, lag hinter den Klippen, die wir sehen konnten, er war auch höher als sie. Wo wir auch hinsahen – überall waren jetzt Bäume zu sehen. »Es sind Pinons«, sagte Luke. »Nirgendwo auf der Welt gibt es mehr davon als hier.«

Der breite Pfad war im Abstand von einer Meile mit Eisenstangen markiert. Sie waren in den Boden einbetoniert und hatten einen hellroten Anstrich. Meilensteine, dachte ich. Luke lachte darüber. Bis zur Regenbogenbrücke waren es fünfzehn Meilen – fünfundzwanzig Kilometer.

Der Weg bog nach links ab, ging nach Westen hinunter. Der Boden fiel so abrupt ab, daß der Weg zickzackartig in die Schlucht führte. Hier senkte sich das Tafelland in die Cañons, die den Colorado River umgaben. Wir konnten weit nach Westen sehen – über braune Höhen, stumpfe Felsen und schattige Schluchtwände. Wir gingen am Meilenstein Nr. 5 vorbei.

Dann passierten wir das obere Ende eines tiefen Cañons, der sich wie eine lange Schlange nach Westen ausstreckte. »Schaut mal da unten!« sagte Luke und streckte den Arm aus. »Da ist der Weg, auf dem Talboden. Könnt ihr ihn sehen?«

Da war er, weit unten, ein weißer Strich zwischen den schwarzen Felsen. Zwischen uns und ihm lag ein gewaltiger Hang. Er sah so aus wie die Innenseite einer Schüssel, die die Schichtung und Abtragung des Gesteins verzerrt hatte.

»Wie kommen wir da runter?« fragte David.

Das hatte ich mich auch schon gefragt, denn ich hatte an den Cañonwänden nirgendwo einen Weg gesehen. Luke ging langsam weiter, aber nicht nach unten, sondern nach rechts.

»Die Nordseite ist nicht so steil, der Weg geht dort her.« Wir gingen etwa einen Kilometer weiter, um den Oberlauf des Canyon herum, ließen die Bäume hinter uns und wanderten die Felswand hinunter, eine Serpentine nach der anderen; der Weg schlängelte sich in breiten Kurven hin und her. Es machte Spaß, an jeder Haarnadelkurve die Richtung zu wechseln und immer wieder neue Aussichten und Perspektiven zu gewinnen, je tiefer wir in die felsige Schluchtlandschaft hinabstiegen.

Über eine Stunde später erreichten wir den Boden des Canyons. Hier war der Blickwinkel ganz anders. Die weite Aussicht, die wir oben, am bewaldeten Berghang, genossen hatten, war weg; jetzt konnten wir nur noch die über uns aufragenden Felswände sehen. Über ihnen war der weißblaue Himmel. Der Canyon war ein tief ausgehöhltes, flaches Flußbett, und der Weg folgte einem seichten, steinigen Bach. Grünes Schilf, silbergraue Sträucher und kleine Wäldchen wuchsen am Ufer des bescheidenen Baches. »Das ist der Klippen-Canyon«, erklärte Luke uns. »Hier bleiben wir ziemlich lange.«

Wir folgten dem Bach Meilenstein für Meilenstein immer weiter. Ich sang als Marschlied »Weiter, christliche Soldaten« vor mich hin und stellte fest, daß das Lied genau hundert Schritte dauerte, wenn ich bei jedem Vierteltakt einen Schritt weiterging. Der Komponist hat es sehr geschickt geplant, dachte ich. Ich zählte die Schritte von einer Markierung zur nächsten; ich kam auf 1962. Sechsundzwanzig Schritte mehr, und ich wäre auf das Jahr gekommen: Ich nahm mir vor, kürzere Schritte zu machen.

Wir machten Mittagspause an einem Teich, wo der Klippen-Canyon auf die Rotknospenschlucht traf. Die

Oberfläche des Teichs war von herrlich blauer Tönung, darunter leuchteten glatte Steine rosa und schwarzviolett. Die beiden Schichten aus glänzendem Blau und gesprenkeltem Kieselstein koexistierten, ohne sich zu vermischen, obwohl sie die gleiche Oberfläche voll belegten. Ich musterte die unglaubliche Erscheinung wie verzaubert.

Wir bogen scharf nach rechts ab und marschierten die Rotknospenschlucht hinauf. Es war unerwartet harte Arbeit, hier bergauf zu gehen, selbst bei dieser kleinen Steigung. Aber wir kamen an einen Schluchtabschnitt, der so schmal war, daß wir ihn nicht passieren konnten, ohne uns seitwärts zu drehen. Fast zwei Kilometer weit konnten wir beide Wände gleichzeitig berühren. Laut Luke reckten sie sich hundertfünfzig Meter hoch. Hinter den endlosen Steinwänden war der Himmel nur noch ein blaues Band. Es war so ungewöhnlich, daß es uns alle erregte. Luke sang »Der Fettsack hat das Nachsehen«, und David und ich lachten uns schief, als wir weiterkrochen. Wir vergaßen, wie müde wir waren. Wir marschierten mit hochgereckten Köpfen, bis uns der Hals wehtat. Auf Pauls Gesicht – er bildete die Nachhut – zeigte sich ein breites Lächeln. Ich sah seine weißen Zähne und seine braune Haut mit den unzähligen Lachfalten. Sein Adlergesicht zeigte, daß er sich darüber freute, daß wir uns freuten.

Die Paßschlucht verbreiterte sich und mündete in den Rotknospen-Canyon. Wir gingen nach links und marschierten wieder abwärts. Der Strom dieses Canyons wandte sich pausenlos hin und her, die Wände paßten sich seinem Verlauf an und enthüllten Hunderte von geriffelten Sandsteinsäulen, ausbalancierte Felsbrocken, glatt hervorstehende Krümmungen und Auswüchse wie Elefantenköpfe.

Ich wurde langsam zu müde, um mich richtig daran zu erfreuen, und beim armen David ging es wirklich schleppend voran, als der Canyon einen großen Bogen nach links machte. In der Außenwand dieses Canyons befand sich eine Ausbuchtung, eine enge, hufeisenförmige Erweiterung, die in den Berg hinein führte. Die Klippe, die diese Ausbuchtung umgab, war eine hohe, gebogene, vorragende Wand aus rostfarbenem Sandstein. Der Boden war flach, kaum höher als der Canyonboden selbst. Unter dem gekrümmten Überhang standen ein paar große, alte Bäume. Ich sah einen Teich mit einer kalten Quelle, ein paar alte Picknicktische, eine aus Ziegeln gemauerte Feuerstätte mit einem schwarzen Gitterrost, einen Brennholzstapel und sechs eiserne Bettgestelle, die verstreut herumstanden.

»Hier bleiben wir!« sagte Luke, als er unsere verwirrten Blicke sah.

»Aber was ist mit der Regenbogenbrücke?« wollte ich wissen.

»Sie liegt ein Stück weiter, den Canyon runter. Wir lassen die Sachen hier liegen und sehen sie uns an.«

Die Regenbogenbrücke war kaum vierhundert Meter von uns entfernt, und wir konnten sie fast während des ganzen Weges sehen. Sie bildete einen großen Bogen aus Sandstein, und nahm ihren Anfang nicht (wie ich erwartet hatte) oben auf den Canyonwänden, sondern ganz unten an der Basis, links und rechts von uns. Der Canyon wurde an dieser Stelle viel breiter, deswegen war auch die Brücke ziemlich breit. Sie ragte ungefähr zwanzig Meter über uns auf. Sie war an den Seiten flach und oben und unten abgerundet und mit braunen Wasserzeichen gestreift. Sie wies wirklich die Form eines breiten Regenbogens auf.

Obwohl es kaum später als fünf oder sechs Uhr abends war, war es am Talboden schon finster, und die Sonne, die uns schon längst verlassen hatte, schien nur noch auf die obersten Gipfel der Felswände. Die hellen, goldgelben Töne des uns umgebenden Sandsteins waren braun, schwarz und blutrot geworden. Ich schaute zum Bogen hinauf. Im Vergleich zur Golden Gate Bridge in San Francisco war sie nicht sehr groß. Außerdem war ich während des ganzen Tages unter den phantastischsten Sandsteinverzerrungen hergegangen, die Wind und Wasser erzeugen konnten ... Mit diesen irren Skulpturen verglichen, war die Brücke zwar nichts Besonderes, aber *ungewöhnlich* war sie doch. Sie war auch ziemlich groß, und wenn man daran dachte, daß sie nur so entstanden war, mehr oder weniger aus Zufall ... Und wie sie sich kohlschwarz vor dem hellen Streifen des Abendhimmels abzeichnete ... Ein steinerner Regenbogen, das Gegenteil eines gewöhnlichen: ekkig, massiv, permanent ...

Luke ging mit fieberhafter Energie um die Brücke herum und knipste jede Menge Bilder mit seiner Kleinbildkamera. »Schade, daß das Licht nicht besser ist«, sagte er, »wir werden nicht viel auf den Film kriegen.« Paul hatte sich an einen Felsblock gelehnt und musterte ihn amüsiert unter seinen faltigen Lidern hervor. »Das ist wahrscheinlich die letzte Möglichkeit, die Brücke in ihrem Urzustand zu fotografieren.«

»Was meinst du damit?« fragte ich.

»Der See. – Weißt du noch? Der Canyon führt zum Colorado River hinunter. Er ist nur fünf oder sechs Kilometer von hier entfernt. Aber jetzt wird er Powell-See genannt, wegen des Hoover-Staudamms. Der See wird immer höher. Der Canyon hier wird aufgefüllt. Man sagt, in ein paar Jahren kann man mit einem Boot unter der Brücke herfahren.«

»Du machst wohl Witze!«

»Nee. Hier wird Wasser fließen, genau da, wo wir jetzt stehen. Es könnte sogar die ganze Brücke überfluten, obwohl es heißt, das wäre ausgeschlossen.« Luke sah die Sache sehr nüchtern: So ist nun mal die Welt. Man darf sich nicht aufregen, da war nichts zu machen.

Ich warf Paul einen Blick zu. Auf seinem Gesicht war kein Ausdruck, kein einziger. Die Navajo-Maske ... Er musterte die gestreiften Seiten des Bogens. Ich ging noch einmal unter die Brücke, stand auf festem Boden und starrte zu ihr hinauf. Ein massiver Rotstreifen vor dem Himmel ... Er sah irgendwie anders aus.

An diesem Abend zündeten wir, als es dunkel wurde und die Sterne hoch über den Klippen erschienen, in der gemauerten Feuerstätte ein Feuer an und brieten uns Würstchen zum Abendessen. Die Flammen warfen warmes, flackerndes Licht gegen die überhängende rückwärtige Wand. Die glatte, langgezogene Krümmung warf unsere Stimmen, das Knistern des Holzes und das leise Gurgeln des aus dem Teich fließenden Wassers zurück. Die Wand verstärkte auch das Rauschen des Windes, der durch den Canyon talabwärts blies.

Wir aßen die Würstchen, jeder drei oder vier. Hinterher spazierte ich ein bißchen um das Nachtlager herum. Die alten Bäume zeigten eine zerknitterte, graugrüne Rinde, knorrige Äste und Blätter, die so glatt und scharfkantig waren wie Ilexblätter. Die nackten Bettgestelle ließen das Lager wie eine Ruine erscheinen: eine riesige Kathedrale mit eingestürztem Dach; Bäume, die aus dem Boden wuchsen; der Altar war zu einer Feuerstätte geworden; man hatte Betten angeschleppt ... Der Wind orgelte, die scharfkantigen Blätter raschelten ... Mir wurde gruslig, und ich kehrte zu den anderen zurück.

Nachdem wir die Schlafsäcke ausgelegt und uns eingerollt hatten, war mir immer noch komisch. Ich hatte mir einen Picknicktisch als Lager ausgesucht und lag unter einem Baum. Zwischen den dunklen Blättern glitzerten die Sterne; sie gingen an und aus und riefen einen Effekt ständiger Bewegung hervor, der offenbar nichts mit den Blättern zu tun hatte. Ich hörte ein leises Knistern, Geräusche, die vom Überhang zurückhallten. Ich hatte – falls überhaupt – nur selten im Freien geschlafen, und kam mir irgendwie ... entblößt vor. Jemand könnte sich an dich heranschleichen! Man könnte sich an uns heranschleichen und uns alle umbringen, ohne daß jemand ein Wort davon erfuhr! Ach, Quatsch. Aber wenn man in einem tiefen Canyon liegt, das Himmelsgewölbe sich weit über dem schwarzen, baumbestandenen Hufeisen ausbreitet, und der Wind über die Felsen heult, kommt einem die Welt unermeßlich vor: Gewaltig, schwarz, windig ... Ich lag lange Zeit wach, bis ich endlich einschlief.

Ich wachte mitten in der Nacht auf, weil ich pinkeln mußte. Etwas in mir sträubte sich gegen das Aufstehen: Es war die Angst vor der weitläufigen Dunkelheit, die sich an mir festkrallte. Aber ich mußte nun mal, also stahl ich mich aus meinem Schlafsack, stieg vom Picknicktisch herunter und ging vom Lager zur Brücke.

Sobald ich aus dem Schatten der Bäume heraus war, fand ich mich unter einer breiten Sternenlandschaft wieder. Ich erkannte zwischen den leuchtenden Punkten kein einziges Sternbild. Es sah so aus, als würde der Mond aufgehen, oder als sei das Licht hier heller als anderswo. Die Canyonwände waren so gut ausgeleuchtet, daß man auf ihnen die Zeichen der Erosion lesen konnte. Es war zwar kühl, aber nicht kalt, und so folgte ich dem Weg, um die Brücke auch einmal bei diesem unheimlichen Licht gesehen zu haben.

Direkt unter der Brücke stand ein Mann und reckte beide Arme dem Himmel entgegen. Paul ... Ich erkannte die Geste wieder. Genau das hatte auch die einsame Gestalt getan, die ich am ersten Abend im Regen gesehen hatte – die verschwunden war! Ich begriff, daß ich Paul gesehen hatte. Er war so was wie ein ... Ich wußte nicht, was.

Er fühlte sich beobachtet, deswegen drehte er sich um und sah mich. Ich ging zögernd weiter und gesellte mich zu ihm.

»Du bist aber noch spät auf«, sagte ich.
»Du doch auch.«
Wir standen da. Meine Augen gewöhnten sich besser an die Dunkelheit. Vielleicht war auch der Mond am unsichtbaren Himmel im Osten höher aufgestiegen. Jedenfalls sah ich sein Gesicht immer deutlicher. Die sonnenverbrannte Haut lag in gebirgigen Falten; ich sah schattige, tief eingeschnittene Schluchten. Seine Haut wirkte wie der uns umgebende Sandstein. Unter uns murmelte leise, aber deutlich das Wasser. Der Wind – sanft, doch laut, seufzte über uns dahin, als sei der Canyon eine riesige Flöte ... Wenn ich meinen Kopf leicht bewegte, konnte ich an den schwarzen Rändern des Bogens Sterne erzeugen und wieder vernichten.
»Wie kann man diesen Ort nur überfluten?« fragte ich leise.
Paul zuckte die Achseln. »Indem man einen Damm baut ...«
»Das weiß ich doch. Aber ... Könnt ihr nichts dagegen machen?«
Er schüttelte den Kopf.
»Ach, könntest du es doch ...«
»Es ist nicht schlimm.«
Ich wollte gegen seine Worte protestieren, aber plötzlich hob er eine Hand und schob sie zwischen uns. Er trug einen schmalen Silberring an seinem kleinen Finger, der das Sternenlicht zurückwarf. »Der Bogen ist wie der Ring. Dein Volk kommt, um ihn sich anzuschauen. Die Leute kommen zu Fuß, wie ihr, und bald auch mit dem Boot. Viele Menschen. Aber der Ring lenkt ihre Blicke ab, und der Rest des Landes – der Rest des Körpers – wird in Ruhe gelassen.«
»Du meinst, das Reservat.«
»Die ganze Gegend hier, die ganzen Schluchten. Der Ring ist zwar wertvoll, er ist aber nicht der Körper. Es gibt Hunderte von Schluchten um uns herum – Canyons, Mesas, Berge, endlose Flüsse. Und auch Bögen.

Wenn die Besucher sich auf die Brücke konzentrieren, es ist eigentlich nicht schlecht.«

»Ach, so. – Ich verstehe.«

»Orte, die nur wir kennen, bleiben unberührt ... Felsenhöhlen, in denen Menschen gewohnt haben.«

»Wie die Ruine des Inscription House?« fragte ich.

»Ja, so in der Art. Sie sind nur versteckt, man hat sie nämlich nie gefunden. Vielleicht sind sie für immer verloren. Man wird sie für immer in Ruhe lassen.«

Dann verstummten wir, und ich hörte zu, wie die gewaltige Flöte mit dem Wind spielte. Ich dachte an die Regenbogenbrücke und sah sie als riesigen Ring aus Stein, der bis über die Hälfte in der Erde vergraben war. Das Licht im Canyon wurde immer stärker, doch der Himmel im Osten blieb tiefschwarz. Die Sterne funkelten intensiv in der atmosphärischen Schwingung.

»Glaubst du, daß dein Sohn eines Tages zurückkommt?«

Er sah mich überrascht an. Der Wasserfilm auf seinen Augen reflektierte Sterne, die so winzig waren wie Nadelspitzen.

»Ja«, sagte er schließlich. »Aber wenn er es tut« – er klopfte mit einem Finger auf seinen Kopf –, »wird ein Teil von ihm tot sein.«

Mir war, als hätte er auf meinen Kopf geklopft, dicht über dem Ohr. Um mich zum neuen Leben ...

Ich fuhr aus dem Traum hoch. Es war dunkel, und in dem schwarzen Gewirr der Äste über meinem Kopf funkelten die Sterne. Die starren, messerscharfen Blätter schlugen gegeneinander. Der Traum hielt zögernd am Rande des Nichtwissens inne – dann fiel er heil in mein Gedächtnis zurück. Ich dachte darüber nach.

Ich mußte pinkeln. Ich kroch aus dem Schlafsack, stieg vom Picknicktisch herab und ging um den Baum herum.

Als ich fertig war, ging ich wieder um den Baum

herum und wäre fast mit Paul zusammengeprallt. »Huh!« Ich machte einen Satz zurück und wäre beinahe hingefallen.

»He«, sagte Paul leise, und half mir hoch. »Ich bin es doch nur.« Er ließ mich los und sah mich an. Im Dunkeln konnte ich seinen Gesichtsausdruck nicht erkennen. »Ich bin es immer noch.« Er ging an mir vorbei, zu seiner Bettrolle.

Als ich wieder in meinem Schlafsack lag, pochte mir das Herz so laut in den Ohren, als schnippe jemand mit den Fingern. *Ich bin es immer noch ...* Meine Schläfen juckten. Ich sah zu den verschwommenen weißen Sternen hinauf und war davon überzeugt, daß es Stunden dauern würde, bis ich wieder einschlafen konnte. Aber mir ist nicht bewußt, daß ich noch eine einzige Minute lang wach blieb.

Am nächsten Morgen frühstückten wir Knäckebrot und Apfelsinen, rollten die Schlafsäcke zusammen, packten alles ein, löschten die Asche des Feuers mit Wasser und brachen auf. Es war ein warmer Morgen, und der von Klippen umrandete Fleck des Himmels zeigte ein klares, helles Blau. Paul erwähnte unser Treffen in der letzten Nacht nicht; tatsächlich sprach er während des Frühstücks kaum ein Wort. Er führte uns den Canyon hinauf, ohne einen Blick zurückzuwerfen. Luke, David und ich folgten ihm.

Es dauerte nicht lange, bis ich erkannte, daß es schwieriger war, aus den Canyons heraus- als in sie hineinzukommen. Gestern war mir gar nicht aufgefallen, wie permanent der Abstieg gewesen war, doch jetzt spürte ich jeden Schritt. Und bei 1962 Schritten pro Meile ... und das fünfzehn Meilen weit ... Es gelang mir zwar nicht, meine Kopfrechnung zu beenden, aber mir war klar, daß ein langer Weg vor mir lag.

Vor dem Abstieg zur Rotknospenschlucht machten wir eine kurze Atempause. Die enge Schlucht war immer noch wunderbar; doch als wir erst einmal im Klippen-Canyon waren, ging es nur noch aufwärts. Die Sonne fiel über die Südwand des Canyons, der Tag wurde heiß. Wir hielten regelmäßig an, um etwas zu trinken und bewegten uns stets in der gleichen Reihenfolge: Paul, ich, David, Luke. Ich fing an, »Weiter, christliche Soldaten« zu singen, aber als ich auf Pauls Nacken sah, der sich vor mir befand, kam ich mir irgendwie blöd vor und hörte auf.

David war der erste, der nicht mehr konnte; er setzte sich an einen Teich und legte sich auf den Rücken. Ich war irgendwie stolz auf ihn: Er war marschiert, bis er ohne die kleinste Beschwerde zusammengebrochen war. Ein zäher Bursche, mein kleiner Bruder.

Wir saßen am Teich und dachten nach. David war dort, wo er lag, halb eingeschlafen. Er war fertig, jeder konnte es sehen. Luke füllte unbesorgt und fröhlich seinen Becher aus dem Teich. »Warum geht ihr beiden nicht weiter«, sagte er zu Paul und mir. »Ihr könnt doch mit Pauls Wagen zur Mission zurückfahren – dann macht sich Tante Miriam keine Sorgen um uns. Ich komme mit David nach; entweder heute abend oder morgen früh.«

Paul und ich nickten, und nach kurzer Rast setzten wir uns wieder in Bewegung.

Nachdem ich etwa eine Stunde hinter Paul hermarschiert war und beobachtet hatte, wie der Klippen-Canyon breiter wurde und sich öffnete, sah ich den Oberlauf des Canyons. Vor uns ragte ein gekrümmter Abhang auf, der ebenso steil war wie die Wände rechts und links von uns. Dies war die Stelle, an der der Trampelpfad einer langen Serpentine folgte. Er führte an der linken Wand entlang nach oben, bis er das darüberliegende Tafelland erreichte und dann auf den Canyonrand zulief, der von einem Pinonwäldchen gekrönt wurde. Ich konnte sogar sehen, wie der Weg zwischen den winzigen Bäumchen nach oben verlief; unser Ziel war *sehr* weit entfernt. Ich konnte kaum glauben, daß es so weit von uns entfernt war; wir waren doch bestimmt nicht von dort oben heruntergekommen!

Später erfuhr ich, daß der Anfang des Weges dreitausend Fuß über der Regenbogenbrücke liegt. Mir kam es damals noch höher vor. Und soweit es mich anging, war es das Schlimmste, daß der Pfad einen so gewaltigen Umweg nach links machte! Der Umweg verdoppelte die Entfernung, die wir gehen mußten, um das Pinon-Wäldchen auf der Spitze der rechten Wand zu erreichen. Die blöden Serpentinen verlängerten die Strecke noch mehr ... Ich konnte es nicht glauben.

Ich war müde und wollte einen einfacheren Weg nehmen. »Hör mal«, sagte ich zu Paul, »können wir nicht einfach geradeaus den Abhang raufgehen, bis dorthin, wo der Weg zwischen die Bäume führt? Das ist doch nicht viel steiler als der normale Weg; und wir kommen auch viel schneller voran.«

Paul schüttelte den Kopf. »Der Pfad ist der beste Weg.«

Aber ich war meiner Sache ganz sicher, deswegen blieb ich stur und wollte ihn umstimmen. »Du siehst doch, der ganze Abhang besteht von hier bis nach oben nur aus Erde. Da ist kein Gestrüpp, durch das man gehen muß, gar nichts! Der ganze Weg sieht doch aus wie eine Treppe! Außerdem brauchen wir dann keinen Umweg zu machen!« Und so weiter, und so weiter.

Paul sah mich ausdruckslos an. Er setzte meinen Aussagen nichts entgegen. Er zeigte keine Irritation, weil ich mit ihm über den besten Weg debattierte; er maß mich nur mit einem leidenschaftslosen Blick. Dieser Blick wurde mir allmählich vertraut: Verbarg er ein Lachen?

Nachdem ich meine Einwände mehrmals wiederholt hatte, wandte er schließlich den Blick von mir ab und schaute in die Ferne. »Dann geh du diesen Weg. Ich nehme den Pfad; wir treffen uns oben bei den Bäumen.«

»Na schön«, sagte ich und freute mich, daß ich es so haben konnte, wie ich es mir wünschte. »Dann treffen wir uns also da oben.«

Er drehte sich um und wanderte den vom Staub weißen Pfad hinauf.

Heute kann ich mir nur schwer vorstellen, daß ich so dumm gewesen sein soll. Zu glauben, ein Querfeldeinmarsch könne bequemer sein als ein Weg; mich mit einem Navajo darüber zu streiten, wie man am besten von einer Stelle zur anderen kommt, und das im Navajo-Land; Pauls Beurteilung zu ignorieren und ganz allein loszuziehen ... Unvorstellbar. Aber ich war fünfzehn und müde, und ich wollte einen leichteren Weg gehen. Also wünschte ich mir, daß es einen gab und machte mich auf den Weg.

Ich ging den Hang hinauf. Der Untergrund war in Ordnung, ich kam gut von der Stelle. Ich stellte mir vor, wie ich Paul, oben angekommen, begrüßte, wenn er den Pfad endlich hinter sich hatte. Ich warf einen Blick auf die andere Seite des Canyons, um zu sehen, wie weit er gekommen war, doch sein Weg ging durch eine Vertiefung, die möglicherweise zu einem Flußbett wurde, wenn es genug regnete, deswegen konnte ich ihn nicht sehen. Die Bäume über mir konnte ich freilich noch erkennen, also machte ich mich nach einer kurzen Rast wieder auf den Weg.

Die Canyonwand, die ich erstieg, bestand aus Sandstein. Zweifellos hatte sie sich vor Äonen aus den stufenweise entstandenen Schichten irgendeines Urmeeres gebildet; jedenfalls bestand sie aus horizontalen Lagen, so daß ich eine Art uralte Treppe hinaufklettern mußte, die verwittert und kaum noch zu erkennen war. Felsgesimse schoben sich aus dem winkligen, aus körniger

Erde bestehenden Hang. Sie gaben mir ein paar Zoll flachen Bodens, auf den ich treten konnte. Der Boden selbst war härter; die Schräge spannte meine Achillessehnen an; ich mußte aufpassen, daß ich nicht abrutschte und ausglitt.

Es war heiß, und es herrschte kein Wind. Die Sonne über mir brannte so stark, daß ein großer Teil des Himmels zu hell war, um ihn anzusehen. Ich mußte mir den Schweiß von der Stirn wischen, damit er mir nicht in die Augen lief und mich behinderte. Einmal gab der Boden unter meinen Füßen nach, und ich fiel auf die Knie. Als ich aufstand, waren meine Hände schmutzig.

Die Zeit ging dahin. Ich ging leicht im Zickzack, um die Schräge des Hanges erträglicher zu machen und damit sich meine Achillessehnen erholen konnten. Ich war immer noch ziemlich weit unten. Wenn ich jetzt nach oben schaute, konnte ich nicht mehr ganz bis zur Spitze sehen; steile Abschnitte, die sich zwischen mich und den obersten Punkt schoben, wurden zeitweise zu meiner Horizontlinie. Glücklicherweise hielt mich die Struktur des Hanges auf dem richtigen Kurs. Ich stieg über eine Art abgerundeten Kamm; wenn ich zu weit nach rechts oder links abwich, wurde die Schräge des Hanges noch etwas steiler. Ich folgte (unbewußt) dem Rand eines nur schwach erkennbaren Vorsprungs, und hatte so eine klare Route.

Weiter, und hinauf. Allmählich legte ich alle hundert Schritte eine Pause ein. Schon jetzt war ich zu dem Schluß gekommen, daß Pauls Weg einfacher gewesen wäre: Auf einem Trampelpfad kann man flach auftreten. Man rutscht nicht die halbe Zeit ab und braucht sich auch nicht jeden Schritt zu überlegen, den man tut. Ich kam mir wie ein Trottel vor, wie üblich, wenn man auf dem halben Weg zwischen der Naivität und der Erkenntnis ist.

Die Terrassenabstufung der Sandsteingesimse wurde deutlicher und in ihrem Ausmaß höher. Die Stufen waren hüft- bis brusthoch, wie für einen Riesen gemacht, und ihr vertikaler Abstand war steiler, als ich es gewöhnt war. Also mußte ich jeden einzelnen Sims erklimmen, wenn ich nicht im Zickzack durch die zahlreichen Trockenrinnen marschieren wollte, die die Vorsprünge unterbrachen. Es war harte Arbeit. Wenn ich nach oben sah, konnte ich in der Regel nur hundert Fuß weit sehen, ohne daß die Aussicht sich je änderte. Sie blieb immer gleich, wie lange ich zwischen den Pausen auch weiterging. Der Tag wurde heißer.

Ich hatte keinen Hut. Ich hatte kein Wasser. Ich hatte nichts zu essen. Ich hatte weder eine Karte noch einen Kompaß (es hätte mir auch nichts genützt, wenn ich einen gehabt hätte). Ich hatte nur einen Baumwollschlafsack bei mir. Er hing auf meinen Schultern, und seine Riemen schnitten mir allmählich in die Arme. Ich konnte mein Ziel zwar nicht mehr sehen, aber anhand des Canyons, der unter mir, und der hohen Wand, die vor mir lag, erkannte ich, daß ich noch immer einen sehr weiten Weg vor mir hatte. Und er wurde immer schwieriger.

Langsam aber sicher bekam ich Angst. Was war, wenn ich mich verlief, wenn ich die genaue Stelle an den Pinons verpaßte, die die Stelle markierte, an der der Pfad verlief? Ohne diese Landschaftsmarkierung war es bestimmt unmöglich, den Pfad zu finden. Und außerdem: Was war, wenn ich ohne Wasser nicht mehr weiterkam und auch keins fand? Oder wenn ich so schwer ausrutschte, daß ich mir das Knie auf einem Vorsprung aufschlug, so daß ich vor Schmerzen schreien mußte? Was war, wenn ich mich so schwer verletzte, daß ich nicht mehr weitergehen konnte? Der Abhang hatte so immense Ausmaße, daß man mich nie finden würde.

Ich schob meine Befürchtungen beiseite und kletterte noch etwas schneller. Meine Furcht spornte mich an, denn sie drang an den Rand meines Bewußtseins vor. Doch schon bald war der Adrenalinstoß, der sie erzeugt hatte, aufgrund des mühsamen Kletterns durch ein trockenes Bachbett verpufft. Je müder ich wurde, desto unmöglicher wurde es, die Angst aus meinen Gedanken herauszuhalten. Sie drangen wieder in mich ein. Mein Kopf schmerzte, um meine Schläfen legte sich ein enges Band. Meine Zunge war ein dickes, trockenes Ding, das wie ein Holzklotz in meinem Mund lag. Sie schmeckte staubig, ich konnte nicht die kleinste Menge Speichel sammeln. Meine Atemzüge klangen wie abgerissene Schluchzer.

Die Sonne war weit nach Westen gewandert, und die Felsen warfen ihre Schatten nach links. Das Licht wies die unheimliche, dunkle Brillanz auf, die man gelegentlich spät am Tag nach einem wolkenlosen Mittag sieht, wenn die Schatten länger werden und sich ein, zwei Wolken am Himmel befinden. Der über mir aufragende Hang schien steiler zu werden; er wurde zu einer echten Treppe im Riesenformat, deren kleinste Stufen nun zehn Fuß hoch waren.

Es kam die Zeit, in der mich Panik übermannte. Sie kam jedoch nicht schlagartig, sondern stieg schrittweise an. Meine Furcht wuchs und nagte an mir, und schließlich wurde sie zur Panik, zu einer ganzen Flut von aufgestauter Angst; die Furcht hob mich auf eine andere Ebene ... Wie soll ich sie beschreiben? All meine Sinne waren aufnahmebereit wie nie zuvor, doch was sie mir zeigten, erschien mir schadenfroh. Ich spürte einen kleinen Windhauch, der meinen schweißbedeckten Rücken frösteln ließ; ich nahm jeden Kiesel und jedes Sandkorn wahr, so weit sich der Canyon ausdehnte. Ich spürte meinen Atem. Ich spürte jeden Muskel. Ich spürte, wie das Blut in mir kreiste und schwer durch mein Herz gepumpt wurde. Mir wurde klar, daß ich sterben konnte; für einen Fünfzehnjährigen eine erstaunliche Erkenntnis. Aber ich wußte ebenso, daß ich noch lebte und handeln konnte. Von Panik erfaßt und von Furcht überschwemmt kletterte ich weiter. Ich ignorierte die

Beschwerden meiner Muskeln und die Schönheit des Weges. Ich kletterte wie ein Besessener, wo es nicht anders ging, ich bewegte mich resolut voran, nahm die Hindernisse ungestüm in Angriff ... Vermutlich war ich nie zuvor so lebendig wie in diesem Moment; ich war es auch später nie wieder.

Ich vermute in der Tat, daß mein späteres Interesse an extremer körperlicher Belastbarkeit und der Erforschung der öden, ungezähmten Teile des Globus – der Pole, Hochgebirge und Wüsten – in diesem Augenblick geboren wurde: Als ich die Realität derartiger Belastung am eigenen Leibe spürte. Später war mir stets bewußt, wie es ist, wenn man hart an den Rand gedrückt wird; ich habe mich immer an die eigenartige Aufwallung dieses Anfluges von Panik erinnern können ... Und die Erinnerung daran erzeugt eine gewisse (kann man sie pathologisch nennen?) Faszination.

Leider hält auch die reinste Panik nicht sehr lange an, und als sie mich Schritt für Schritt verließ, schritt ich in dumpfem Elend zwanghaft weiter aus. Während ich mich weiter nach oben zwang, fragte ich mich, was Paul wohl dachte, wenn ich umkam und man mich nie wiederfand.

Sein unter leuchtend schwarzem Haar adlerhaftes Gesicht tauchte plötzlich über einem Vorsprung auf. »Paul!« schrie ich. »Hier!«

Er sah mich und grinste. »Freut mich, dich zu sehen.«

»*Du* freust dich, *mich* zu sehen! Mann ...« Ich lachte, obwohl mir zum Heulen zumute war. »Ich habe gehofft, du würdest nach mir sehen. Ich glaube, ich habe mich irgendwie verlaufen ...«

»Du hast immer noch allerhand vor dir. Komm her, durch den Spalt da.«

Ich folgte seinen Anweisungen und kicherte fast vor Erleichterung. »Oh, Mann«, sagte ich, als ich an die letzte Stunde dachte. »Oh, Mann!« Ich erreichte den Vorsprung, auf dem Paul war, dann stand ich neben ihm. Wir sahen uns an. Ich glaube, sein Gesicht zeigte diesmal doch einen Ausdruck: Ich sah zwei hochgezogene Brauen. *Nun, Kleiner?*

Ich zuckte verlegen die Achseln und sah zu Boden. »Wie lange wartest du schon auf mich?«

»Ungefähr eine Stunde.«

»Es ... es war schwieriger, als es aussah.«

»Das kann man in dieser Gegend fast immer sagen. Wenn man weit genug weg ist, kann man Vorsprünge wie den hier gar nicht mehr erkennen – sie sehen aus wie vom Wasser erzeugte Maserungen.«

»Stimmt! Von unten sah der Weg wirklich ganz bequem aus.«

Paul antwortete nicht. Wir machten uns daran, den Hang zu erklimmen. Ich folgte ihm und setzte meine Füße dorthin, wo er Abdrücke hinterließ, was mich vor dem Abrutschen bewahrte. Weiter und weiter, Schritt für Schritt. Paul blieb oft stehen, damit wir uns ausruhen konnten.

Ich freute mich, daß er heruntergekommen war, um nach mir zu sehen, denn der Abhang wurde, je näher wir der Spitze kamen, immer steiler, wie die Innenseite einer Schüssel. Die vertikalen Abstufungen waren jetzt manchmal zwölf oder fünfzehn Fuß hoch, während die flachen Kanten sich zu winzigen Sitzflächen verengten. Paul fand immer wieder Platz auf diesem Untergrund – Stellen, an denen man stehen konnte, trockene Bachbetten, Schleichwege unterschiedlichster Art –, so daß wir, wenn wir die Hände benutzten, um uns vorwärtszuziehen, ganz gut weiterkamen.

»Mensch, wie bist du nur da *runter*gekommen?« fragte ich ihn während einer Rast.

»Auf dem gleichen Weg, den wir jetzt raufgehen – ich kenne den Weg. Wenn man ihn von oben sieht, sieht er zwar viel einfacher aus, aber wenn man ihn geht, ist es schwieriger. Wenn man Geduld hat, ist er nicht so schlimm.«

Und es ging weiter. Wir kamen an eine Klippe, die etwa fünfzehn bis achtzehn Fuß hoch war – das bedeutete Ärger. Der einzige Weg, der hinaufführte und keinen langen Umweg erforderlich machte, war ein Abschnitt aus Höckern und Einschnitten, den man wie eine Leiter besteigen mußte. Paul kletterte hinauf und zeigte mir Stellen, an denen man mit den Füßen Halt fand. Ich holte tief Luft und schaute hinter ihm her; dann lugte sein Kopf über den Rand, und er sah zu mir hinunter.

Ich hatte ihn fast erreicht, als mein rechter Fuß aus einer Nische glitt. Dann rutschte auch der andere ab. Als ich fiel, packte Paul mein Handgelenk. Er hielt mich mit einer Hand fest, doch ich konnte an dem Sandstein, gegen den mein Körper schabte, keinen Halt finden. Meine Finger schlangen sich um seine Fessel, so daß wir doppelt miteinander verbunden waren.

»Rühr dich nicht.« Ich schaute auf; seine Halsmuskeln schwollen an, seine Lippen waren gespitzt. »Ich ziehe dich rauf. Du hältst dich mit der anderen Hand am Vorsprung fest. Dann schiebst du das Knie rüber. – Bist du bereit?«

»Yeah«, keuchte ich. Ich spürte, wie seine Hand mein Gelenk umklammerte, als ich Anstalten machte, mich hochzuziehen; dann rutschte ich über den Sandstein und tastete auf dem Vorsprung nach einem Halt. Ich zog mich hinauf, hob das linke Knie wie beim Hochsprung und war oben, auf dem Vorsprung, mit dem Gesicht auf der körnigen Erde. Paul lag flach auf dem Rükken. Er hielt meine Hand noch immer fest. Dann setzte er sich hin und zeigte ein kleines Lächeln.

»Bist du in Ordnung?«

Ich nickte atemlos und sah mir die weißen Abdrücke seiner Finger auf meinem Handgelenk an. Da ich nicht anfangen wollte zu heulen, sagte ich nichts.

»Wir finden einen besseren Weg nach oben als den hier. Komm mit.«

Ich rappelte mich auf und folgte ihm. Wie er es gesagt hatte – es gelang uns, durch genug Rinnen zu steigen, um über jeden Vorsprung hinwegzukommen. Ich war ihm dankbar dafür; denn jetzt hatte ich keine überschüssigen Kräfte mehr. Schon das normale Laufen fiel mir schwer genug.

Dann flachte der Hang ab und wurde leichter für uns. Wir schlängelten uns durch eine kleine Rinne, die mir wie eine Miniatur des unter uns liegenden Canyons erschien, nach oben. Endlich hatten wir es geschafft und näherten uns den Bäumen – den Pinons, die auf flachem, sandigem Grund standen. Wir hatten es geschafft. Der Trampelpfad ging vor den Bäumen her und verschwand zwischen ihnen. Ein breiter, heller Streifen.

»Ist das schön«, sagte ich.

Paul blieb auf dem Pfad stehen und legte eine Pause ein. Er sah meinen Gesichtsausdruck und sagte: »Wenn man querfeldein geht, kann es hart werden.«

Ich nickte stumm.

»Aber schwierigere Wege können einen auch ein oder zwei Dinge lehren. Also: Jetzt gehst du voraus. Geh so, wie du kannst. Wir haben noch immer eine Strecke vor uns.«

Das stimmte zwar, aber es war mir egal. Wir waren auf dem Weg. Ich nahm ihn wie ein Zombie. Es war erstaunlich, mit welcher Leichtigkeit man über einen Weg gehen kann: Man braucht überhaupt keine Entscheidungen zu treffen, man spürt nicht einmal das schreckliche Zerren an den Füßen und den Achillessehnen ... Es war ein wunderbarer Weg. Wie lange war ich nicht mehr auf ihm gewesen? Vier, fünf Stunden? Es kam mir zwar viel länger vor, aber die Sonne schien immer noch, und es herrschte immer noch genug Tageslicht. Mehr als fünf Stunden konnten es nicht gewesen sein. Wieviel Leben konnte man doch in einer so kurzen Zeitspanne unterbringen! Und welch eine Menge Wertschätzung konnte man in nur fünf Stunden für einen Weg aufbringen!

Ich wanderte durch die Pinien und dachte mehr oder weniger über Dinge wie diese nach, als ich um eine Ecke kam und Paul – *vor mir* – unter einem Baum liegen sah. Der Cowboyhut bedeckte sein Gesicht.

Ich blieb erschreckt stehen und wirbelte herum. Doch hinter mir war kein Paul, der mir folgte. Dabei hatte ich seine Schritte doch gerade noch gehört.

Verwirrt drehte ich mich wieder um. Der Paul unter dem Baum hörte mich, schob den Cowboyhut hoch und sah mich an. Dann setzte er sich langsam und gelassen hin und sagte: »Du hast es geschafft.«

Ich spürte, daß es mir kalt über den Rücken lief. Ich fing an zu zittern, und für eine Sekunde wurde mir der Kopf so leicht, daß mir fast schlecht geworden wäre. Ich war völlig durcheinander. »Wie ... Wie lange bist du schon hier?«

Er zuckte die Achseln. »Ungefähr eine Stunde. Hast du dich verlaufen?«

Ich schüttelte den Kopf. »Du warst nicht ...« Ich konnte den Satz nicht beenden.

Er stand auf, schulterte sein Gepäck und sah mich an. Er neigte den Kopf auf eigentümliche Weise zur Seite ... In seinem Blick war etwas ... Nicht gerade Komplizenschaft, aber vielleicht ein Bekenntnis, daß ich ein Recht darauf hatte, verwirrt zu sein ...

»He«, sagte er, »soll ich deinen Schlafsack tragen?«

»D-du ... würdest es tun?« Meine Schultern schmerzten fürchterlich unter den Riemen.

Er lächelte kurz – genau wie in dem Augenblick, als er mich über die Klippe gezogen hatte. Mein Handgelenk schmerzte noch von der Erinnerung an seinen festen Griff, und als er meinen Arm berührte, um den Schlafsack von meiner Schulter zu ziehen, hätte ich beinahe aufgeschrien. Ich setzte mich auf der Stelle hin. Ich zitterte am ganzen Leib, bekam eine Gänsehaut, hatte einen nervösen Schock und Angst. »Aber ich ...« Doch ich hatte zuviel Angst, um mich zu trauen, ihn irgend etwas zu fragen. Ich warf einen Blick auf den Weg, den ich gekommen war. Ich glaubte noch immer, daß Paul gleich auftauchen würde. Doch er stand vor mir, nahm sein Gepäck vom Rücken und band meinen Schlafsack obenauf ...

Als er ihn gesichert hatte, schulterte er seinen Rucksack wieder. Er sah mich an, wirkte besorgt. »Ist doch jetzt alles in Ordnung.«

Ich wischte mir die Tränen aus dem Gesicht, nickte und sah beschämt zu Boden. Gefühlsmäßig war nichts in Ordnung, aber ich hatte keine andere Möglichkeit, als es zu verdauen und ihm den Weg entlang zu folgen.

Er blieb vor mir stehen, fing meinen beschämten Blick auf, streckte den Arm aus und berührte den meinen mit einem Finger. »Jetzt ist doch alles in Ordnung.« Irgend etwas war in seiner Stimme und in seinen Augen – als wüßte er über alles Bescheid, was passiert war ...

Mein Frösteln hörte auf. Ich nickte lammfromm. »Okay, gehen wir.«

Doch auf dem gesamten Rückweg dachte ich darüber nach. Der Weg führte weit durch das Tafelland; es war ein miserabler Marsch durch die langen Schatten des letzten Teils des Tages. Der Himmel verdüsterte sich schon, obwohl die Sonne noch da war; eine linsenförmige Wolke über dem Navajo Mountain leuchtete in der Farbe der Canyons; jede ihrer kleinen Wellen war eine perfekt gezogene Kurvenlinie ... Gemeinerweise hatte die Parkaufsicht die roten Meilensteine immer weiter voneinander aufgestellt, je näher man dem Ende des Weges kam; auf dem Hinweg war es mir nicht aufgefallen. Ich versuchte die Zahl der Schritte von einem Pfosten zum anderen zu zählen, aber nach dem ersten Hundert verzählte ich mich.

Vielleicht war Paul doch heruntergekommen, um mich abzuholen; dann, als wir den Pfad hinaufmarschiert waren, hatte er sich seitwärts in die Büsche geschlagen, um sich unter den Baum zu legen und mich zu veräppeln. Nur war es unmöglich: Der Weg führte an dieser Stelle durch eine Art Einschnitt, und auf beiden Seiten stand dichter Wald. Nur wenige Minuten waren von dem Moment an vergangen, als ich Paul zum letzten Mal hinter mir gesehen hatte. Und dann hatte er unter dem Baum gelegen. Er hätte gar keine Zeit für ein solches Manöver gehabt. Nein ... Ich fing erneut an zu frösteln. Jedesmal, wenn ich mich dazu zwang, mich meinen Erinnerungen zu stellen, durchzuckten mich elektrische Schläge, die mir durch und durch gingen. Die Krämpfe ließen meinen Kopf gewaltsam beben, als sei meine Wirbelsäule ein Ast und mein Kopf eine Frucht – eine Apfelsine, ein Apfel oder eine Birne –, die irgend jemand abzuschütteln versuchte ...

In einem grellen Wüstensonnenuntergang erreichten wir den Parkplatz der Handelsstation. Sie war geöffnet, wir gingen hinein. Während Paul sich in der Sprache der Navajo unterhielt, ging ich an den großen Kühler im Korridor, einen jener metallenen Eisschränke, die einem bis zur Hüfte reichen. Ich hob den Deckel hoch, griff mir einen Nehi-Fruchtdrink, riß den Verschluß auf und leerte die Dose mit zwei großen Zügen. Ich kann mich noch genau an den eigenartigen kohlensauren Fruchtgeschmack erinnern. Als ich fertig war, holte ich mir noch eine Dose und leerte auch sie.

Paul fuhr uns durch die Dämmerung nach Hause. Die großen Scheinwerfer seines Wagens wippten im Duett, wenn wir durch die Schlaglöcher im Asphalt fuhren. Ich war zu müde, um viel zu denken, aber einmal blitzte es wieder in mir auf – Paul, wie er unter dem Baum lag, den Hut ins Gesicht gezogen –, und ich bekam sofort wieder eine Gänsehaut, die sich so wellenförmig ausbreitete, als würde der Wind die Oberfläche eines Sees streicheln. Mein gesamtes Nervensystem vibrierte vor Furcht. Erneut spürte ich seine Hand, die sich um mein Gelenk legte, meine Knie rieben sich am Sandstein, meine Füße hingen frei, nach Halt suchend, in der Luft ... Ich habe nie einen besseren Beweis erfahren, wie eng die menschliche Haut mit dem menschlichen Geist verbunden ist. Dann ging der Anfall vorbei, und ich sank wieder auf dem Sitz zusammen. Schwitzend musterte ich die Strahlen der Scheinwerfer in der Dunkelheit.

Vielleicht war ich verrückt geworden. Yeah, so war es: Ich war verrückt geworden. Ich hatte mir nur eingebildet, daß Paul auf dem Abhang bei mir gewesen war. Und den Absturz mußte ich mir auch eingebildet haben – wäre ich wirklich abgestürzt, hätte mich bestimmt keine Halluzination festgehalten und hochgezogen. Klar. Die ganze Angelegenheit war nichts anderes gewesen als ein Sonnenstich-Traum, den meine Angst ausgelöst hatte.

Es gab nur ein Problem: Ich wußte genau, daß ich mir nichts eingebildet hatte. Oh, ich weiß – wer sagt, daß er durchgedreht hat, hat durchgedreht; der kann nicht unterscheiden, was wirklich war und was nicht. Aber so geht es nicht – nicht in der wirklichen Welt. Meiner Meinung nach ist dies das wirklich Tragische an Geistesgestörten: Sie wissen fast alle sehr genau, daß mit ihnen ernsthaft etwas nicht in Ordnung ist; das macht sie auch so ängstlich und depressiv. Weil sie es wissen.

Und ich wußte es auch. Ich *wußte,* daß ich mir den Ausrutscher und den Absturz nicht eingebildet hatte, auch nicht die Hand an meinem Gelenk. Es war alles ein nahtloses Ganzes, vom Anfang am Abhang bis zum Ende unter den Bäumen. Keine ängstliche halbe Stunde – nicht mal eine halbe Stunde Panik – hätte mich so verrückt machen können, daß sich meine Sinne derart getäuscht hätten. Später, wenn meine Erinnerung etwas verblaßt war, konnte ich diesen Punkt vielleicht in

Zweifel ziehen, aber nicht jetzt, wo ich mit Paul zusammen im Wagen saß und mein Gelenk noch schmerzte. Mein ganzer Körper erinnerte sich daran; ich war mir der Sache absolut sicher.

Schließlich kamen wir wieder zur Mission. Tante Miriam kam heraus, um uns zu begrüßen, und wir erzählten ihr von Luke und David. Paul sagte, er wolle morgen wieder hinausfahren, um dafür zu sorgen, daß sie sicher aus dem Canyon herauskamen. Er sah mich kurz an, als er dies sagte. Und als er mir eine gute Nacht wünschte, zeigte er das gleiche kleine Lächeln, das ich schon einmal gesehen hatte ... Für eine Sekunde sah ich in seinen Augen ein klares Bekenntnis zu dem, was geschehen war. Und ich begriff: Paul war ein indianischer Zauberer; er konnte zur gleichen Zeit an zwei Orten sein. Doch dann war er weg, und ich war mir dessen nicht mehr so sicher.

Ich stellte fest, daß ich sogar im heißen Wasser von Tante Miriams großer, alter Badewanne eine Gänsehaut entwickeln konnte; ich brauchte mich nur an seinen Blick, an sein Lächeln, und an den Augenblick auf dem Felsvorsprung zu erinnern – oder mir Paul unter den Pinons vorzustellen ... Trotz meiner Erschöpfung schlief ich in dieser Nacht mehr schlecht als recht. Ich wurde immer wieder wach, wenn ich von dem Vorsprung rutschte ... Die Erinnerung ließ mich nicht los, bis ich angesichts der ewig neuen Furcht aufstöhnte. Würde diese Furcht nie vergehen?

Gegen Mittag des nächsten Tages kamen Luke und David in Lukes VW angefahren und lachten über ihre eigenen Abenteuer: Luke hatte David einen Teil des Weges getragen; sie hatten unterwegs geschlafen; Luke war noch mitten in der Nacht zur Handelsstation aufgebrochen, damit niemand umsonst auf sie wartete und sich Sorgen machte. Diese Abenteuer klangen recht weltlich in meinen Ohren. Einiges von dem, was ich erlebt hatte, hatte Luke schon von Paul gehört. Er lachte, weil ich nichts dazu sagte; er dachte wohl, daß ich mich schämte, weil ich Pauls Rat ignoriert und querfeldein gegangen war. Ich nehme an, ich habe in dieser Angelegenheit nicht den geringsten Humor gezeigt.

Am übernächsten Tag kam die Zeit zur Abreise. Luke wollte uns den ganzen Weg nach Phoenix fahren, damit wir unsere Maschine erwischten, und dann zurückkehren. Er freute sich schon auf die Fahrt.

Wir standen gerade vor dem Haus und verabschiedeten uns von Tante Miriam, als Paul mit seinem Wagen auf uns zukam. Erst später begriff ich, daß er nur gekommen war, um sich von uns zu verabschieden. Von mir. Erst später bekam ich mit, daß wir durch Flagstaff fuhren; erst später kriegte ich es auf die Reihe, daß ich für Paul ... irgend etwas war, was ich nicht genau wußte.

Er stieg aus und kam zu uns. Die gleichen Jeans, das gleiche Hemd ... Er lächelte David und mich an, und wir schüttelten uns die Hände. Ich erkannte den Griff; ich erkannte ihn genau wieder. Er sah mir in die Augen und nickte einmal feierlich, als wolle er meinen Gedanken bestätigen: *Es war so.* Er tippte mit einem Finger gegen seine Schläfe. »Es war ein guter Marsch«, sagte er zu mir. »Vergiß ihn nicht.«

Wir stiegen in den VW. Als wir abfuhren, standen Paul und Miriam nebeneinander und winkten – Paul sah nur mich an –, und die Miene der beiden war identisch. Sie zeigten jenen Ausdruck, den man in den Gesichtern älterer Verwandter sieht, wenn man sich nach einem viel zu seltenen, viel zu kurzen Besuch winkend von ihnen verabschiedet: Sie haben einen gern; sie lieben einen; sie sehen einen mit einer Aufrichtigkeit an, die nur alte Leute haben, weil sie glauben, daß es vielleicht das letzte, das allerletzte Mal ist, daß sie einen zu Gesicht kriegen. *Freude, Besorgnis; da fährt jemand weg, den man liebt; werde ich ihn noch mal sehen, bevor ich sterbe?*

Vergiß ihn nicht. Seither sind viele Jahre vergangen. Meine Großtante Miriam starb 1973; ich habe sie tatsächlich nie wiedergesehen. Ich habe seither auch nie wieder ein Wort von meinem Freund Paul gehört.

Aber – glaubt mir – ich habe an ihn gedacht. Ich habe wirklich an ihn gedacht. Und jedesmal, wenn ich mich dazu brachte, aufrichtig darüber nachzudenken, mich wahrlich daran zu erinnern, und mir einzugestehen, welch unmögliche Sache mir passiert ist, hat mein Körper mit furchtsam bebender Gänsehaut darauf reagiert. Es ist zwar nur noch ein Geist der ursprünglichen Furcht, deren Kraft mich zum Zittern brachte, aber sie ist noch immer deutlich vorhanden – ich hatte eine kalte, unheimliche Begegnung mit ... etwas *anderem.* Selbst beim Schreiben dieser Zeilen, in diesem ruhigen Zimmer auf der anderen Seite der Welt – neunzehn Jahre später – habe ich das Frösteln gespürt. Einmal war es sogar so stark wie damals: das Zimmer verschwand, und ich stand wieder unter den Pinien, wo Paul lag ...

Natürlich habe ich oft versucht, mir klarzumachen, was an diesem Nachmittag geschehen ist. Ich habe mehr als nur das übliche Interesse für die indianischen Schamanen des Südwestens aufgebracht, und wenn ich an die Masken und Krüge denke, die ich kurz in Pauls Hogan sah, nehme ich an, daß er vielleicht einer war. Die Navajos sind ein recht freigeistiges Volk; Paul hatte mit den Hopi zu tun, was für einen Navajo ungewöhnlich ist. Und etwas Seltsameres als die Hopi gibt es nicht. Auch haben die Navajo Paul irgendwie anders behandelt; er hatte so etwas wie Macht über sie.

Was Castaneda angeht, sind die Leute skeptisch; ich vermute, sie sollten es auch sein – ich wäre es wahrscheinlich auch –, aber manchmal, wenn ich Bücher dieser Art las, hat der Schamane mich angesprochen, durch ein Gesicht, das mir bekannt war ... Ja, es kann sein, daß mir ein Schamane Freundschaft entgegenbrachte, daß ich etwas von der jenseitigen Welt gesehen habe.

Natürlich ist mir auch oft der Gedanke gekommen, daß ich mir Pauls Gegenwart nur eingebildet habe, daß ich sein Bild in meiner Furcht herbeigerufen habe, um den letzten, schwierigsten Teil der Steigung zu erklimmen. Klar, diese Erklärung ergibt den meisten Sinn; dies ist die Erklärung, an die ich selbst am oftesten glaube. Aber ... Ein Mensch und eine Unterhaltung, die man sich einbildet, sind eine Sache. Aber ein eingebildeter Felsvorsprung und ein eingebildeter Absturz? Für mich ist das irgendwie eine andere Kategorie. Ich war nie in der Lage zu glauben, daß ich völlig von der Realität losgelöst war. Wegen der *Hand an meinem Gelenk*! Mein Gott, wie soll man es sagen? Ich hing im leeren Raum, ich fiel ... Die Hand packte mein Gelenk, *zog mich hoch*. Sie zog mich in Sicherheit, in das Leben, das ich seither gelebt habe ... Und ich habe sie *gespürt*.

Das ist es. Am Ende kommt es immer wieder darauf hinaus. Dort draußen in der Wildnis ist mir etwas Seltsames passiert; ich weiß nicht, was.

Doch wenn ich in letzter Zeit darüber nachdenke, sehe ich stets den Blick, den Paul mir zuwarf, als wir uns von der Mission und aus seinem Leben entfernten. Und ich sehe, wie er versucht, die gewaltige Kluft zwischen unseren Leben zu überspringen und mich etwas zu lehren – hauptsächlich mit Blicken. Ich sehe, wie er mich ganz allein daherwandern läßt. Ich spüre die Hand auf meinem Gelenk, die mich nach oben zieht ... Und wenn ich mich jetzt an diesen unmöglichen Moment erinnere, bin ich von einem großartigen, unfaßlichen Gefühl erfüllt – man kann es Anmut nennen: Mein Geist schwingt sich bei diesem Gedanken empor wie ein fliegender Schamane über die Oberfläche der Welt, heiter und äußerst glücklich. Wie man es auch sieht – es war ein Geschenk: Ein Geschenk von Paul, oder ein Geschenk der Welt. Denn bedenkt: Wenn Paul ein Schamane war und seinen Geist – während er selbst unter einer Pinon in der Sonne schlummerte – die Canyonwand hinunterschickte, um mir zu helfen, weil er etwas für mich empfand – dann verfügen menschliche Wesen über geheimnisvolle Kräfte, die uns armen, zivilisierten, vernünftigen Wesen gar nicht bewußt sind. Dann sind wir viel großartiger, als wir wissen. Doch wenn Pauls Anwesenheit dort oben nur Einbildung war, wenn ich mich mit der Kraft meines Geistes selbst die Klippe hinaufgezogen habe, weil mein Lebenswille so stark war – dann sind wir wirklich frei.

Aus: »The Magazine of Fantasy & Science Fiction«, August 1987
Aus dem Amerikanischen übersetzt
von Michael J. Berridge und Ronald M. Hahn

HEYNE BÜCHER

ISAAC ASIMOV

Vier Romane aus dem legendären Roboter- und Foundation-Zyklus. Romane, in denen geheimnisvolle außerirdische Wesen Herr über Raum und Zeit sind.

01/6401

01/6579

01/6607

01/6861

01/7815

Wilhelm Heyne Verlag München